歷史迴廊
015

罪惡的代價

德國與日本的戰爭記憶

The Wages of Guilt: Memories of War in Germany and Japan

伊恩・布魯瑪（Ian Buruma）著
林錚顗　譯

不散的戰爭惡雲——讀《罪惡的代價》

楊照

德國和日本同為第二次世界大戰中的軸心國家，同樣發動了對鄰近國家的侵略戰爭，然後在一九四五年，一同面對戰爭失敗後投降的命運。

然而，所有這些相同之處，抵不過兩個國家最關鍵的差異——德國有屠殺六百萬猶太人的罪行，日本卻遭受了人類歷史上至今唯有的原子彈襲擊。

在德國被稱為「最終解決」的舉措，設立了大型的死亡集中營，將猶太人運進集中營裡，陸續送入毒氣室予以有效的消滅。這件事在大戰結束之後，被攻入德國、波蘭境內的盟軍發現、披露，震驚了全世界。

屠殺猶太人的行為，掩蓋了德國在戰爭中的其他作為，成為戰後德國人意識上最沉重的負擔、最難堪的記憶。

德國人為什麼會做出這種事來？大眾，包括德國人自身，不得不問這個問題。不過，這問題基本上是無法回答的，無法找到能夠令人滿意的答案，反而會在追求答案的過程中，引發出更多的問題。

屠殺猶太人，源自幾個世紀「反猶主義」的累積、發展。我們可以追索仇視猶太人心態的歷史變化，羅列激化反猶情結的因素，同時整理德國人民族主義情緒逐漸膨脹的過程，一直到他們自認是純粹、強大的「亞利安人」，不只是反對、甚至恐懼這樣的血統遭到「污染」，這些都弄清楚了，還是沒有說明為什麼會有大屠殺。

因為要在那麼短的時間內，屠殺六百萬人，是件多麼不簡單的事！六百萬，如此龐大數字的人命，絕對不是你高興消滅就消滅得了的。更何況那個時候，德國一面在歐洲和其他國家為擴張「生存空間」而戰，必須調派、耗損大量人力物力，才做得出大屠殺的行為。那其實對戰爭是極其不利的。

德國人為什麼要做這樣的事？德國人又如何具備那種冷靜到殘酷的理性算計，可以設計出那麼有效的殺人機制？更不可思議的，參與其間執行屠殺任務的人，為什麼能夠冷血無情，極其有效率地盡到這種邪惡的責任呢？

這樣追問下去，必然問到更窘迫的問題：為什麼這些被派去屠殺猶太人的德國人，沒有反對、沒有反抗？擴大來看，一九三三年希特勒是經由民主選舉獲得政權，然後一路重建軍備、組織蓋世太保、發動閃電戰侵略鄰國到下令屠殺猶太人，他在自己的納粹黨內幾乎沒有遭過任何質疑、批判、反抗，十幾年間德國社會，也都不曾集結什麼像樣、堅決的反對反抗勢力。

德國人沒辦法將罪行推給希特勒和納粹黨，不能主張申言自己是被裹脅、強迫的，因為有太多太多德國人熱切支持希特勒與納粹的明確證據了。

德國人或其他人都無法解釋大屠殺。大屠殺是超越解釋的。這是人類文明不得不重建的一條底線。如果承認大屠殺可以解釋，有說得通的理由，意味著我們接受大屠殺是在可理解的人類行為範圍內，就等於我們輕蔑、矮化了大屠殺的恐怖與震駭。

「解釋」（explanation）無可避免和「合理化」（justification）緊密糾纏。大屠殺絕對不該、不可以被

「合理化」，因而大屠殺也就絕對無法解釋清楚。

德國人付出的最高代價，就是背負著這近乎絕對與不可解釋、不可訴說的罪咎。不只是罪咎本身，還有罪咎帶來的沉默以及自我疏離、自我否定，籠罩了戰後德國。

布魯瑪在書中一再提到米切利希夫婦之經典著作《無力哀悼》，那是一九六七年，戰爭結束後二十二年出版的書，書中第一次正視這種沉默罪咎壓力，對德國社會集體心靈產生的影響。就連提及那份「沉默」，都得等那麼久！

在大屠殺的對比映照下，德國人在戰爭中的損失、痛苦也就微不足道了。其實英美空軍在大戰後期，早在諾曼第登陸之前，就對德國本土發動了猛烈的轟炸，而且轟炸的對象不只是軍事基地和工業設施，還包括了人口密集的都會區。尤其是英國人對德國當年空襲倫敦的惡行惡狀記憶猶新，更是藉機狠狠報復。結果許多德國大城、古城，在炸彈中化為灰燼、廢墟，數十萬平民百姓喪失生命，慘狀令人不忍卒睹。

然而戰爭結束後，德國人卻喊不出一聲「苦」來。要靠歸化美籍的小說家馮內果的魔幻之筆，寫出《第五屠宰場》，才勉強留下了德勒斯登被夷為平地的一點記憶。德國人面目冷漠靜謐地在廢墟中遊魂般走著，承受這一切，因為他們明白，透露出任何痛苦，甚至只是一聲唉嘆，不會引來任何同情，只會惹出怒目相對：「你們也會痛了？那些被你們屠殺了的猶太人的痛苦又該怎麼說？」

戰爭後期，日本的城市也受到美軍空襲轟炸，整體的人命損失並沒有比德國多，然而他們卻不必忍受德國人的沉默壓抑，最關鍵的差異在：廣島。

廣島核爆當然是歷史性的。一瞬間，幾萬條人命在單一的火光爆炸中消失了，而且很大比例完全消失，沒有留下任何屍骨殘骸。人類歷史上沒有看過如此巨大、如此徹底的破壞。更可怕的，帶來破壞的，只是一顆小小的、很容易裝上飛機從空中投遞的原子彈。

兩顆原子彈迅速結束了日本最後的抵抗，推翻了日本人原來的「玉碎」決心。兩顆原子彈同時也將人類帶進一個新的歷史時期，「核恐懼」的新階段，人類可以靠自己製造出來的工具，毀滅掉整個地球、毀滅全體人類。

後者的震憾效果，顯然遠甚於前者。尤其是接下來美蘇開始進行核武競賽，冷戰架構下核彈頭快速累積，「核恐懼」的程度隨而與日俱增。

在這種情況下，日本戰敗、投降的意義，重要性相形褪色黯淡。「廣島」象徵一個新時代的開端，而不是一場舊戰爭的結束。「廣島」也就象徵了核毀滅的具體威脅，「廣島」是一場真實的夢魘，藉「廣島」讓人類明白了戰爭的破壞升等了、戰爭的代價數十倍數百倍的提高了，也就刺激了人類對於和平更高度、也是更現實的嚮往。

冷戰是戰爭又不是戰爭。美蘇之間的仇視對立緊張程度，等同於歷史上的任何一場戰爭，可是數十年間沒有發生真正的火熱衝突、短兵相接。因為雙方都握有核武器，雙方都知道「廣島」、記得「廣島」，所以再怎樣仇視對立，都還是得維持和平相處的表象，至少維持在不必動用核武器的狀況下。

這對日本社會而言，既是天下掉下來的災難，更是天下掉下來的庇護。日本因此具備了衝突矛盾的雙重身分，一方面是舊戰爭的元兇、戰敗國，另一方面是新戰爭新威脅的犧牲者、受害者。

犧牲者、受害者的形象，塗抹在原本戰爭加害者的暗影上，使得日本人、日本社會得以有所逃避，不必像德國那樣背負多重罪咎，也就決定了日本人普遍面對戰爭責任的不同態度。

戰後日本社會努力將自己重新改造成「和平」的代表。強調「和平」，也就強調了廣島與長崎的核子爆炸傷害，日本之所以比其他國家更有資格、更真誠擁護「和平」，因為只有日本受過原子彈毀滅的真實經驗，如此一來，也就更加凸顯了日本作為犧牲者、受害者的角色。

六〇年「安保鬥爭」的起因之一，是要和美國簽約建立「自衛隊」。反對「安保條約」的陣營認為此舉破壞了日本的非武裝性，也就破壞了日本好不容易在戰後建立維持的「和平」形象，很可能挑起別人對於二次大戰日本軍國主義侵略角色的記憶，對日本是再糟糕不過的事。

躲在廣島後面、壓抑、淡忘、甚至取消戰爭記憶，是日本社會最基本、最主流的態度，雖然有少數異議人士不能認同這樣的逃避，畢竟還是很難撼動強大的主流架構。

德國與日本的異同，尤其是彼此內在組織的集體心理運作，很少受到認真的處理、對待。這兩個國家分別以沉默與逃避來對待戰爭記憶，是一大阻礙。兩個國家都有各自性格強烈的民族文化，卻一東一西，要同時掌握這兩個國家的歷史，已經很難，要去碰觸歷史中的罪惡責任敏感問題，當然更是難上加難。

這說明了為什麼戰爭結束半個多世紀後，才出現了像《罪惡的代價》這樣比對德、日態度的書。《罪惡的代價》的作者布魯瑪是戰後出生的荷蘭人。德國詩人海涅曾經開玩笑的建議：「如果世界末日降臨了，趕快搬到荷蘭去吧！那裡什麼事情都晚五十年才發生。」這句話雖然是玩笑，卻最精確的點出十九世紀荷蘭在歐洲的形象。那是一個平和、遲緩、沒什麼大事會發生的地方。

然而這樣的荷蘭，卻在二次大戰中躲不過德國佔領的遭遇，而且在德國納粹的刺激、引領下，也參與了反猶運動，整肅乃至屠殺了自己國境內的猶太人。

放在大戰背景中，放在德國的整體作為中看，發生在荷蘭的事，微不足道。然而在荷蘭，這件事產生的衝擊效應，卻再強大不過。

布魯瑪那一代，正是必須承擔荷蘭罪惡感的一代。而要理解荷蘭人自己在戰爭時期的作為，他們非得繞個彎子，從理解德國、德國人、德國納粹做起不可。

布魯瑪又因為個人的生命經歷，深度接觸了日語日文和日本社會。他對日本電影的介紹、分析，很早就在西方媒體上佔有一席之地。由電影必然接觸到文學，進而觸及電影、文學的曖昧表現、或曖昧掩飾的戰後日本心靈。

不是德國人、不是日本人，這樣反而讓布魯瑪能夠成為德日集體心靈有效的解釋者。另外，不屬於盟國，不具備戰勝國國民的地位與經驗，更讓布魯瑪可以遠比美國、英國的學者，容易貼近德日敗戰經驗中複雜、曲折的心理狀態。

書中布魯瑪蒐集了大量的書面和訪談資料，雖然訪談主要是九〇年代在德日現地進行的，但大部分的內容到今天都不會過時。而且那個時間點，德國正經驗著兩德統一的動盪變化，讓布魯瑪的討論多了一個更豐富的層次：西德與東德，兩種不同政治制度，兩種不同聯盟關係，如何產生了兩種相異卻又相同的戰爭罪責態度。

布魯瑪的書，帶我們進入複雜變幻的德日戰後價值迷宮，幫助我們指認辨識歷史與現實複雜的關係，也幫助我們從簡單、粗糙的戰爭是非責任圖像中解脫出來，朝向對於人性更寬廣也更深刻的理解。

序言：敵人

在我成長的地方，從來就不必懷疑誰是我們的敵人。蘇聯當然是其中之一，不過，在一九五〇年代的荷蘭學童眼裡，它離我們相當地遙遠，所以真正的敵人是德國人。在海牙，他們曾經是我孩提時代的連環漫畫裡的惡棍。當我提到他們——就只是指德國人而非納粹。在一九四〇年到一九四五年的佔領期間，以及隨後而來的憎恨，是屬於民族的而不是政治上的。德國人曾經征服我們的國家。他們也曾逼迫我的父親到他們的工廠裡做工。沿著海岸，他們也留下了許多像石蟾蜍般的巨大地下碉堡，它們是非法佔領之下最接近現代的遺跡，既黑又有濕氣，還飄散著一股尿臊味。我們不准進入裡面。相傳有些男孩子因為違反命令，而被生鏽的德國手榴彈炸死。

我們的老師告訴我們有關德國人邪惡的故事，以及他們本身勇敢的行動。每個舊世代的成員，似乎都曾經反抗過德國人。也就是說，除了在大街角落的屠夫，曾經是個通敵者以外，每個人都是反抗分子，因此沒有人去他那裡購物。還有一個在煙草製品零售商工作的女人，她過去有個德國情人。同樣地，人們也不到她那裡去買東西。

每年五月四日的下午，我們聚集在禮堂，聆聽校長紀念死於戰爭的人。五月四日是紀念日；五月五日是解放日。五月四日的晚上，會有一列緩慢的隊伍走過沙丘，到達舊時的德國處刑場。我在黑白電視上看到這個情形。充滿耳際的是，曳步而行的聲音和遠處教堂的鐘聲。五月四日也是個年輕人的重大活動日，他們打碎德國人的車窗，或者在安全距離之外，羞辱德國觀光客。

校長平常是個幽默的人，但五月四日總是淚流滿面。穿著長長的皮大衣的校長必定走在隊伍的前頭，帶著蔑視的表情，走過沙丘，彷彿將再一次去面對敵人。有一次，我畫納粹的卐字符號被抓到，被他訓斥了一頓。他說，他從不畫納粹的卐字符號，因為他們是邪惡的，而且他們的看法依然使人悲痛。當然我仍繼續畫納粹的「卐」字符號，但只是把它當做一個秘密的壞習慣，因為它附加了一種破壞成人的神秘禁忌的刺激感。

連環漫畫裡的德國人（還有其他任何人嗎？）可粗略地分為兩大類：肥胖、反應慢、荒唐可笑的類型，由好萊塢電影明星加特．弗羅比演來維妙維肖；瘦而陰險的類型，戴著單片眼鏡的酷刑者，經常說：「我們有太多方法讓你從實招來。」那模樣就像在《北非諜影》裡的康拉德．維特。我們的敵人，令人害怕又令人覺得荒唐。由於有許多加特．弗羅比的電影以及對希特勒的模仿，被用來嘲笑德國本身的語言，結果造成了我們拒絕以正確的方式去學習它。當那態度看起來是自我保護的德語教師，設法激起我們的熱情以便學習歌德與里爾克[1]的語言時，他哪知道我們的熱情早就毀於弗羅比和希特勒之手了。

在我們的成長過程中，知道了更多故事。我們的歷史感覺，雖然被形塑得像是德國情人與通敵者的地方性故事，但它們也為更大的故事鋪了路，譬如有關集中營以及消滅猶太人的事情。我的母親，只因運氣好出生於英國而遭驅逐出境，所以才能夠逃過幾乎是無法逃過的死劫。因此，我們連環漫畫書的偏見，遂轉變成一種心理上的暴力態度，可是在某方面，這樣可以使得生活變得容易些。當我們知道有條國界將我們和另一個被人格化的邪惡國家分開時，真的令人感到欣慰。因為他們是惡的，所以我們必定是善的。戰後，凡是成長於過去飽受德國佔領之苦的國度裡，應該知道自己是與天使站在同一邊的。

我們不到德國渡假。我們沒有德國朋友。我們幾乎聽不到，更不用說是講這種語言了。當我說「我們」時，當然只是概括，不過，即使在一九八九年，當我第一次開始頻繁地在德國旅行時，我的荷蘭朋友們彼此，都認為我在做一件有趣但些許古怪的事情。儘管在文化上、在語言上、在飲食上，荷蘭與德國有著明顯的相似，可是對他們而言，倫敦、巴黎甚至紐約，都比柏林來得近。

也許這是問題的一部分：荷蘭所受的苦不像波蘭或俄羅斯一樣深；他們被歸類為「北歐民族」，總之，只要他們不是猶太人即可。在戰前的荷蘭，比起我的老師們在意而去記憶的，對於國家社會主義的紀律以及勇敢面對布爾什維克主義的優秀民族[2]的概念，有著較多的支持。德國的入侵，遠超乎戰爭的行動；那是一種背叛。而且它帶來了最嚴重的恐懼感，也就是說，一個小國家經常得處於被鄰近國家併吞的危險中。這也就是為什麼戰後荷蘭不理睬德國的原因。文化的相似是令人尷尬的，甚至是險惡的。在地理上和心理上，都必須清楚地劃分國界；因為德國一定會越軌。

克里斯多夫．伊塞伍德[3]曾寫過，身為一個死於戰場之人的弟弟或兒子，在一次大戰之後，成長過程會是什麼模樣。他說，那些太過年輕而不能參戰或者死亡的人，感覺上好像他們還必須面對成年期的考驗，這場我們錯過卻也無法挽回的大屠殺有如一個必須一再通過的考驗。對我們在一九四五年以後第一個出生的世代而言，情況不盡相同。雖然如此，戰爭依然投射它的陰影，扼要地說，它困擾著我們某些人的成長過程。因為我們同樣面對一個想像的考驗。然而困擾我們的問題，不在於我們穿軍服如何勇敢地攻山頭、衝進機關槍的火網或者芥氣中，而在於我們是否加入了反抗行列，我們是否在酷刑之下屈服，我們自己是否曾經冒著被驅逐的危險而隱藏猶太人。然而在我們心中的特殊陰影，並非戰爭，而是佔領。

被佔領，始終是件蒙羞的事情——不只因為失去了統治權和政治上的權力，而是因為它戲劇性地暴露出人類的弱點。在這樣的時代裡，很少有英雄，唯有傻子才會將他或她自己與想像中的英雄並列在一起。

人們為了安全地逃出危險的境地，而做出醜陋又微不足道的妥協，提供穿軍服的主管鬼鬼祟祟的服務，當蓋世太保踹鄰居的門時掉頭不看，這些事情都還是比較容易了解的。在我成長過程中，每一件事情，不但都經過處理，以便忘掉羞辱，而且還加上了英雄們的確認。我讀過成堆的書，都是有關荷蘭抗德游擊隊員和圍著絲巾的英國皇家空軍飛行員的事蹟。還有那些受驚害怕的人，他們為了自救而背叛他人，他們的看法不同，他們在可怕的道德中進退維谷，事實上，我對他們的興趣多於英雄。無疑地，部分原因是，當我害怕時，我自己會更像這些受驚害怕的人。部分原因是，對我而言，失敗比英雄主義更屬於典型的人類狀態。這就是為什麼我想多知道有關我們以往的敵人的記憶，因為在過去他們的所做所為，是個最嚴重的失敗：道德的、政治的，而且到最後連軍事也一樣。這並不是說，納粹比被他們迫害的人更人性，但這也一樣是錯的——無疑地雖然令人欣慰——如果認為他們比較沒人性的話。

另一些二次世界大戰的敵人，也就是日本人，實在太過遙遠因而對於我們的想像沒有太大的影響。荷屬東印度公司對我沒有任何意義，即使甚至我有些朋友出生在那裡。但是，日本人也是連環漫畫中的惡棍：就像在一本廣受歡迎的連環漫畫書中，短小、黃膚、暴牙、戴著眼鏡的人，當他們的零式戰鬥機戰攻擊英勇的美國飛行員時，大叫：「萬歲！」。漫畫的主角是金髮雄糾糾的巴克·丹尼和他勇敢的隊員。（巴克·丹尼絕對是「北歐人」。）人們告訴我，「日本鬼子」[4]不可信任。他們不關心人類的生命。他們無預警地攻擊珍珠港。他們拔出人的指甲。他們強迫白種女人向天皇下跪。我高中的一個老師像奴隸一樣地為緬甸鐵路工作。我的阿姨曾關在「日本鬼子集中營」。亞歷堅尼斯被迫爬進炎熱的鋼籠中。

由於某些原因，在一九七〇和一九八〇年代，我花了許多時間在日本或和日本相關的事物上，不過和戰爭沒有什麼關係。但我很好奇地想知道日本人如何看待戰爭，「他們」怎麼去記憶它，「他們」所想像的它像什麼模樣，在審視過去的時候，「他們」怎麼看自己。我所聽到和讀到的，經常令歐洲人感到意外：有關西方戰俘的處理，幾乎全然不記得，即使《桂河大橋》在日本的演出非常成功。（我經常懷疑日本人認同的是日本指揮官或亞歷堅尼斯？或者誰也不是，一個日本朋友說：「我們喜歡那位美國英雄，威廉・荷頓。」）巴丹死亡行軍[5]、馬尼拉掠奪[6]、新加坡大屠殺[7]，這些很少被提到，可是，日本人在中國、滿洲[8]、菲律賓群島，尤其在廣島和長崎，以及戰後被囚禁在西伯利亞的日本兵等等，這些人所受的苦痛，卻被記憶得非常清楚。日本人有兩個紀念日：八月六日，廣島遭轟炸，還有八月十五日，日本投降的日子。

我想寫的是有關日本人的戰爭記憶，同時這引導我到相關的主題——現代日本國家主義。天皇崇拜者、歷史修正主義者、探索日本人獨特本質的浪漫主義者等，各種人士的著作，令我著迷。他們的看法雖然深奧，但並不妨礙它們廣泛地被刊載在廣受歡迎的日本雜誌和報紙上，或者成為電視談話性節目的來賓。我開始注意相同的德國名字，是如何地突然出現在他們自己的、經常閃爍其辭又過度華麗的散文中：史賓格勒、赫德、費希特，甚至華格納。日本的浪漫主義者越是繼續探索有關日本的本質，他們聽起來越像是德國的形而上學家。到處都有浪漫的國家主義者，這也許是真的，但十九世紀德國的影響，特別是到了現在，依然衝擊著日本。我愈研究日本的國家主義，我愈想求助於所謂的源頭，因為許多日本現代的觀念都汲取自此處。自從十九世紀後期，日本經常把德國視為模範。奇怪的是，多數在戰前吸引日本的德國的東西——普魯士獨裁主義、浪漫式民族主義、假科學種族主義——這些很明顯在德國早已過時，卻仍繼續在日本徘徊不去。為什麼？由於這個問題一直纏繞心頭，決定擴大我原先的構想，而寫些有關德國與日本對戰爭的記憶。

一九九一年的夏天，也就是東西德合併之後的那一年，我在柏林寫雜誌的文章。我注意到在一個地方報紙上有個通告說，在猶太社區中心有個演講，主講者是心理學家瑪格麗特．米切利希。她的演講題目是「記憶的運作」：有關無法哀悼的心理分析，而這個哀悼涉及了納粹時期。我期待有一半的大廳將會是空的，可是，我卻見到一大群人，幾乎都是年輕人，穿得很休閒，倒有點像是參加音樂會的觀眾，排著長長的隊伍直到街尾。我不應該太意外。德國戰爭的記憶，不只留在報紙上、收音機上、電視上、在社區禮堂、學校與博物館；它還活躍地被作用著、運轉著、排練著。有時候，特別是在柏林，人們會得到一種印象，亦即德國人的記憶，彷彿是巨大的舌頭一而再、再而三地，所要找出的一顆疼痛的牙齒。

有些日本人對此感到疑惑。我想起一位年老的德國外交官，相當痛苦地敘述他的一位日本同事如何地告訴他說，德國人全神貫注於過去的罪惡以及願意向從前的受害者道歉，這樣做一定會導致德國喪失自己的身分。此外，一位年輕得多的朋友告訴我說，他在東京旅行時，令他震驚的是，竟然在一家啤酒館內聽到日本人唱德國軍隊進行曲。我不想故意誇張這個對比。並不是每個日本人都苦於歷史的健忘症，同時也有許多德國人很想忘卻這一些，就像除了環繞於啤酒館的老歌別無其他能取悅的那些德國人一樣。然而，在東京的某中心，一個日本的瑪格麗特．米切利希能吸引龐大的群眾來聽有關無法哀悼的演講，這是不可能去想像的。而且日本的政客也不會跪下來，如同維利．勃蘭特在前華沙猶太區所做的一樣，為歷史的罪行道歉。

甚至在戰爭期間，軸心國的伙伴關係也不單純。希特勒不得不對黃皮膚的統治種族感到矛盾，同時，日本人畢竟想把「白色種族」推出亞洲之外，可是，這兩個民族卻看到了他們傳說中的美德反映在彼此的身上：戰士精神、種族純粹、自我犧牲、紀律等等。戰後，西德很努力地想消除他們這種形象，但這種舉動對日本人而言，卻是不正確的。這意味著，日本對昔日的伙伴關係所留下的任何懷舊之感，在德國很可能會遇上麻煩。

發生在柏林的前日本大使館的故事，是個好例子。建立於一九三六年的這個舊大使館，是個納粹風格的新古典主義紀念館，在構想上，它屬於希特勒的新首都日爾曼尼亞[9]的一部分。這個大使館，是在希特勒與施佩爾的大計劃中，少數真正建造起來的建築物。戰後，它像條廢船一樣地被放棄，因而留給了追求無政府主義生活形態與主張自治的黑衣幫。然而這些年輕人只能蹲在成堆無用的外交信件之間。一九八四年，日本前首相中曾根康弘與前德國總理赫爾穆特．科爾決定重建這個大使館作為日德學者中心。德國人了解日本人緬懷國家主義的弱點，所以小心翼翼地處理此事，希望該中心能夠反映從軸心國成立的日子起，時代是如何改變的。一九八七年，該中心正式開幕。為了慶祝這個盛典，日本人建議舉行一個專家討論會，細心檢查在神道信徒的天皇崇拜與日耳曼神話之間的相似之處。沒人有批評或諷刺這個提議：此構想來自東京某神社的宮司。可是，德國人禮貌地拒絕了。

所有這些論點，都指向日本與德國人對戰爭觀點的差距，暫且不論這個，現在要看的是聯邦共和國與民主共和國之間的不同。問題是，為什麼這件事應該如此，為什麼德國人的集體記憶表現得與日本這般地不同。是文化性的？還是政治性的？這個解釋，應該在戰後的歷史或者在戰爭本身的歷史之中尋找？或許德國人有更多的理由感到悲痛？套用露絲．潘乃德的話，是否因為日本有個亞洲的「恥的文化」，而德國人是基督教「罪的文化」？

這些問題有效地縮小了我的範圍。既然我對過去的觀點——那些繼續在德國與日本引起極大爭論的——有興趣，因此，我放棄了許多歷史事件。例如在軍事方面具有重要性的，諾門罕戰役[10]，日本皇軍與朱可夫將軍的戰車旅交戰，同樣地，還有英帕爾戰役[11]與諾曼地登陸，但我不曾提出其中任何一個。至於日本，我反而會強調在中國的戰爭以及廣島大轟炸，因為比起其他，這些事件通常以高度象徵的方式，將自己嵌入日本的大眾生活之中。就德國來說，相同地，我專注於對猶太的戰爭，而不在於，例如，大西洋的U潛艦戰爭，或者甚至史達林格勒戰役之上，因為它是那麼相似的戰爭，所以，在西德的集體記憶中，留下了最敏感的疤痕。

當我開始寫這本書，我並不知道將有多少時下的新聞事件，會對我的故事逐漸形成戲劇性的背景布幕。首先是冷戰的結束，然後德國統一，接著是波斯灣戰爭，最後在一九九三年，日本第一次以選舉打破了保守派的自民黨之政治獨佔性。我決定從波斯灣戰爭開始著手寫書，因為戰爭進行時，我正好待在德國和日本。在那幾個星期內發生的事情，把二次世界大戰的創傷與記憶戲劇化了，使得它比起從一九五四年以來的任何事件，甚至那個沒有任何國家受邀參戰的越南戰爭，都更為顯眼。日本及德國兩者都受到明文規定，不准在戰爭中扮演軍事性的角色，結果導出一個極大的爭論：它們可以信任或者不可信任，或者確實地相信他們，讓他們去參加未來的戰鬥？現在，如同我寫的，即使兩國都尚未取得合法使用武力的權力，德國的飛行員卻仍然在前南斯拉夫的上空巡邏，日本自衛隊則在柬埔寨當地試著維持和平。

我們這個時代的陳腔濫調之一是，兩個老軸心勢力雖輸掉戰爭，但贏得和平。許多人懼怕日本和德國的力量。歐洲人害怕德國的優勢。有些美國人已經就戰爭觀點，來描寫他們與日本在經濟上的困難。但是，如果說其他的人遭到了德國和日本勢力的侵擾，同樣地，許多德國人和日本人也被這些勢力所侵擾。如果在戰後，這兩個國家還有什麼共通之處，那就是人們對他們所遺留的不信任。

兩德的正式統一，剛好在一九九〇年法蘭克福書展的那個星期，不過，沒有帶來太多的緊張不安或慶祝。每一年書展會特別注意到某個特定國家的文學。那一年的焦點放在日本之上，因此舉辦了鈞特．葛拉斯[12]和日本小說家大江健三郎[13]的公開討論，作為慶祝活動的一部分。兩人都成長於戰爭期間，也就是說兩個人在學校都被灌輸了軍國主義的宣傳，同時兩人都成為反法西斯主義的文藝擁護者，即使這樣，大江不像葛拉斯，並沒有談太多有關最近的政治。兩人在任何場合都被認為是自由主義者。（我在整本書中用的這個字，是採美國的觀點。）

那是個非凡的活動。葛拉斯以悲痛兩德統一開場。他說，奧斯威茲應該使再統一變得不可能。一個統一的德國對它本身和對世界都是危險的。大江嚴肅地點點頭並且補充說，日本也是個極大的危險。他說，日本人從來不曾面對他們的罪行。日本是個種族主義國家。「是的，但德國也是一樣的」葛拉斯說：「兩者無分軒輊，德國也是一樣的。」事實上，德國更糟：對波蘭人、土耳其人與一般外國人的恨意如何？大江說，啊，可是日本人歧視韓國人和蝦夷人又如何？不，日本人肯定是更糟的。

有段時間，這些德國和日本的缺點，繼續被列舉出來。接著在對話中暫時平息了一小段時間。兩人都試圖想點別的來說，可是，這個暫時的平息竟然變成一種令人不舒服的沉默。人們開始在座位上變更姿勢，等候著討論會解散。接著，終於找到了一個符合這種心智集會的結論之共同立足點。我忘了是葛拉斯還是大江提出來的，說三菱和戴姆勒．賓士共同發表聲明將建立一個新的「合作關係」。新聞記者把它稱為戴姆勒—三菱軸心。葛拉斯和大江看起來很嚴肅而且同意這只是危險友誼的開端。而後葛拉斯從座位上站起來，給了大江一個「熊抱」，那個小個子的大江，不太習慣這樣的事情，但也以最大的努力試著回報。

注釋

【1】譯註：萊納・瑪利亞・里爾克（Rainer Maria Rilke, 1875-1926）是一位重要的德語詩人，除了創作德語詩歌外還撰寫小說、劇本以及一些雜文和法語詩歌，他的書信集也是里爾克文學作品的一個重要組成部分。對十九世紀末的詩歌裁體和風格以及歐洲頹廢派文學都有深厚的影響。

【2】譯註：原文是 Herrenvolk，作者譯為 master race。

【3】譯註：克里斯多夫・伊塞伍德（Christopher William Bradshaw Isherwood, 1904-1986）英裔美國人小說家。

【4】譯註：原文做 Jap，是對日本人的蔑稱。

【5】譯註：巴丹死亡行軍（Bataan death march）。第二次世界大戰中，日軍攻佔菲律賓巴丹島後，強迫美軍戰俘徒步行軍至俘虜營，沿途死者甚眾。

【6】譯註：馬尼拉掠奪（The sack of Manila）發生於一九四五年，它的教堂、女修道院、大學遭到日軍轟炸變成成堆的碎石頭，幾至無法辨認，而它的人民被強姦、燒殺、飢餓，有些女人被砍去手足，嬰兒被刺刀戮死。

【7】譯註：一九四一年，日軍佔領新加坡五天後的二月十九日，日本佔領軍出示了一份布告，要求所有新加坡十八歲至五十歲華人男子到四個地方集中以領取「良民證」，但是到了集中地點，等待著華人的卻是蒙著面罩的原英國員警、印度員警、馬來亞共產黨的變節分子對所謂「反日分子」的指認。被指認出來的華人未經任何審判程序就被綁赴海邊，慘遭重機槍掃射。到後來為了節約子彈，乾脆把人綁成一串裝上船，到離海岸十公里左右的地方將人推到海。至於有多少華人慘遭殺害？遠東國際軍事法庭新加坡法庭的判決書上是五千人，但新加坡華人方面主張的是十萬人！

【8】譯註：即中國東北地區。

【9】譯註：日爾曼尼亞計畫，是由希特勒御用建築師阿爾伯特・施佩爾設計的。計畫中的日爾曼尼亞的南北交通幹線叫做光輝大街。這條街長八公里、寬一百二十公尺，兩旁將建有劇院、商店以及納粹德國所有各部的辦公大樓，包括一座新的參謀總部大樓、一座陸軍元帥紀念堂、一座新的國會大廈。

【10】譯註：諾門罕戰役，或稱哈拉哈河戰役，是第二次世界大戰時日本及蘇聯在遠東發生的一場戰爭。日本稱五月十一日至六月上

甸的事件為第一次諾門罕事件；此後至九月十六日停火止，為第二次諾門罕事件。蘇方主將朱可夫，日方主將植田謙吉。

【11】譯註：英帕爾戰役（Battle of Imphal，日軍代號：ウ號作戰），為第二次世界大戰期間日軍從緬甸對英屬印度所發動的戰役之一，戰役從一九四四年三月開打，至同年七月結束，最後日軍以慘敗收場。

【12】譯註：鈞特．葛拉斯（Günter Grass, 1927-），出生於波羅的海沿岸的但澤市（Danzing，現為波蘭境內格但斯克），五〇年代以長篇小說《錫鼓》一舉成名，該書與之後出版的《貓與鼠》和《狗年月》被稱為「但澤三部曲」，再現二〇年代中期到五〇年代中期的德國歷史，並揭露希特勒法西斯時代的殘暴和腐敗的社會風尚，被認為是德國戰後文學重要的里程碑。一九九九年獲得諾貝爾文學獎。不過他在二〇〇六年出版的回憶錄《剝洋蔥》一書中，承認年少時曾加入納粹武裝禁衛軍，他的自白與勇氣引起舉世震驚。

【13】譯註：大江健三郎（1935-），日本當代著名的存在主義作家。一九九四年諾貝爾文學獎得主。

目錄

106-70

台北市大安區和平東路二段339號4樓

博雅書屋有限公司

廣告回信
臺灣北區郵政管理局登記證
北台字第2970號
免貼郵票

縣市　鄉市鎮區　路街　段　巷　弄　號　樓

姓名：

□新讀者　□老讀者

「博雅書屋」讀者回函卡

感謝您購買博雅書屋的書籍，為了提供您更好的服務，請您費心填寫以下資料，即可成為貴賓讀者，享有書訊服務與優惠禮遇。

◆購買書名：______________________________

姓名：　　　　　　□男 □女　　　　生日：　年　月　日

E-Mail：

學歷：　□國中（含以下）　□高中・職　□大學・大專　□研究所以上

職業：　□學生　□生產・製造　□金融・商業　□傳播・廣告

□軍人・公務　□教育・文化　□旅遊・運輸　□醫藥・保健

□仲介・服務　□自由・家管　□其他

電話：__________（手機）__________ 傳真 __________

◆您如何購得本書：□網路書店 □郵購 □書店　　縣（市）　　書店

□業務員推銷 □其他

◆您從何處知道本書：□書店 □網路及電子報 □五南書訊 □廣告DM

□媒體新聞介紹 □親友介紹 □業務員推銷 □其他

◆您通常以何種方式購書（可複選）：

□逛書店 □郵購 □信用卡傳真 □網路 □其他

您對本書的評價（請填代號 1.非常滿意 2.滿意 3.尚可 4.待改進）：

□定價 □內容 □版面編排 □印刷 □整體評價

您的閱讀習慣：□百科　□圖鑑　□文學　□藝術　□歷史　□傳記

□地理、地圖　□建築　□戲劇舞蹈　□民俗采風

□社會科學　□自然科學　□宗教哲學　□休閒旅遊

□生活品味　□其他

請推薦親友，共同加入我們的讀書計畫：

姓名__________ 地址______________________________

姓名__________ 地址______________________________

您對本書或本公司的建議：______________________________

劃撥帳號 01068953　　戶名：五南圖書出版股份有限公司
電話：（02）2705-5066　　傳真：（02）2709-4875
網址：http://www.wunan.com.tw/　　讀者服務信箱：wunan@wunan.com.tw

第一部

對抗西方的戰爭

波昂

在戰爭之前幾年，某夜，當康拉德・阿登納渡過易北河前往柏林途中，他在臥車裡打瞌睡。當火車進入東邊，阿登納張開一隻眼睛，喃喃自語道：「亞細亞，亞細亞。」

當然這個故事或許不是真的，但是身為英國佔領區基督教民主聯盟的主席阿登納，確實在一九四六年寫了一封信給在美國的朋友：「危險是不可輕忽的。亞細亞已到了易北河畔。唯有一個在經濟上、政治上都健康的歐洲，以及在英國和法國——德國自由地區所屬於的西歐精華區——的領導下，才能夠阻止亞細亞的意識型態與力量的進一步發展。」

阿登納指的是蘇維埃共產主義。總之，他在此使用亞細亞這個字眼是有趣的。對於這位來自靠近德國西部邊界的古羅馬城市科隆的政客而言，野蠻落後乃位於東方，而且文明的羅馬人和查理曼帝國都不曾到過那裡。自由和民主，是文明的羅馬人、基督教徒、經過啟蒙的西方之特色；亞細亞意味著，正統、專制、戰爭。納粹帝國是亞細亞的。阿登納的任務是把他的德國——西德——帶往西方，以割除有如癌擴散一般地亞細亞的殘跡。

當我抵達阿登納所選擇的西方的首都波昂，已是波斯灣戰爭的第二個星期，也就是一九九一年一月的最後一個禮拜。此時正下著大雪。波昂會是個有趣的地方，因為衝突而不斷地釋出對二次大戰的記憶。有時候，舊傷口看起來還非常新鮮，就彷彿德國仍舊在廢墟之中。

先前的一個禮拜，我就像世上多數人一樣守著電視看這場戰爭。我看的是英國電視台，而它的氣氛，幾乎是歡愉的。退休的空軍元帥和海軍准將穿著雙排鈕釦色彩鮮豔的上裝，每天早晚出現在節目中，在地圖上指出戰線所在的地方。他們講起話來，頗有專業之感與愛國的自豪。在記者技術性的談話與推論背後，有一種感覺，也就是英國以雖不大卻令人振奮的方式再生，也有點像目前它最好的時光。一時之間，彷彿數十年來經濟上的蒙羞、帝國的喪失以及總體的衰退，不過是場噩夢而已。正是戰爭：男人終於從男孩中被區分出來。

外國人也許更善於製造汽車或電腦，寫英國報紙的專欄，他因為挑撥侵略主義之故而出名，但是，當有個戰鬥必須完成時，當西方的防衛，當我們的生活方式，當我們的自由等等，處於緊要關頭時，英國人和美國人的並肩作戰，確實是可以信賴的。可是，同樣的說法，可以用在德國人身上嗎？當有關是否傾全力支持這場戰爭，而德國政府露出猶豫之色時，人們對它身為西方盟友的可信度，立刻產生了懷疑。膽小的歐陸諸國，再一次將仰望英國成為它們的救星。在這危險的時代（這些字眼再度流行：危難、勇氣、榮譽），共同市場政策不過是微不足道的事情和商人的爭吵而已：在這種危險的時代，英國人再度站上了高峰。

然而英國也有些既感人又悲痛的事情。在薩達姆．海珊的戰爭爆發前不到一年，一對噴火式戰鬥機、颶風式戰鬥機以及蘭開斯特轟炸機機群，飛過倫敦上空，為的是慶祝不列顛戰役。當天陽光普照，機群閃閃發光，好像在白金漢宮上方，拍動它們的翅膀。我在北倫敦的一個山頂觀賞這個情景。年輕人、老人、孩童像毯子一樣蓋滿了整個小山，人人凝視著空中古色古香的飛行機器。沒有喊叫或歡呼或笑聲。反而漂浮著一種相當的驕傲又悲傷的氣氛，這份悲傷幾近於痛楚，而那種方式，正是緬懷過去時經常出現的。

在波昂，人們的心情則完全不同。當機場巴士開進城裡時，我最先注意到的是，二、三層高的老舊聯棟住宅，窗口掛著被單，上面用紅色、黑色漆著標語：「不為石油流血！」「我們太年輕不能死！」「不可能有正義之戰！」「每一顆炸彈都粉碎我們的希望！」在這個禮拜之前，波昂曾舉行大規模的反戰示威活動。寫著「我們驚恐！」「不要另一場戰爭！」或者「布希是戰爭罪犯！」的海報，依舊貼在窗子和牆上。空氣中，有種幾乎不存在的歇斯底里，一種氛圍——天啟即將來臨、世界末日、一個因軍事與生態災難而毀滅的世界。

波昂的十八世紀樸素的建築，反映著啟蒙運動的古典主義。波昂缺乏威廉的柏林[1]那樣浮誇的壯觀。為骯髒的雪所覆蓋的中央市場廣場上，豎立著一座貝多芬的青銅像。在他冰冷的手上，拿著一支上面有著「禁止轟炸標誌」的白旗。在銅像之前，有數個插著旗幟的帳棚。帳棚之外設立了布告牌，用以展示各種圖像和主題。旗幟和我先前看到的：「不為石油流血！」等等，大同小異。有個布告牌說：「記住這些圖像！」在下面是一系列的相片、剪報和圖畫：一次世界大戰中在壕溝裡的士兵、二次世界大戰中遭到轟炸的許多城市、納粹軍隊行軍通過烏克蘭、在汽油彈攻擊中奔逃的裸體越南女孩、在黎巴嫩的以色列軍隊、從巴格達起飛的美國轟炸機。「不可能有正義之戰！」它說。

有個蓄鬍子、四十出頭的男人，身穿厚夾克，正在發傳單。我拿了一張，然後他開始說明他的觀點：「這個戰爭，純然只是為了實利主義的理由而戰。當伊拉克用毒氣攻擊庫德族的時候，我們什麼也沒做，而現在我們卻要開啟戰端。我們必須立刻阻止它。」他說話時並沒有氣勢凌人的態度；反倒更像是個已習慣於被誤解的預言者，一個見到了真相而其他的人對此依舊盲目的人。

接著我以不同程度的、自以為是的態度，做了一件外國人在德國經常做的事。我提醒他關於納粹：「在一九三八年水晶之夜後，我們什麼也沒做。這是不在一九三九年發動戰爭的理由嗎？」他說：「嗯，那時我還沒出生，所以我不會知道這件事。但我確實知道一九四八年以色列人屠殺巴勒斯坦人。而且現在我們的外交部長根舍到以色列去，資助他們錢和武器——都是因為我們的罪惡情結。你認為這樣對嗎？」

這個德國「罪惡情結」的看法，實在出乎意料之外，因為他是個和平活動分子，綠黨的成員，以年齡來說是「六八學運世代」[2]，一個徹底的六〇年代的孩子。有關以色列與德國的「罪惡情結」的這種用詞，乃是人們期待在極右翼的刊物，例如，由極右派偏激論者的老手、阿登納的西方之敵格拉德．弗賴在慕尼黑發行的《德國國家報》裡面看到的。在那報紙的最近一版中，德國政客遭到嘲笑，因為他們到以色列提供援助與慰問。這個戰爭，由於像是美國集體屠殺的例子，而受到責難：「在波斯灣的集體屠殺，」它說：「是典型的反人道罪行。」報上的其他文章，還包括〈美國印地安的大屠殺〉與〈以色列的恐怖戰爭〉。《德國國家報》不是一家和平主義者的報紙。德意志國防軍，甚至是武裝黨衛軍的優點，受到該報驕傲地致意。另外有著軍服畢挺的德軍士兵照片的月曆，以折扣價錢提供給讀者。而閃電戰的錄影帶，也刊在報紙的廣告中。

但是，這些廣告很難反映出與英國退役空軍元帥在該國的電視上發光發熱一樣的自傲氣息。他們的態度是防衛性的，似乎有什麼事情都必須掩蓋起來。然而只因為寫了有關以色列的恐怖與美國的大屠殺，便彷彿德國的罪行獲得了緩和或解消，在這一點上——也許只有這一點——兩個極端的德國政治有了交集。一邊是《德國國家報》，另一邊是柏林和平運動的發言人，他們宣稱空襲伊拉克是「自從希特勒以來最大的戰爭罪行。」

到處都是對二次大戰的迴響，而最響亮的是政治極端者。「美國的實利主義將毀滅世界」的這份恐懼，長久以來都是左右兩派人士的用語。在波斯灣戰爭中，這些恐懼看起來好像就要實現的樣子。不過，還有一個較老的憤慨，原本我們期待它會來自右派，可是它也與左派結合在一塊。一九九一年十一月，一個非正式的戰爭罪行法庭在斯圖加特登場，目的是審判美國所犯下的「生態戰爭罪行」以及他們在伊拉克的「屠殺」。卓越的和平工作者埃爾佛烈德・梅胥特塞瑪提醒他的聽眾說，紐倫堡的戰爭罪行審判，是一個勝利者的審判的例子。另外，有個社會主義政客批評西德對美國是卑屈的。可是，如果左右兩派人士對美國所共有的敵意相當明確的話，那麼對以色列的態度就不會太單純。美國喚起了德國人對於因轟炸而摧毀的德國城市、在諾曼地或亞爾丁的戰爭[3]、黑市、美國黑人大兵用巧克力及絲襪引誘德國女孩等的記憶。然而以色列本是不可能與大屠殺切割的。

我曾經被介紹給一位住在波昂的以色列人。由於他不願意被提到他的真實姓名，所以我姑且叫他麥可。麥可是位心懷怨恨的有關德國罪行的專家。我在以色列大使館遇到他，那是一棟座落於波昂郊區、防護良好的別墅。我們在一間沒有窗戶的房間裡談話，裡面只有一張沒有裝飾的桌子，牆上掛著一張以色列風景。他是個健壯結實、捲髮、三十出頭，一個「後六八年人」。他生於俄羅斯，不過小時候來到西德。成長於靠近科隆的地方，是校內唯一的猶太小孩。他曾經有過不快樂的經驗，來自於被挑出來作為特殊的案例。老師們會要求他向同學報告奧斯威茲。他僥倖成功的惡作劇，使得其他的男孩受到懲罰。

幾個月以後，因為讀了彼德・史奈德有關納粹戰犯之子的小說《爹爹》，而讓我想起了麥可。本書取材自奧斯威茲醫生約瑟夫・門格勒。小說中這名戰犯的兒子抱怨他在學校內受到的待遇：「他們的想法折磨著我。事實上，我的生物老師由於給我一個壞分數而向我道歉：對於我的一些親戚所做的事情，我絕不把它視為懲罰。當我疏忽我的家庭作業時，沒人說我懶惰。他們說，那是因為『困難的家庭狀況』。」

麥可說，德國人有病。「我相信如果在德國人身上做心臟檢驗，當你提到猶太人的時候，任何德國人，不管年輕或年老，你都會看到腎上腺波濤洶湧。」

他說，這就是為什麼波斯灣戰爭在德國引起這樣的恐慌。德國人不分晝夜打電話到以色列大使館，而且總是哭哭啼啼的。有些人問說，萬一恐怖的事情發生，他們是否可以幫忙以色列的小孩，他們是否可以在戰爭結束後再歸還小孩。他說，這些德國人必須冷靜下來。接著又聳聳肩。「啊，」他帶著微笑的暗示說：「當個德國人真難！」

麥可對年輕的和平主義者以及較老的世代——身為犯罪者的父親們——的鄙視，是相同的。他說，這些較老的世代，在戰後幾乎都變成親猶太。牧師、市長、教師、神父一有機會必定先去以色列。一種奇怪的角色翻轉發生了。麥可說，在戰前，猶太人被視為溫和的、學究的和平主義者，在另一方面，德國人則有著普魯士的紀律，他們「堅硬得像克魯勃鋼鐵」，諸如此類的印象。可是，現在，以色列人卻變成了遵守紀律、工作認真的戰士。許多年老的德國人羨慕他們，其程度就像他們鄙視阿拉伯人的又懶又髒一樣。現在，正好是德國人變成了和平主義者，麥可說：「現在，我們以色列人嘲笑德國軍人。」。

在六〇年代的後期，尤其在一九六七年「六日戰爭」以後，德國人的態度開始改變。許多年輕的德國人拒絕他們父母所擁護的每一件事。他們指責父母的過去，厭惡他們的沈默，而且也鄙視他們的親猶太。激進派學生宣稱，他們與受害者站在一起，特別是巴勒斯坦人。他們永遠不會結交犯罪者，不在德國，不在越南，也不在以色列。他們會補足他們父母的懦弱。他們會抵抗。他們是理想主義者。他們將為拯救世界的免於生態破壞而戰。他們會抵抗美國的保護消費者利益運動和以色列的軍國主義。麥可說：「他們認為，身為左派，是對抗做為反猶太者的疫苗接種。」因此，當麥可看到了數千位德國和平示威者的時候，他卻看不到從過去學得教訓的數千名溫和之人；他看到了「百分之百德國新教徒的嚴格、積極、偏狹、冷酷。」

一九九一年二月，以色列作家阿默斯．奧茲接受《法蘭克福全德日報》訪問有關波斯灣戰爭。[4]奧茲是個自由主義者。《法蘭克福全德日報》是一家保守的報紙，帶點對和平運動、綠黨、左派人士、「六八年人」的同情。編輯者傾向於德國加入波斯灣戰爭，或者至少也表達德國堅定支持盟友的行動。《法蘭克福全德日報》是反共的，贊成北約組織，是自由主義者（比較接近十九世紀歐洲的而不是二十世紀美國人的觀念）。其中有一位編輯是約阿星．費斯特，寫過一本有名的希特勒傳記。有部電影就是根據它拍成的，而帶給費斯特許多財富。特別是在影片中，「希特勒時期」被呈現為在一個偉大國家的歷史中的一種集體瘋狂的形式，一種蓄意謀殺的滑稽歌劇，一種瘋狂的脫軌行為。

在那個星期裡，費斯特顯得非常焦慮，依他的看法，德國以膽怯的和平主義取代政治和軍事的解決，這樣的表現使它再度成為自己過去的俘虜。費斯特經常辯論，希望德國再度成為正常、負責的力量。藉著這件事，他解釋了阿登納的意圖：一個正常的西方力量。然而這個目標被一種他所視為本能的、有罪的畏縮所阻隔，這件事剛愎地導致道德上的優越感：過去犯了重罪的我們，將治癒這個世界的疾病。這種想法阻止德國像西方同盟國一樣地負起該負的責任。做為德國的愛國者，費斯特感到尷尬，甚至蒙羞，因為英國、法國以及美國參加了戰爭，竟然沒有得到德國積極的援助。當我提到反戰示威的時候，他嘆氣地說：「全都是因為希特勒。」

阿默斯．奧茲不是個真正的《法蘭克福全德日報》類型，因為他的自由主義是中間偏左的，但是在訪問中，他語帶批判地談到有關在左派歐洲人士，尤其是德國圈子裡的第三世界的浪漫主義。他看到盧梭對高貴的野蠻人——對那些註定受苦的人一種近乎神學性的頌揚——崇拜的痕跡。「也許，」他說：「這是高度簡化與感傷的基督教形象所導致的結果，根據它，受害者因他所受的苦而獲得淨化。」

那麼，猶太人因大屠殺而「淨化」，「彷彿在瓦斯間裡的淋浴，噴灑了道德的清潔劑在受害者的身上。」他們必須比其他的人更純潔、更好，可是，這個純潔如何將犯罪者的孩子和孫子擦拭乾淨？有無可能他們有個秘密的心願，也想成為受苦者之一呢？

波斯灣戰爭中，道德的淨化遭到殘酷地測試，因為根據新聞說，德國公司出售的毒瓦斯很快地將藉由伊拉克的飛毛腿飛彈射向以色列。因為猶太人依舊受到德國瓦斯的威脅，所以不可能有正義之戰。這兩難的狀況並不正面。它撕裂了和平運動的隊伍。詩人和流行歌曲作者沃夫．畢爾曼，過去他曾示威反對美軍在德國的飛彈基地，而且他的政治信念離開《法蘭克福全德日報》的左邊很遠，因為宣稱支持戰爭，而激怒許多以往的同志。「不為石油流血，」[5]他在《時代週報》寫下：「那是最新的反美口號。啊！當然美國人也關心石油……為此感謝神，我說……是的，我很高興有著這樣不潔的利益。否則以色列將會落單。」而畢爾曼的父親死於奧斯威茲。

有個德語字很難準確翻譯成英語，可是在波斯灣戰爭期間，它總結了許多德國人的情緒：betroffen。字典提供了以下的翻譯：「受傷的、受到影響的……驚嚇、沮喪、驚愕、迷惑。」其中沒有一個字能傳達出正確的感覺。也許法語中的 boulevers 算是最接近的。使用「感同身受」一詞最多的是和平主義者、自由主義者還有社會主義者，在使用頻度上與經常從德國保守分子口中所聽到的「正常國家」一樣多。感同身受，暗示了一種犯罪感，一種羞恥感或者甚至尷尬。感同身受是說不出來的。但它也暗示著道德淨化的概念。感同身受是「控制過去」、表現痛悔、告解、被赦免和淨化的一個方法。

在西德，人們頻頻被告誡要哀悼過去、做「哀悼的苦工」[6]，都是這種淨化行動的一部分。在亞歷山大與瑪格麗特．米切利希寫於六〇年代的名著《無力哀悼》一書中，他們分析了那個讓戰後不願意面對過去的德國人煩惱不已的道德之麻木。他們因戰敗而麻木；看起來他們的記憶遭到封鎖。他們不願或不能做他們的苦工，以及懺悔。看起來他們已完全忘記，他們曾經榮耀過一個造成數百萬人死亡的領袖。許多德國人陶醉在一場由納粹運動所佈置好的、有如歌劇一般的自我美化中。米切利希夫婦議論說，在納粹帝國瓦解之後，為了要否認這件事，德國人希望不只從懲罰或罪行，也從隨著他們的敗戰而來的徹底無能之中，把自己隱藏起來。唯有那些受苦於損失的人，才能夠哀悼。可是，德國人到底損失了什麼？當然是猶太人，不過那很難讓人覺得是德國的損失。許多德國人失去他們的家，他們的兒子，他們荒謬的理想和他們的領袖。但是，哀悼這些，並非米切利希夫婦所謂的哀悼：在一九四五年以後，哀悼希特勒是不可能的。三十年之後，瑪格麗特．米切利希將會說，無力哀悼已不再適用於較年輕的世代了。她是對的：在德國，猶太人被哀悼，同樣地，在某些極端的小圈子內，則哀悼他們失去了希特勒。

至於感同身受的行為，有些事情與宗教有關，有些事情則很接近敬虔主義，在德國，這種主義擁有長久且豐富的傳統。它始於十七世紀的腓力．施本爾的作品。可以說是，他想藉著強調好的作品與個人心靈的努力，來重整基督教教會，並且將福音帶入日常生活之中。哥登．克雷格寫道：「敬虔主義的要點，是個人的道德創新，至於達成它的方法是，通過悔罪的極度痛苦，對於上帝的慈悲保證，獲得巨大且深刻的領悟。」[7]敬虔主義扮演了一個對抗法國啟蒙運動裡世俗和理性觀念的角色。它鼓舞十九世紀的德國中產階級和普魯士官員，以及在俾斯麥四周的人。我想，當麥可這位在波昂的以色列人，談到有關德國和平主義者的新教徒式的嚴苛之時，他所提到的就是這種精神。

在整個波斯灣戰爭中，波昂是感同身受的。照理那是應該非常不同的，因為那時正值嘉年華的季節，也就是一段穿著華麗的派對、啤酒、女人、歌曲的時光。但是，在戰爭進行中，舉辦嘉年華看起來並不適當，而且似乎毀滅即將臨頭，因此，嘉年華委員會變成了危機委員會。萊茵－普法爾茨的地方政府把獎金發給所有願意放棄嘉年華盛宴的組織。這方法被證明是有效的。唯有科隆，在「我們忠於生活」的箴言下，舉辦了一個非正式的街道慶典。

在柏林有個由音樂學校學生團體安排的反戰日，因為他們的發言人如是說：「所有的學生都感到那麼悲傷和感同身受，因此，我們覺得有必要聚在一起談談我們的恐懼。」他們設立一個祭壇並點燃蠟燭。同時有一家地方電台廣播他們的和平歌曲，其中有首副歌是：「我們感同身受，而且極度震驚。」

在我住的飯店外面的廣場，寒冷而幾乎沒什麼人了。有個小啤酒攤，幾個年輕人在那裡喝酒，而且繞著酒攤微微起舞，並以屬於嘉年華應有的方式叫喊著。我可以聽到從窗子傳來他們帶著啤酒味的歌聲。沈重的、跺腳的節奏，使我想起無數的戰爭電影。在影片中，德國人的歡樂意味著，對於某些殘忍的行動扮演一種諷刺的對比。在德國，最好能夠學習抗拒這樣的聯想，因為這些全都很容易變成自以為是與困擾，就算一個人的記憶只是來自電影。

我看了當地的電視節目並且再次為對比下的英國人感到驚訝。在德國的電視中，認真討論的節目很豐富，節目中，人們圍桌而坐，討論當天的主題。觀眾圍著比較小的桌子坐下，當知名重點來賓發表意見的時候，便啜著飲料。通常氣氛是嚴肅的，有時候討論會呈現白熱化。對於節目的莊嚴性，很容易引人嘲笑，但也有許多令人羨慕之處。在一定程度上，透過這種談話性節目，使得德國人習慣於政治性的辯論。

在整個波斯灣戰爭期間，電視觀賞者很難避免這種圓桌討論。討論的數量多到當你切換頻道時，能隨時跟上好幾個不同議題。牧師幾乎是經常性的來賓。來賓有的穿西裝，有的穿牛仔褲。他們的出席是合適的，因為辯論的中心議題是，有關良心的問題。一個人在戰鬥時能夠帶著良心嗎？一位德國戰鬥機飛行員說，他發現自己很難接受殺人的概念。他不知道他的良心是否准許殺人。一位服務於某個靠近美國空軍基地的醫院的醫生說，當他醫治在波斯灣戰爭受傷的美國飛行員時，他的良心令他困擾，因為這件事會讓他成為幫兇。

在一個典型的節目中，討論的團體包括了一個曾經反抗納粹的人，一個陸軍應徵士兵，一個年長的家庭主婦，一個上班的母親，還有幾個高中生。這位二十七歲的母親安姬莉卡說，德國必須幫助以色列，因為「在戰爭期間我們所做的」，但可以確定的是，藉著在波斯灣打這場仗，什麼也得不到。

「那英國和法國又如何？」這位前納粹反抗者說：「我們應該把這種骯髒事留給他們去做，而我們待在家裡？」（在這裡沒有提到美國人。）

「這個嘛，」安姬莉卡說：「我們不能違反我們自己的信念。我們怎能忽視我們所受的教育，它教導我們不再從事另一次戰爭。在其他國家裡，我們恥於做一個德國人。人們總是害怕我們，可是現在他們又責怪我們不夠積極……」

十八歲的高中生安多莉雅說：「我們在這個世界上發動兩次戰爭。我們怎能忘記它們？我不能說我以身為德國人為榮。」

然而當年長的家庭主婦談到在二次大戰所遭受的痛苦——轟炸、缺乏食物、父親和孩子未能返回家門——而且說我們應該反對全部的戰爭時。一個年輕學生說：「我了解發生在戰爭時的可怕事情，但是，如果當我們必須做卻不去做的時候，可怕的事情也可能發生。」

觀眾中傳出懷疑的叫聲，但是學生的說法獲得老反抗鬥士的支持。他把薩達姆．海珊和希特勒做比較，並且說，海珊必須受到阻止的原因與阻止希特勒的原因是相同的，又說：「薩達姆已經殺了成千上萬的人。是否我們讓他繼續下去，只因為在道德上我們不能讓我們自己開槍射擊？」

最後，輪到穿牛仔褲花襯衫的年輕士兵發表意見。問他有關殺人的看法，他說：「如果德國或北約組織受到攻擊，我必須這麼做。但假如我不同意這場戰爭，我會拒絕。」

他忠於戰後德意志聯邦共和國憲法的正統詮釋。以良心為理由，一個德國應徵士兵可以拒絕戰爭。再也不能以「命令就是命令」當做殘暴行為的藉口。德國的軍事力量只能用之於防衛德國或盟友的領土。既然德國是北約組織的一部分，而盟友的領土通常被解釋為北約組織的領土。右翼人士希望擴大這個解釋；到目前為止，左翼人士反對。

這個士兵並沒有埋頭致力於有關法律的討論。他試著回答道德的問題，亦即良心的問題。而且他給了一個誠實的答案，也許比許多和平主義者的完全反戰、反任何戰爭，更能反映出今日年輕德國人的感受。六八年的人有個優先的道德目標：徹底與他們的父母不同，砸開他們犯罪的沉默，傳播「和平」這個字，或單純地確定德國人不會再受到誘惑。社會民主黨的領導人奧斯卡．拉方丹說，在波斯灣戰爭期間，要求德國人參加軍事行動「就像把白蘭地巧克力給一個改過自新的酒精中毒者。」你幾乎能夠聽到焦慮的尖叫聲。

也許是因為希特勒的緣故，過去費斯特可能是對的。不過，波斯灣戰爭顯示了德國和平主義者不能單純地被當做反美主義者，或者當做是對阿登納之西方的反動而打發掉。有個真正兩難的問題：至少有兩個世代的人曾被教導要放棄戰爭而且絕不再送德國軍人上前線，換句話說，他們被教導成希望德國是一個較大版本的瑞士。可是，他們也被教導成自覺必須對以色列的命運負責，以及成為西方國家的公民，進而能穩固地嵌進西方同盟國家的家族內。問題是，他們是否能兩者兼具？如果薩達姆真的是另一個希特勒，德國不能幫助猶太人嗎？

這就是為什麼「希特勒類比」是痛苦的。這正是漢斯・麥格諾斯・安森柏格決定將他利刃刺進去的地方。他在《明鏡》裡，把薩達姆與希特勒做比較。[8]安森柏格是個優秀的詩人和散文家。他也知道如何正確地去打擊德國同胞的痛處。他可以是個尖銳的挑唆者。他的文章受到某些人喝采，但也使得許多其他人暴怒，尤其是左翼的知識分子。我聽一位柏林的評論家說，安森柏格是個叛徒。一個什麼叛徒？我問。他說，精神的叛徒。多少年來，安森柏格本身就是個左翼知識分子。他進學校時，正逢納粹的時代，曾參加希特勒青年團，而且在戰爭結束時被選派去防空單位。戰後，他與其他作家，例如鈞特・葛拉斯與海因里希・伯爾，組織一個左翼反納粹團體，對抗德國威權主義的殘餘勢力。在好幾年裡，追跡納粹的幽靈，大概是他的全職工作。

在《明鏡》的文章裡，安森柏格議論說，薩達姆如同希特勒，不只是另一個獨裁者而已；他是人類的公敵，一個深愛死亡、自我毀滅的魔鬼。倘若他有方法、有能力的話，將會破壞這個世界，當然如同希特勒一樣，還包括他所蔑視的、自己的人民。接著，問題在於，是什麼製造了這樣的魔鬼？安森柏格的答案是，受羞辱的人製造了他們，因理智的失敗、貧窮、對生命的無力感等敗壞了平民——大量的永遠輸家——的道德一段很長的時間。安森柏格寫道，德國人應該可以在阿拉伯的平民當中，認出他們自己的樣子。

然而從德國人的心理層面出發，沒有事情能夠獲得進展。由於這樣的洞察，安森柏格說：「將破壞任何對當前衝突的種族性詮釋之基礎。此外，它將隱藏的連續性——無人想記憶的法西斯主義的殘留部分——暴露在陽光下。德國工業界絕不會有機會感到後悔，它曾經提供希特勒良好的服務，所以，再用同樣的熱心急急忙忙幫助希特勒的後繼者，這只能被稱為始終如一。其實只有無知兩字，並無法解釋為何相當大部分的德國年輕人認同巴勒斯坦人多過於以色列人，或者寧可抗議布希而不是薩達姆．海珊。」

這是戰後「抗德游擊隊」的聲音——隱藏的連續性之禍害——但還帶著新的扭曲。也許安森柏格對伊拉克人不公平，因為他們幾乎不支持薩達姆，而且也沒有像德國人對希特勒一樣的熱情，但是，他在特定的人士之中發現了連續性，而這些人自以為藉著做了他們的追悼的苦工，藉著為了和平而有點過度熱心地捧著蠟燭，就擺脫了它們。

安森柏格的世代，學會了不信任德國人。在四十幾和五十幾歲人身上的連續性，依然太明顯，希特勒青年團的經驗與高射砲大隊，仍然太新鮮。安森柏格的「抗德游擊隊」不相信西德人對於突破物質繁榮的自滿足以遮掩過去，就像雪似的毯子蓋住全部的痕跡、裹住所有的聲音那樣。安森柏格寫了一首名詩，起頭是：

我遺失什麼，在這裡
在這塊土地，我的雙親
帶我來此，在全然無辜之中？
土生土長，卻沒有被撫慰，

我在這裡又不在這裡，
居住在舒適的骯髒中，
在這舒適、滿意的墳墓。

在整個波斯灣戰爭期間，對德國人的不信任，表現得特別尖銳，因為在戰爭爆發的前一年，發生了一件事情——兩德統一，看在鄰國眼中，是驚愕的。這是可以理解的；它們曾經被德國佔領而且對德國人會做出什麼勾當也非常清楚。再次顯示了和安森柏格同一世代的人，或者至少是抗德游擊隊成員的不信任。當鈞特．葛拉斯抗議統一的時候，基於一個統一的德國，曾經發生過奧斯威茲，他用「奧斯威茲」這個字幾乎是一種宗教的感覺，像是負面的避邪物一樣。他揮舞著它，彷彿一隻惡魔之眼想避開惡魔。長久以來「奧斯威茲」一直被當做主要護身符，以對抗隱藏的連續性。

在一個較不抽象且平庸的層次上，存在著西德對東德的懷疑——東德人的士兵仍然踢正步前進，它們的小資產階級帶著三〇年代的風格，它們的政府系統雖然建立在反法西斯主義基座上，但是也包含了許多納粹過去混亂的殘餘物；簡單地說，東德人過去住在「亞細亞」。麥可，這個以色列人，以揭去道林．格雷畫像的覆蓋物【9】，來比較西德佬和東德佬的衝突【10】：西德佬看到他們自己的形象，但是他們不喜歡他們眼前所見的。

當我提到東德佬的時候，一位知名的西德作家轉了轉眼球。他告訴我說，當他看見歷史重複的前景時，他覺得有多無趣。「淨化、再教育，我已經看遍了。我不喜歡在東邊的那些人。我覺得我了解他們。我不想和他們有任何關係。」聽到這些話，我覺得很訝異，於是在柏林文學評論家駱蘭德．維根斯坦的漂亮公寓中，將這番話轉述給他聽。公寓裡的傢俱是用鋼和黑色皮革製作的；牆上掛著大型抽象畫。

維根斯坦的穿著合乎時尚，而且把服裝照料得不錯。在品味上，他明顯地屬於戰後的。「我非常了解他，」他說：「我只比他虛長幾歲。那是奇蹟，真的，聯邦共和國的德國人這麼快就變得文明化了。現在，我們真正成為西方的一部分了。我們已有內化的民主，但是，前德意志民主共和國的德國人，他們仍停留在前現代的時代裡。他們是令人討厭的德國人，很像和我一起成長的戰後西德人。他們還未文明化。」

對於東德佬這種文化性的厭惡，顯現在他們剪裁拙劣的西裝、他們的石洗丹寧布，還有他們的塑膠鞋，這些已超過單純的勢利眼了。然而沒有說出來的訊息是，西德佬本身也不過是勉強從納粹秘密黨員、踢正步的德國人裡逃脫出來，然後變成某些其他什麼來著，或許是現代歐洲人吧。就在兩德統一之前，六八年人世代的小說家派崔克．舒斯金德寫道，對他（言外之意對他的朋友和西德佬）而言，覺得托斯卡尼比德勒斯登來得近。

在德國，不信任是政治語言的一部分。社會民主黨的德國眾議院成員，外交事務專家挪卑特．根舍，在波斯灣戰爭的期間，已年屆半百。他的服裝也合乎時尚，穿著一件紫紅色西裝。他斟了兩杯日本清酒給我和他自己。「像石油一樣落下。」他說。我猜這個諷刺是故意的。他遣詞用字頗為小心：「我個人的政治哲學與甚至也許是我的政治野心，必須與我所代表之人的不信任的要素有關，他們的父母和祖父母使得希特勒與猶太人的迫害成為可能。」在他的桌上，有一張基爾的照片，一個位於北德的港口，那也是根舍的出生地。這張照片是一九四五年的基爾，一個廢墟中的城市。他看我在看照片，於是說：「這是個事實，任何被轟炸過的人，就有權力得到我們的同情。」

根舍耗費許多時間在納粹遺產之上。他的大學畢業論文是有關黨衛軍的。而且在七〇年代，他曾試圖使得納粹法庭的裁決無效——直到八〇年代才得以成功。許多問題之一是，納粹的司法制度本身，從來就沒被清除過，因此，這個連續性只能靠時間來打破。至於五〇和六〇年代的司法挫敗，根舍說，不可能再發生了。一個新的政治世代已經到達法定年齡了。當這群「罪犯」的孫子詢問有關過去的時候，他們那種自以為是的態度，比六八年人世代來得少些。德國人已經變得注重實際，根舍說，比日本人實際多了。波斯灣戰爭來得像是一次激勵的冷水浴。

很難講到底是哪一個更能激勵人心：波斯灣戰爭或東德佬的來臨。這兩個事件多少湊巧地引起更大的張力。在社會民主黨裡，曾經有個國家主義中立的傳統。許多左翼的政客認為，西方的盟友曾經阻止兩德的統一。在五〇年代，社會民主黨在這一方面一度比保守的基督教民主黨，更加傾向於國家主義。許多年來左翼人士經常攻擊阿登納的德國，原因是它的納粹傳統與它的背棄美國。可是，現在德國統一起來了，加上它「奧斯威茲」的幽靈和額外一群胸襟狹窄的東德佬，總之，阿登納被認為是對的。德國需要西方，西方也需要德國，在某種程度上，德國人，尤其是社會民主黨，發現了嚴重的問題。

將德國埋藏在它西方盟友的內部，例如北約組織和歐洲共同體，等於是埋藏了對德國人的不信任。或者希望能夠如此。身為歐洲人，他們可以感覺到正常的、西方的、文明的。然而德國，這個古老的「中央之土」、中歐的巨人、為認同所苦並同時被它的過去所糾纏的強國，現在已經變成一個西方國家。這個受到保佑的國家，在一年之內受到兩次的挑戰：首先是兩德統一，接著是波斯灣戰爭。如同所預期的，結果是混合的，一個是對於非文明、非西方的東德佬本能上的排斥，另一個則是，對於和西方盟友共同參與戰爭行動時所感到的深刻的猶豫。

我在波昂的最後一夜，仍然下著雪。我和一位年輕的政治學者一起吃著馬鈴薯餃子、臘腸，喝著啤酒。所謂年輕，我的意思是說顯得有點太年輕，不像是個六八世代人。他不是個和平主義者。他批評政府對於盟友的支持過於優柔寡斷。他好像不在乎別人對他的國家的文化上的不信任。他甚至熱心地幫我介紹當地的食物，以及在一、兩家酒吧內的投幣式自動唱機所播放的、恐怖的嘉年華音樂——不管有沒有波斯灣戰爭。他說，德國陸軍現在已經是真正屬於公民的軍隊了。每個人都必須服役，這就是為何良心與道德的討論，是如此重要了。而且因為德國人的安全被束縛在憲法和它的朋友們的憲法內，因此，軍事活動變得幾乎是不可能的。「你看，」他說：「我們德國人真的不願再單獨做任何事了。」

時間已經相當晚了。我們一起走回我下榻的飯店。那是間舊飯店，在它風光的時代裡招待過許多多卓越的賓客，但是在櫃臺上分發的它的簡史中，不知怎的，竟然忽略了三〇年代與四〇年代早期的事情。我們走過拿著和平旗幟的貝多芬銅像，經過「警告柱」，年輕人在那裡拿著燭火守夜以抗議這場戰爭，再走過寫著：「不為石油流血」、「德國錢與德國瓦斯正在謀殺全世界的人」的布條。我告訴他我要寫有關德國與日本對戰爭之記憶的計畫。他似乎有點愣住，幾乎是受到驚嚇，但什麼也沒說。就在我們說再見之後，他突然轉身說：「拜託，千萬、千萬請不要誇張彼此的相似性。我們和日本非常不同。我們不會為了讓公司變得更有力量而在公司過夜。我們只是人，只是普通人。」他不說西方人，但他也可能有這個意思。

東京

在東京，波斯灣戰爭感覺上似乎很遙遠。沒有布條、沒有警告柱、沒有燭光守夜或和平示威。對戰爭的整個概念，在東京看起來比德國要遙遠。在德國，廢墟和彈孔仍然清晰可見，然而在東京，即使在一九四五年整個城市差不多籠罩於火焰之中，但如今已經沒有多少可以讓人聯想起上次戰爭的東西了。在一九三六年的軍事政變中，遭到佔領的飯店，雖然從戰爭中死裡逃生，到八〇年代房地產風潮時，還是被拆掉了。而吊死日本主要戰犯的監獄，也已經被摩天大樓和大型購物中心所取代。

在七〇年代和八〇年代早期，你仍然可以在火車站的大廳或神社之前，看到眼盲又殘廢的日本皇軍老兵，立於未經加工的義肢上，穿著和服戴著深色眼鏡，用他們破損的手風琴彈奏著懷舊的老軍歌，希望可以得到些零錢。年輕人瀟灑地穿著美國最新樣式的服裝，幾乎看也不看一眼就經過這些老兵身邊，彷彿這些殘障的男人並不存在，彷彿他們是只有他們自己才看得見的鬼魂。有時候，年長一些的人，會偷偷地塞給他們幾個銅板，就好像是付錢給讓人尷尬的親戚，以便把他們打發走一樣，因為這個穿著白色和服、鬼魂般的模樣，喚回人們不想要的記憶。而現在他們也永遠消失了。在東京，唯一能提醒人們有關二次大戰的，僅僅是空氣中的小碎片，例如在柏青哥店裡所播放的軍隊進行曲。

六本木是東京最時尚的地區之一。從一九四五年以來，這裡總是有淡淡的西洋味兒。以往有個美軍基地在這裡。現在，這個地方聞起來有豪華的味道。外國模特兒湧現在時尚工作室裡，年輕人開著保時捷緩慢地巡航在大街上，優雅的女士相約在北義大利餐廳裡吃清淡的午餐。在所有這些閃閃發光的東西裡，有塊醜陋的、灰色水泥建築的園地。它們是個奇特的存在，顯得非常不相稱，宛如根本就不應該在那裡似的。防衛省座落在這裡，事實上，甚至不能稱為「省」，只能稱為「廳」，儘管它的總指揮擁有內閣大臣的職位。這些建築物位於少數能讓人連想起二次大戰的東西之中。從前日本皇軍佔用了它們，戰後則由美國軍隊佔用。

正式而言，日本並沒有陸軍、海軍或空軍。一九四九年在美國佔領之後，日本人被贈送了一部憲法，而它的第九條說：「日本人永遠放棄作為國家統治權的戰爭。」因此，「陸、海、空兵力，以及其他可能引起戰爭的，都將不被保留。」然而自衛隊卻是個相當不安穩的妥協。事實上，日本擁有相當龐大的軍隊，但在憲法上它是不能派遣的。

當冷戰開始於約一九五〇年時，美國人不再希望日本維持永久無武裝的和平主義典型，因此，一個「國家警察預備隊」被創造出來。左翼人士雖提出抗議，但沒有成功。儘管很多日本人抗議，跟著簽署了〈美日安保條約〉。一九五三年理查．尼克森在訪問日本時說，第九條是個錯誤。許多日本保守人士同意，但是他們的觀點並沒有流行開來。冷戰逐漸變熱，而日本的商業，部分是拜韓戰之賜，開始興旺起來，而左翼人士則失去更多更多立足之地。接著，在許多日本人認為曖昧與不符憲法的狀況下，自衛隊仍然獲得了合法化。

防衛廳的主要建築物，裡外都一樣地單調無趣，我在那裡與副長官萩次郎有約。他的辦公室很基本，甚至紀律性很強：一張桌子、一個沙發、一個櫥櫃與一些鋼鐵製的檔案櫃。牆上掛著月曆，上面有一張太平洋海灘上十來歲的美女照片。萩是個身穿藍色西裝、體型單薄的男人。我問他有關日本人的大眾意見。關於波斯灣戰爭，大部分的日本人認為該怎麼辦？他說，絕大多數人反對送出任何的日本軍隊。一九九〇年十一月，有個正好提議這件事的特別法案，結果不得不被撤回。他說，多數日本人依然把軍隊和舊日本皇軍聯想在一起。但是這種情況隨著世代不同而有所改變。他又說，帶著二次大戰記憶的人，非常反對送日本軍人上任何的前線。而年齡介於三十到五十的人，意見就沒那麼強烈。至於一般年輕人的看法，很容易受到大眾媒體的左右。

他提到日本憲法第九條。接著，就像經常發生在德國人身上的信任問題，也被提了出來。萩說：「日本人不信任自衛隊，因為他們不能像日本人一樣地信任他們自己。這就是為什麼他們需要用憲法來釘住安全成果。」

這是個有趣的說法：他們不能像日本人一樣地信任他們自己。它又再次回到我們對話的結尾。我告訴萩我剛從德國來。他微笑而且說了些令人意外的話：「我非常喜歡德國人，但我想他們是危險人物。我不知道為什麼——也許那是種族，或文化，或歷史。無論什麼。但我們日本人也相同：我們從一個極端擺盪到另一個極端。作為一個民族，我們日本人就像德國人，有強烈的集體紀律。當我們的能量導入正確的方向，這沒問題，當它被誤用時，恐怖的事情就發生了。」在這裡他停了下來。然後又加了一句：「我也剛好想到日本人和德國人都是種族主義者。」

當然，這是許多人相信的事情。我曾經被教導並相信的是，德國人和日本人是危險的民族，而且在他們的國民性格之中有著缺陷。但那可不是我期待在日本的防衛總部所聽到的。無論如何，像萩將兩個國家連結在一起的事情，在我經驗中，德國人卻是傾向於避免的。我經常從德國人口中聽見的詞組——「典型德國的」——幾乎始終是種貶低的感覺。（相反地，從日本人說出來的「典型日本的」，卻混合了被動與自豪。）然而被歸於和日本人同類，甚至拿來做比較，令許多德國人困擾。（再者，不像日本人經常拿德國人做比較。）我所遇到的德國人通常強調他們與日本人如何地不同，正如西德佬凸顯他們的與東德佬差異一樣。此時浮現我腦海的是，或許道林．格雷因素已起了作用。對某些西德人來說，現在是如此「文明化」、如此自由、如此個人主義、如此，嗯，西方，再加上團體紀律、服從權威、對於工作抱持著軍事般的態度的日本人，或許為求得慰藉而似乎太靠近一個剛剛，或者僅勉強克服的自我形象。

這不是完全沒有理由的。固然在十九世紀和二十世紀期間，日本向德國學習了許多東西，但是，這些東西早已不適用於聯邦共和國的自由氛圍了。像德國一樣，日本——像它的知識分子與政客所呈現的——經常覺得必須藉著轉變成浪漫的民族主義，以彌補國家的劣等感覺。日本人進口了費希特的有機民族主義理論來強化本身的自尊，甚至日本將自己西化，以便追上西方的強權。當一九二〇和三〇年代日本覺得被西方列強排除在外的時候，史賓格勒在《西方的沒落》中的想法，倒是令人感到安慰的。由於大多數的這些理論，正符合日本所需，因此，現在仍然廣泛被引用在電視、大學、廣為流傳的報紙之上。有關猶太人陰謀支配全世界的幻想，不知怎的，竟然被凍結在日本民間神話可及的範圍之外。此外，純粹種族的意識型態，在戰前即已輸入的德國理論大量鼓勵之下，在日本是絕不會滅絕的。

在希特勒統治下的德國，日本本能地達成了德國納粹所嚮往的事而備受羡慕。以納粹宣傳家阿爾布瑞希特・佛斯特・馮・烏拉赫的話來說，日本人的天皇崇拜是「在國家形式、國家意識和宗教的狂熱世界中最特別的融合。」[11]理所當然，在納粹的語彙中，狂熱是個正面的字眼。閱讀納粹書籍中有關日本的部分，人們可能會認為德國的宣傳家希望透過宣傳，徐徐地灌輸德國人一種類似日本古代神祇所傳遞給日本人的文化。

國家的行為會到達什麼樣的程度，就像個人一樣，取決於歷史、文化或性格，這個問題困擾著許多日本人，幾近著魔一般。在波斯灣戰爭期間，在日本電視上沒有太多「感同身受」的跡象。也沒有看見退休的將軍們解釋戰術和戰略。取而代之的是，許多來自新聞界和學界的專家，以一種超然的態度，談論著遙遠的戰爭，而這個戰爭往往被呈現為一個介於西方和中東文化或宗教的衝突。其中討論最多的是伊斯蘭教——基督教——猶太教之間的仇恨史，另外就是長篇大論地分析美國人的性格，以了解喬治・布希和史瓦茲科夫將軍的行為。

文化的先入觀，也充斥在私人的談話中。我在東京從二次大戰以來僅剩的幾條保持不變的街道之一和幾位朋友小酌。這是在一個叫做「新宿黃金街」的地方，以往是個廉價的紅燈區。我們坐在一個約可容十人的小酒館內。酒館的店名取自法國的前衛電影，店內煙霧瀰漫的空氣中充滿了比莉．哈樂黛[12]的歌聲；這家酒館以它擁有的知識分子顧客而自豪。在酒館中的主流意見是，波斯灣戰爭只是為了美國利益而戰。我的朋友們都四十出頭，活躍於藝術工作上。他們視波斯灣戰爭是個文化認同的問題。美國人想迫使阿拉伯人適應美國人的世界觀。

自由和民主又如何了？我問。這些原則不值得保護嗎？我們可以准許一個野心國家入侵其他國家嗎？我知道這不是完全令人信服的；科威特幾乎是不民主的。可是，我想引出他們的話來。答案是個反西方辭令的有趣變化。

「民主，」漫畫家說：「不是普遍性的。那只是西方的理想，西方人假裝它是普遍的。那就是為何這場戰爭是錯誤的：西方試圖把它的想法強加在非西方國家之上。美國人不但偽善，而且自大。」

一個著名的電影製作人猛點頭並且說，如果美國人沒來的話，日本會更好。他談論的是一八五三年培里司令官率領黑船抵達日本一事。「他們搶奪了我們的文化，」他說：「我們幾乎不知道我們是誰了。」

我對他知之甚詳，知道這是一種挑釁的說法。可是和日本的藝術家及知識分子談話，就經常有這樣的轉折：只要是有關日本和外面世界的認同問題，幾乎困擾著每項議題。上述原因導致了古怪的認同。在左傾的《朝日新聞》，我讀到下面一封信，是由一位活躍於中東、六八年人世代的內科醫生中村哲夫所寫：「當談到新世界的秩序時，我們必須了解，我們在亞洲的同志所擁有的價值與文化觀，並未與西方世界共享。我們必須再思考我們對亞洲的態度。僅在五十年以前，那正是我們日本人——被夾在我們的傳統社會與西方式的現代化之間——正苦於一場對美國的戰爭。而這場戰爭尚未有結論。該是時候，讓我們再想想死於廣島和長崎、那數百萬『神聖的靈魂』所代表的意義。」[13]

這種調性與想法，非常接近於三〇、四〇年代的泛亞細亞日本民族主義者。這種想法並不新鮮，從十九世紀以來，雖然日本曾經強烈掙扎，有時候還經常笨拙但依然勇敢地以它來對抗西方的支配亞洲。它始於一八六〇年代的「尊王攘夷」運動。在日本戰爭宣傳中，它獲得發揚光大的機會，在出版於一九六四年的林房雄名著《大東亞戰爭肯定論》裡，它受到了保護。林氏的反西方民族主義，是戰後右翼系統辯護的圭臬[14]。不過，林氏乃前共產黨員。他在空想的世界裡寫出那部著作，在書中日本不再因國際政治而意見紛歧，所有日本人的想法一致。就像他表達的：「一種日本人的思考方式，將會誕生。」在這句話裡有著懷舊之情。在整個太平洋戰爭期間，日本人被告知「一億日本人的心，跳動如一。」

這個空想世界，在波斯灣戰爭期間仍然沒有來臨。在一項由《朝日新聞》主辦的民意調查中，百分之七十的受調者反對使用武力對抗伊拉克，但是其中百分之二十九點六的人，在他們二十餘歲時，卻是喜歡訴諸武力的，此外，至少還有許多人說他們不確定。在《朝日新聞》的讀者投書中，中村的信是常見之話題的情緒性變化。一封典型的信寫明：「現在，比起過去的時代，我們日本人更有權力，也有責任反對戰爭，同時要告訴這個世界有關我們的經驗，讓人們知道我們無辜的公民是如何在恐怖的轟炸中犧牲的。」

對於許多日本人來說，這是憲法第九條的重點。一九四六年當日本前首相幣原喜重郎對麥克阿瑟將軍抗議說，在聲明放棄戰爭上，日本應該將自己視為道德上的領導，這些話全都說得很動聽，可是，在現實世界，沒有任何國家會追隨這個例子。麥克阿瑟回答說：「即便沒有人追隨你們，日本也沒有損失。主要是，凡是不支持這件事的人就錯了。」長久以來，多數日本人繼續採用這個觀點。然而波斯灣戰爭在它上面留下一個凹痕。

那是個值得尊敬的觀點，但也是一個建立於背叛國家神話之上的觀點。根據這個神話，日本變成了獨特、和平、道德的國家，它遭到審判日本戰犯的勝利者的背叛；在越南、在阿富汗、在尼加拉瓜遭到背叛；遭到軍備競賽，遭到冷戰背叛；日本曾經被犧牲，不僅是「無端的」，而且甚至是被「種族主義者」於廣島和長崎的原爆攻擊以及所有後來超級強權所採取的軍事行動所犧牲掉，包括這次決定對薩達姆·海珊發動的戰爭。這個神話的最強烈信仰者，是左翼的男女人士，他們堅持第九條就像牧師之於他的祈禱書一樣。

波斯灣戰爭正式結束後的幾個月，有位文學批評家叫做松本健一寫了一篇文章刊登於《東京新聞》上。[15]文中他把薩達姆的入侵科威特比做日本突擊珍珠港。在某個程度上，這與安森柏格在《明鏡》上將薩達姆比做希特勒是極其相似的。松本寫道，薩達姆主張他為泛阿拉伯的理想而戰，這與在攻擊珍珠港前夜自大地聲稱「亞洲團結一致」的日本軍國主義者，產生了恐怖的共鳴。伊拉克和日本兩者皆為「聖戰」而戰，目的是對抗西方的帝國主義。但在松本的意見中，比較更進一步：「日本與伊拉克走上戰爭，實際上是為了同一的理由。」西方勢力被指控製造不可避免的戰爭，因為他們奪走這些國家的商業和原料。因此，對日本及伊拉克而言，據稱，戰爭變成一種生存的問題。「日本，」松本寫道：「沒有彌補它在戰時的殘暴。因此，我們不能在指控伊拉克人使用不人道的手段以及違反國際法的同時，不將指頭指向我們自己。」

到目前為止還不錯。這樣的內省在日本的主流新聞界是很希罕的。可是接著，指控的手指突然轉向各處：「另一方面，對於伊拉克最初的攻擊，在美國大眾媒體的反應上，令人想起日本對太平洋戰爭早期勝利的、心滿意足的描述……」而最後結論：「波斯灣衝突再次提醒我，有關戰爭的陳腐與殘酷。當我們的首相海部俊樹表示他堅決支持多國聯合，並嘗試部署我們的自衛隊到中東的時候，我感到驚恐。在這裡，保守派政客表現出來的是，從五十年前日本自己所墮入的野蠻落後中，沒有學到什麼東西。」

我們姑且先將結論擺到一旁，那麼，意思是說，所有的人都是同樣的野蠻落後：戰時的日本、薩達姆．海珊、喬治．布希、日本的保守政客。和平主義者的目標，也許是道德的，而懷疑美國新聞界的心情愉快之論調，或許是正直的，但對於這樣的看法，有些地方顯得太輕率了點。所有的戰爭都是非正義的：就像是立在波昂的市場廣場上的警告柱，或者認為轟炸巴格達是從一九四五年以來最大的罪行的和平教授。顯然有太多的歷史被簡單地歸為同一類。

不過，日本與德國在某方面有個非常大的差異：以色列。日本人對猶太人並不會有罪惡感；在東京的以色列大使館不會接到歇斯底里的來電；不會有日本版的沃夫．畢爾曼。對許多德國人而言，波斯灣戰爭喚起大屠殺的幻覺；對多數的日本人，那只是另一個戰爭，另一個遠方的戰爭，它的爆發宛如一場自然的災害。或許，如果盟軍的轟炸目標不是伊拉克，而是中國，甚至是北韓，那也肇因於日本的戰爭罪行。可是，即使那些為中國與北朝鮮而感到難過的日本人，也不認為日本發動的戰爭是個大屠殺。

否認歷史的歧視，不僅是逃避罪行的方式而已。這是和平主義的本質。甚至試著去區別戰爭的不同、去接受某些戰爭是正當的，這些都已經落在不道德的立場之上。對德國和日本而言非常方便的是，和平主義剛好是個高尚的方法，可以用來緩和歷史罪行的痛苦。或者，相反地，如果一個人沈迷其中，當與其他國家的自鳴得意相比較時，和平主義便把國家的罪行轉為一種美德，而且幾乎是個優越的標誌。這也可能是歷史的短視之因。

日本的反越戰活動之父，以及一本有關轟炸廣島的小說作者小田實，他告訴我說，日本必須是個保持住和平主義的國家：「在所有國家中，日本必須是個良心的異議的提出者。」小田說，因為軍事力量，會使日本成為非常危險的國家。德國也是一樣。他認為，很快地德國將會再度成為純粹種族的國家。當我表示懷疑時，他對我說，身為西方人，身為白人，我沒有立場去下判斷。

我問他有關越戰的問題。他說看不出越戰和在亞洲的日本戰爭有何差異。事實上，正是越戰讓他去反省有關日本的征服亞洲。他也看不出歐洲的殖民主義與日本的侵略中國及東南亞有何差別。當我指出我所思考的不同之處，他變得激動而提高了聲音。「聽著，」他說：「我沒有時間討論歷史的特性。殖民主義不好，但那是另一件事。」他胖嘟嘟的臉脹紅了，他的大手捶在桌上。他的韓裔日籍太太默默地盯著她的茶。而我仍堅守立場。

小田生於一九三二年。他記得日本在對美國的軍事行動取得大勝之後，他是如何驕傲地揮舞著太陽旗。他也記得從前帶著特殊悲痛的記憶，因為就在日本天皇在收音機上宣布戰爭「發展得未必符合日本利益」，亦即投降的前一天，他的故鄉大阪遭到轟炸。但他並沒有哭。他說他真正的悲痛是，戰後美國人破壞了日本掙脫過去的機會。而美國人採取的方式就是，它准許日本保留天皇制度。那就是美國人，它准許那群帶領日本走上戰爭之路的相同官僚和政客繼續治理這個國家。那就是美國人，它使得日本人因為建立一支新的武力而暗中破壞自己的憲法，而且正是美國人，它使得日本人在亞洲變成美國帝國主義的幫兇。

他的憤慨不是沒有正當理由的，但是，小田對於西方的矛盾心理，比政治性的覺悟來得更複雜。那是種近似敵意的矛盾心理。這恐怕有部分是因為年齡的關係。畢竟他受的教育是，鄙視「盎格魯—美利堅的惡魔」。此外，泛亞洲的宣傳並未完全從羅曼蒂克的「第三世界主義」中徹底清除。不過，儘管小田有第三世界主義者的觀點，也就是他的認同於受壓迫者也非一成不變的。他也與壓迫者認同。他的「越南和平運動」的目標之一，是協助美國的逃兵和反戰的抗議者。按小田的看法，美國大兵就像日本以前的皇家陸軍士兵一樣是侵略者，同時也是受害者；侵略者是因為殘殺無辜的百姓，受害者是因為被迫做相同的事情。

在日本，對西方人的感覺，唯有「複雜」二字可言。表面上，在亞洲，日本是最西化的國家。甚至小田可能覺得紐約比北京要來得近（我敢說托斯卡尼對他們而言比德勒斯登來得熟悉）。甚至，雖然在十九世紀期間有個驅逐野蠻人的運動，但也有個運動想「排斥亞洲」。在一些內容是發生於亞洲大陸、世紀交替的日本戰爭的版畫中，日本人被呈現出穿著歐洲軍服、高大淺色皮膚的模樣，明白顯示他們的對於穿著絲質外套、綁辮子、黃皮膚侏儒的統治。

這個矛盾心理顯現出多樣化，在對話中，將因人而異而出現極大的差異。右翼自由民主黨的政客龜井靜香，幾乎在每一方面都與小田實相反。他們的年齡相彷彿，都是健壯結實的男人，帶著明顯的農民特徵。無論如何，他們相通的地方也就只有這些。龜井屬於防衛的鷹派人士。他希望第九條從憲法中剔除。他希望教育能教導人民更愛國，能徐徐地把自尊滴入日本的軍事英雄身上，諸如此類。他不相信日本在亞洲的戰爭全都是壞的。他希望恢復天皇先前的地位，以作為家族國家的神聖父親。他希望恢復神道作為國教。他認為戰後美國人奪走了日本的認同、尊嚴和活力。

我在靠近國會議事堂的龜井東京辦公室訪問了他。他的言語像小田，蓄意地不講究，想強調的是一種強健的男子氣概，而不太像在表達他的友善。我們的對話被電話打斷了一兩次。龜井從來沒有清晰地吐字。我聽到全都是肯定、否定和告別的咕噥和咆哮。

我問他對波斯灣戰爭的想法。他咕噥地說：「我們日本人有個字叫『立前』，那意味公務上的真實，也就是說給大家聽的。其實，我們有『本音』，我們真正的感覺，也就是實情。現在，立前是伊拉克入侵科威特是不許可的。而本音是，美國在開戰之前沒和日本磋商。」[16]這個憤慨是不會錯的。從相反的觀點，龜井提出了小田的要點：美國強迫日本成為幫凶。

「其次，」他繼續說：「有個以色列的問題。你知道，我們被妥善告知。我們知道美國真正的面子是什麼。這裡的人在電視上看到季辛吉。他是猶太人。而我們也知道猶太人對美國的影響。這些我們全知道。因此我們的本音告訴我們，這次的戰爭是為以色列而戰。」

在日本這是相當標準的辭令。它有點混亂，而且易招致誤解。這裡主要的重點不在以色列，而在美國。在消息不靈通的日本人心中，有種以色列的以及美國的利益之困惑，而這種困惑也不只存在於日本。「美國」，像「永恆的猶太」一樣，是無根的世界主義、國際陰謀等的速記符號。龜井以如此奇特的、民間的言詞，討論這常見的偏執，有可能意味幾件事情：有些最糟糕的歐洲神話附著在日本之上，其次，大屠殺的歷史沒造成影響，或者日本在某些方面是一個極為閉塞的地方。我想這三種都解釋得通。

「在整個十九世紀期間，」龜井解釋說：「日本受到西方帝國主義的威脅。在中東，國界全都是西方列強所畫的。英國應該為巴勒斯坦負責。伊拉克所做的和西方列強直到最近所做的，沒什麼不同。這是我個人的印象。當然，薩達姆．海珊是不對的。但那也不能說，西方列強是對的，而其他種族是錯的。那不能這麼說。」

小田就像許多左翼人士一樣，而龜井以種族的關係來思考問題。他用「人種」這個字眼，甚至不用比較常見的「民族」，在日本右翼人士的說法中，它符合德文的「Volk」的意思，或者更中性的說法「國民」。

日本政府，由於正式地支持波斯灣戰爭，基於同盟的緣故，必須付出九十億美金。日本社會黨堅決地反對此事，遠比德國的社會民主黨更堅決。可是，政治沒有那麼單純，龜井解釋他的黨的處境：「本黨的本音與社會主義者差不多一樣：我們之所以支持戰爭，只是為了保持讓美國開心。」

龜井不是主流的保守派。在黨中他屬於右傾的。由於右傾，比起政府他更能隨時準備好宣告反美或反西方。他可以吹噓有關在亞洲的新結盟國，而擺脫美國。他可說，比起西方人，日本人覺得比較接近亞洲人。我對他提出說，德國的保守人士堅持成為西方的一部分，也就是說，他們使得西方盟友成為德國國家認同的一部分。我告訴他有關亞洲的阿登納概念。

龜井大笑，露出平整的一排金牙。「說的也是，」他承認說：「美日關係的問題很難解。那是個種族問題，真的。洋基是友善的人，坦誠的人。但，你是知道的，那很難。你看，我們『必須』友善……」

又，這一點讓人們感到困惑，在日本是相當普遍的一個現象。龜井將政治的問題和文化的問題合併在一起，好像它們是相同的事情。事實上，日本的官員感到必須對美國友善，這與文化鮮少有關係，甚至與種族關係更少，倒是每件事都與介於兩國之間、獨特的、不平衡的安全布署有關。比起西德，非西方的文化傳統，使得日本很難達到像西德與西方世界的關係，當然這是很有可能的。如果確實有條比易北河更不可逾越的國界在日本與西方之間，這將有助於解釋另一個老問題：在自由民主的西方的許多德國人，曾經嘗試誠實地處理他們國家可怖的過去，而日本人卻不同，他們不能去做同樣的事情。

的確，比起西德人，日本人較少關心他們所加諸在其他人身上的苦難，同時在企圖轉移責難方面，顯現出較高的傾向。自由民主，不管在理論上它看起來是個什麼模樣，可以肯定的是，日本尚未成功地達到與德意志聯邦共和國相同的境界。文化差異或許可以解釋這個現象，但是，人們可以用一個不同的，但更政治的角度來看待這些問題。在匈牙利學者奧利爾．科爾奈於一九三八年出版於倫敦的《對抗西方的戰爭》書中，追隨希臘人的說法而給「西方」下了定義：「對古希臘人而言，『西方』（或『歐羅巴』）意味著，在被承認的規則下，有著自由風俗與自治的社會，在這裡『法律是國王』，反之，『東方』（或『亞細亞』）表示在有如神祇的統治者底下的神權社會，他的臣民像奴隸一樣地服侍他。」【17】

根據這個定義，希特勒的德國和戰前的日本都屬於東方的。如同科爾奈的書名暗示，德國一度與西方作戰。現在，也許是因為這樣，阿登納的德國發現了一條回歸西方的道路。一九四九年，德國的法學家制訂了《德國基本法》。一九五四年，西德正式地成為主權國家，即使西方列強仍留置軍隊在其境內。因為非常時期法的獲得通過，而使得德國能夠控制自我防衛工作。除了在柏林，所有佔領已正式結束。在日本，在某個程度上，佔領還未結束。

日本如神祇般的統治者，在美國的命令下，放棄了他的神性。或許是因為輕鬆的感覺，使得這位愛好稀有的甲殼綱動物、米老鼠手錶和英國早餐的人，很快地就順從了。同時，美國人強加了一套讀起來像英文翻譯版本的憲法給日本人，令日本放棄防衛自己的權力。由於多數日本人非常厭倦戰爭，又非常地不信任他們的軍事指揮官，以致於他們很高興這樣的決定。而後，當冷戰態勢日漸升高之時，美國人藉著建立一個不應該存在的軍隊，逼使日本破壞他們的憲法，而全世界最糟糕的事出現了：統治權未恢復，不信任繼續存在，以及憤慨增長。龜井的鷹派人士對於美國將日本去勢一事感到憤怒；小田的鴿派恨美國把「和平憲法」去勢。雙方都不喜歡被迫當幫凶，同時兩者都覺得受害，這就是原因之一，為何在與戰時的過去達成妥協上，日本人比德國人有著更困難的時光。

如果真的能從歷史中學到教訓，不過，在日本這是無法真正拿來做實驗的。如果沒有正式的統治權，像是否能平息一個侵略者之類的問題，就沒有意義了。當我要求一位在東京的社會主義的政客想一想，是否早點運用西方的力量，那麼德日對抗西方的戰爭就可以避免，他回答說：「也許，我不知道。但是我們拒絕藉著任何軍事方法的解決之道。」當我問小田，是否有某個國家擁有權利幫助另外一個國家實施自衛，以對抗侵略者的時候，他說：「沒有。」當我再追問，萬一如果是軸心國贏得戰爭的話，他回答說：「你的思考，像一個出自受害者觀點的教育之人，而我所受的教育則是從侵略者的觀點出發的。」

然而那是他，不是我，依然確信日本人和德國人乃是危險人物，這一點是沒錯的。在這裡有個極大的諷刺：基於西方人的熱心，企圖將日本變成西方的一部分，可是，麥克阿瑟將軍和他的一群顧問，卻使得日本人在精神上無法辦到。因為一個被逼迫的、無能的幫凶，全然不是個真正的幫凶。最近幾年，日本經常被稱為經濟的巨人與政治的侏儒。但這與傳統的日本心理狀態——孤立主義、和平主義、對外國人的膽怯，或者諸如此類——關係不深，反而與戰後在美國的協助之下，所創造出來的特殊政治環境，關係較深。對於日本的亞洲戰爭，日本人的記憶是複雜的，為了了解它，我們有必要知道它從挫敗中所發展出來的狀況。因此，我們必須回到一九四五年。

廢墟的羅曼史

對日本人和德國人而言，戰爭真正始於何時，實在很難說。我想不出一個在大眾心目中單一的形象，足以確定任何一個戰爭的開始。有一張著名的照片，是一九三九年一個德國士兵在波蘭邊界上舉起一個路障，不過，這真正是起始點嗎？或者因為前進萊因蘭，所以戰爭真正爆發於一九三六年，或是併吞蘇臺德地區，或奧地利，或捷克？如果關心對抗猶太人的戰爭，那麼可能我們又要遠遠地回溯到一九三三年，當希特勒掌握政權的時候。或者至少是一九三五年，當種族法在紐倫堡頒佈的時候。或者，也許是一九三八年十一月九日晚上焚燒猶太教堂的那些照片，真正地為大屠殺的第一步留下記號。可能為了避免這些困惑，許多德國人寧願選擇討論「希特勒年代」而不是「那個戰爭」。當人們真正提到「那個戰爭」，他們想到的是在東方前線凍僵的士兵，以及德國城市被轟炸成虀粉的情況。

一九三一年，日本在滿洲建立了傀儡國家，這是個不友善的預兆，意味著有許多事將接踵而至。但是入侵中國，應始於一九三七年，原因是在北京附近發生槍擊事件，在四年後，因攻擊珍珠港而爆發太平洋戰爭。順便提一句，唯有自由主義傾向的日本人，才會稱二次世界大戰為太平洋戰爭。而忠於「日本發動戰爭乃是為了把亞洲從布爾什維克主義與白人殖民主義中解放出來」這種信念的人，則稱它為大東亞戰爭，因為它在大東亞共榮圈內。持有這種意見的人，把發生在中國的戰爭，從一九四一到四五年的世界大戰中分出來，而且仍堅持叫它「支那事變」。另一方面，自由主義者和左翼人士傾向於把這些戰爭疊合在一起，稱為十五年戰爭（一九三一～四五）。林房雄，《大東亞戰爭肯定論》的作者，肯定不是個自由主義者，他議論說，對抗西方帝國主義的奮鬥，起於一八五三年，亦即培里司令官率領黑船抵達日本那一年，而且談到百年戰爭。

如果戰爭的起點難以獲得認同，但結束時的印象，就顯而易見了。在廣島上空的蕈狀雲，令人印象深刻，它被記錄在膠捲上，而拍攝的人是美國空軍的攝影師，此外，八月十五日日本天皇透過沙沙作響的收音機廣播，以幾乎不清晰的宮廷語言，告訴他啜泣的臣民「忍所不能忍」。這些事情被無數的小說描述過，也呈現在許多電影之中。這些是戰後日本重要的陳腔濫調：國家的挫敗、痛苦和羞辱的速記。

我猜想德國人也相同，那將是一張蘇聯士兵站在柏林市內、內部毀盡的德國議會屋頂上，升起他們的旗幟的照片。有一次，某個東德人告訴我，在照片中的一個士兵手臂上戴著許多掠奪來的手錶，像是成堆的手鐲。至於解放，他很智慧地加了註腳說，它經常混合了非正義，因為解放者通常不比被征服者來得好。我再次看了那張照片，但是沒有看見任何手錶。四十年的蘇聯統治，一定和他的記憶玩了什麼花樣，但他的直覺也許是對的。

倘若有張希特勒燒黑了的屍體的照片，無疑地，它一定會列入一九四五年的圖像之林。相反地，我們有的只是戈培爾與他中毒的家族的照片。他超大的頭顱輪廓，像個畸形的葫蘆，依然可以辨識。有一張著名的照片，是在毀壞的首都，希特勒從地下碉堡的出口向外做最後憂鬱（或僅僅是惱怒）的一瞥。這張照片具有羅曼蒂克的，甚至是歌劇的感染力：惡魔的創造力終於到了末日。

希特勒的末日與天皇的演說，是一個象徵與另一個奇特的連續性的結束。不管他們的象徵有什麼差異，兩者都會永遠與廢墟——毀壞的城市、毀壞的人、毀滅的理想——聯想在一起。一九四五年最非凡的形象，正是廣島、柏林與東京的默片：一畝畝燒毀、炸毀的景色；柏林是一個具有的十九世紀外觀而遭受破壞的城市，東京則是一個堆滿燒黑了的木頭與彈坑滿佈的城市。

一九四五年的夏天，就在轟炸廣島和長崎之前的一個月，斯蒂芬．史班德奉英國政府之命到德國來，查明它還遺留下什麼樣的知性的生活。但他發現的全是廢墟。當他在科隆之時說：「這個城市的廢墟反映在它居民內心的廢墟中。他們原本是一些能夠治癒這個城市的傷口的生命，現在卻成了吸吮死屍的寄生蟲，在廢墟之間找尋著隱藏的食物，在靠近大教堂的黑市做生意——破壞的交易代替了生產……，城市本身的破壞，不論是它過去的或眼前的，對於將繼續居住在那裡的人而言，就像是一種恥辱。在德國的石頭之中的說教，鼓吹著虛無主義。」[18]

戰後最早的德國劇情片之一——沃爾夫岡．斯陶特的《兇手在我們之間》（一九四六）——我們看到憤怒的人士梅坦斯醫生，急匆匆跑過柏林破碎的街道。他醉了。他的雙眼看起來是瘋狂的；一個被剛逝去不久、恐怖的幻影所糾纏之人。老鼠從瓦礫堆鑽出來，爬過他的鞋子。「老鼠，」他喃喃自語：「老鼠，老鼠，到處都是。」

德國人稱它為崩潰或關鍵時刻：每件事情看起來都已走向末路，每個地方每件事都必須重頭開始。日本叫它敗戰或終戰。最後一個詞組減輕了失敗的風暴。所以，美國軍事佔領，通常被稱做「美國軍隊的駐紮」，這也是基於同樣的理由。德國人和日本人，他們所有人都被教導去相信每一件事，從領導原則到天皇崇拜，從武士精神到種族優越，從生存空間到全世界在一個（日本的）屋頂下，所有這些也都躺在廢墟裡。在大阪燒毀的殘留物中唯有一件閃閃發光的，如同小說家野坂昭如寫的，是美軍留下來的口香糖銀色包裝紙的蹤跡。

史班德訪問康拉德．阿登納，問誰是下任的科隆市長。阿登納告訴他，德國人現在精神空虛。「想像必須被提供出來。」這件事情不簡單，特別是在德語之中，它曾經被大量謀殺的術語污染得如此徹底。如何從謀殺者的語言裡塑造出詩篇？如何將這個語言從被一位德國有名的哲學家稱做「納粹帝國的語言」之中淨化出來？[19]「……這個語言不再存在了，」喬治．史坦納在一九五八年寫道：「它幾乎沒人說了。」

日本從前沒有真正出現過像這樣的問題。日語本身遭遇大難，雖然某些較為敏感的、戰爭世代的成員，還會因聽到某些特定的片語而退縮，相對地卻毫髮無傷得以倖存。哲學家吉本隆明寫道（一九六〇年代早期）：「就在我們敗戰之後，每當聽到像國家、種族這樣的字眼，彷彿又受了一次新傷。」[20]畢竟國家和民族、國民與特殊處理或別動隊，還是不太相同的等級。[21]日本帝國主義的粗俗語言，雖是種族主義且又很過分的，但它至少不帶著死亡集中營的惡臭。

無論如何，日本的文化中有個問題，它可以和德國的尷尬的處境相比，但又不完全相同。德國的問題在納粹主義。雖然有些人相信希特勒主義——德國獨特又獨一無二的歷史進程——的根源可回溯到路德，或者至少到赫德或華格納，而赫德也好華格納也好，更不必說路德的著作，至今都沒有被禁止過，讓德國能夠有一種在無計可施之時，可以依靠的傳統。在蘇聯防區，威瑪共和的左翼文化，重新活躍地流行起來。而在西方的防區，作家們以夢想著歌德來逃避老鼠和廢墟。人們經常乞靈於他的名字，以證明德國也是屬於人道主義、歐洲文明的開明世系的。

然而就佔領軍最高機關所知，在日本，從來沒有出現像歌德的人，同時由於多年來大肆宣傳沙文主義，傳統文化因遭到嚴重扭曲而變形，美國人（與日本左翼分子）不信任任何會讓人聯想到「封建制度」的東西——他們用它把許多日本前現代的過去包含進去。封建制度是民主制度的敵人。因此，不光是努力教導日本人民主主義的美國審查員，禁止比武的電影及武士的戲劇，而且在某個時期，計有九十八齣歌舞伎劇遭到禁演。

中古詩選集受到詳細檢查，因為它有著極端軍國主義的感情之徵兆。甚至富士山，這個神道信徒長期以來的自然崇拜對象，也不准描繪，因為自然崇拜也經常轉變為日本的國家崇拜。所以，有個農夫在富士山山坡工作的鏡頭，被從一部一九四六年的劇情片中剪掉。看起來德國——獨特又獨一無二的德國歷史進程或者並非如此——似乎只需要淨化納粹主義即可，但是，日本的整個文化傳統，則必須徹底地檢修一番。

然而從敗戰和廢墟中，竄起了一個新的文學（與電影）派別，以「廢墟文學」知名。來自廢墟年代的日本作家，自稱為燒跡世代[22]。許多四〇年代後期和五〇年代的文學，因虛無主義和絕望而顯得陰鬱不快。當過兵的日本小說家，描寫在極端的情況下的人類行為。殘忍的行為是個一般的話題。在小說《野火》中，大岡昇平記得他在菲律賓的時候，當時已接近戰爭尾聲，飢餓的日本兵在呂宋的山中設下陷阱，最後的結果是，大家都一樣地狼吞虎嚥地吃食敵人（原住民是「黑豬」，美國人是「白豬」）。還有的故事是，當士兵回到家鄉後，卻發現妻子和別的男人在一起，以及有些故事是關於正派的女人淪為妓女，而值得尊敬的男人在黑市中行乞。

遭外國人佔領的羞辱與憤慨，變成一個流行的——而且真的獲得許可——題材，但只發生在結束佔領之後。一個在商業上最為成功的德國電影例子是，恩斯特．馮．薩羅蒙出品於一九五一年的《問卷》。薩羅蒙是個相當陰險的人士，曾經牽涉一九二二年暗殺德國猶太裔的外交部長瓦爾特．拉特瑙。在《問卷》[23]（片名暗指一項德國人必須表明他們是否曾經是納粹黨的調查）裡，薩羅蒙將美國人描寫成粗魯、愚笨，而且實際上就像德國人以前一樣地粗暴。「愚笨，」主要的演員說：「是在這世界上最可了解的事情。讓我最感頹喪的不是我們戰敗，而是我們的勝利者使得它變得無意義。」

在日本也有很多這樣的事情，可能甚至比在德國還多出許多，如果佔領審查員是如此活躍地壓制封建制度和反美的情緒的話。一九五〇年代有許多電影，內容是有關戰犯審判的不義以及遭受美軍轟炸的折磨恐怖。有一新類型的文學出現，專事描寫落在廣島和長崎的炸彈所招致的影響。而電影觀眾對於美軍基地的醜惡面——犯罪、賣淫、強暴無辜的日本女性——有種情色文學的迷戀。如果葦狀雲和天皇的演說是敗戰的陳詞濫調，那麼美國士兵（通常是黑人）往往在純樸的稻田（無辜、田園風光的日本）強姦日本少女（總是年輕又無辜）的鏡頭，就是有關美軍佔領的戰後電影中老掉牙的形象。

對大多數德國人和日本人來說，戰後的第一年是最悲慘的時光。然而，有關那個時期的文學，或者更精確地說，「有關」那段時間的文學，由於它們多數寫於稍後，所以，值得注意的，是對浪漫主義甚至緬懷過去的深刻張力。這事也歪曲了那些正好在戰後成長的人的記憶。例如日本劇作家唐十郎，他記得在東京靠近隅田川的彈坑裡面玩耍的情形：「你可以看到每個方向的地平線。天空非常地藍，以致於每個東西都因太鮮明而顯得不太自然。在廢墟中遊戲真棒。那就像夢中的景色。」

當戰爭結束時，小說家兼散文家坂口安吾已經四十歲了。他只因為多出幾歲而不用被抽去當兵。戰後他因為寫有關空襲及其餘波的散文而出名。有人稱他的作品是虛無主義。我不確定這個用字是否正確。無論如何，他完美地表現出在廢墟中的戰敗國的精神狀況。然而他的調子是那種不再抱著幻想的浪漫，如果我們可以想像這樣的事情的話。在他的名散文〈墮落論〉裡，他把空襲東京描寫成雄偉的景象，[24]一種致命的煙火表演。他享受著「人們順從命運的奇特之美。」他喜歡觀看年輕女孩在燒焦的廢墟中四處走動，在大災難之中微笑。

緊接戰後的時期，不管怎樣，是個完全的墮落。微笑的少女的臉——那「廢墟之間的愛」——失落了：「年輕人並沒有因他們的天皇現在已是黑市商人，而像花朵一樣枯萎。」但是，對他來說，比起戰爭的浪漫，墮落是更為真實和珍貴的。戰爭的浪漫，只不過是運用政治宣傳培養出來的蓄意之假象：犧牲之美、天皇的崇拜、軍人的英勇、神祇後裔的種族等等。這些假象必須打碎，才能使得日本再度為人：「啊，日本人，啊，日本，我要你們全部墮落。日本和日本人必須降格！只要天皇制度留存，只要這個歷史詭計還被保留下來，當做成為國家狀態的部分條件，那麼它們將被巧妙地運用，而使我們無法在這個國家裡發展出像人類一樣的生活。」

對於安吾，還有其他的作家，廢墟提供了機會。最後，沒有傳統及典範的「假和服」的日本人，被降至人類基本的需要；最後，他們可以感受真正的愛，真正的痛；最後，他們會誠實。在廢墟之中，沒有空間可以容納虛偽。

這是一般知識分子的自負：貧窮的美德、被剝奪之人的純淨。在早期的日子裡，這種自負，在社會主義的希望短暫復甦下，而獲得額外的熱情。少數左翼人士，包括共產黨人，是唯一在戰爭中倖存下來，卻沒有遭到日本帝國主義的冒險活動所污染的人。在一九四〇年代的許多年裡，美國佔領軍的最高權力機關，曾鼓勵他們在日本的政壇上扮演積極的角色。因此，左翼政黨被創立出來或復活起來，工會也被組織起來。最後，也許一個真正的民主主義的（當然，社會主義的）日本會從戰爭的廢墟中站起來，而它的外形，則是由一群團結的貧窮人所塑造出來的。

作家沃弗．底特希．許努爾記得一九六三年的德國，按照他的意見，一個多麼類似的希望把德國人民提升到一個更高的道德平面上：「在廢墟中的德國，有一個真正的、熾熱的希望膨脹著。那時，倖存者仍然傾聽著死去的人無聲的懇求。那個時候，新鮮的和平之風依舊吹撫過燒毀的房子。人們仍有信心。他們依然看到了中立的、統一的德國。一個新歐洲的憧憬，還未被國家主義的競爭撕得四分五裂。自由仍在我們的掌握中，而且反軍國主義與生存的慾望仍舊合而為一。」【25】

這個與斯蒂芬．史班德在德國所發現的，是很不相同的氣氛。但是在言語表達上，這是左翼人士對那幾年的歲月、典型的懷舊之情。小說家海因里希．伯爾比安吾小十歲。像大岡昇平，他是歸來的士兵。像許努爾，他在德國瓦礫堆中看到一個拯救人類的真正的機會。他是稱為「四七社」的文學團體的活躍成員，該社還包括了漢斯．麥格諾斯．安森柏格與鈞特．葛拉斯。這個非正式團體的共通點，就是左翼的傾向，而且喜好海明威稀疏的、報告般的風格，但不喜歡浪漫的逃避現實主義。在寫於一九五二年的一篇名為〈我屬於廢墟文學〉的文章裡，伯爾把他自己認同於「黑市商人與他們的受害者、難民和所有失去棲身之所的人，當然，最重要的是，我們所屬的那個世代，而且它發現自己處於一個奇怪又值得記憶的狀況：歸鄉的世代。」【26】

像安吾一樣，伯爾在一無所有的人身上，看到了讓人高貴的東西。對於歸來的戰士，他也有種浪漫的看法，重點在於為了廢墟文學而導入荷馬當做模範：「在整個文明的西方世界，荷馬這個名字是無可懷疑的：荷馬是歐洲敘事詩文學的創始人，可是他的故事講的是特洛伊戰爭、特洛伊的毀滅、尤里西斯的歸國。戰爭、廢墟和歸國的文學——我們沒有理由對這個敘述感到羞愧。」

現在，在這裡也許有一個保住尊嚴的要素。與希特勒的戰士相擬，尤里西斯可能不是完全合適的對象，但那是德國作家想成為「文明的西方世界」的一部分，所流露出來的典型的焦慮。當然，回顧那最初的幾年，並不是絕望的時代。對伯爾和那些想法與他一致的人來說，絕望來得比較慢些。至於崩潰的結束以及中產階級的偽善與道德的健忘的開始，伯爾是能夠分辨清楚的。日子終於來臨，一九四八年六月二十日發生幣制改革，在這一天，被美國人選為英美佔領區經濟主管的路德維希．艾哈德「生出」德國馬克。從那時開始，德國馬克將成為西德國家尊嚴的新象徵；它將住在蘇聯區的東部排除在外。可是，艾哈德的格言是「為了所有人的興旺」。然而對於許多認為在全新的世界裡人類的精神終將克服自私與貪婪之人而言，那卻是一個羅曼史的結束。

伯爾（在一九六〇年）說：「消費者。我們是個消費者的國家。領帶和盲從因襲的態度；襯衫與非盲從因襲的態度，每件事都有消費者。唯一且最重要的一件事，就是每樣東西——襯衫或盲從因襲的態度——都待價而沽。」[27]

「無力哀悼」、德國從遍佈中歐東歐各處的成堆屍體中分離出來，還有納粹帝國，一如米切利希所說的，只要能「像夢一樣逐漸消失」，就會使得和美國人、勝利者、西方的認同，變得容易些。假使伯爾和米切里希夫婦可以相信的話，從崩潰一開始，已有一股對於現實覺得厭煩的強烈傾向存在。而這個有意忽略的過程，在狂熱的重建努力中，在朝向繁榮的猛進中，到達最高點。

在某種程度的健忘裡，猛進與絕對地與西方認同，因冷戰而獲得進一步發展。現在，西德發現它像它的西方盟友一樣站在同一邊了。他們的共同敵人是，「亞洲的」蘇聯帝國。在這裡，有少數幾個問題必須提出來。例如外籍兵團的狀況，但過去的已經過去。的確，對某些人而言，冷戰簡單地證實了他們一向的想法：德國始終在右側，但願我們的美國朋友能夠早點領悟這一點。冷戰來得就像最後的暴風，吹走了德國成為和平主義、社會主義的希望。

在《無力哀悼》一書中，米切利希夫婦對他們的國家的心理分析，颳起一陣旋風——一個人真的能對整個國家做心理分析嗎？一點點的健忘、某些與西方的認同、將大多數的能量導向經濟復甦等等，或許不是那麼壞的事情。大約三十年前，當德國受到羞辱和壓迫，我們知道發生了什麼事情，因此，也許「為了所有人的興旺」，乃是所有可能發生在德意志聯邦共和國的德國人身上最好的事情。它從敗戰中取走憤慨（以及未來的極端主義）的種子，而將西德整合入西方聯盟之中，這也是好事一件。不過，由於一個人變肥胖（通常的說法是「不結實的」，表示懶散和墮落）並且忘了它殺人的過去，這些事情會讓伯爾和其他人感到厭惡，倒是可以理解的。那不會是個具有啟發性的光景。

在斯陶特的電影《兇手就在你身邊》裡，令人厭惡的傢伙叫做波奇納，是個工廠老闆、家庭型男人、前陸軍軍官。在一九四二年的耶誕節，他下令槍殺超過一百名波蘭男女小孩，而執行這個命令的，正是在柏林街上閃躲老鼠的憤怒老兵梅坦斯醫生。梅坦斯嘗試過阻止這場殺戮。現在，他要正視肥胖的波奇納和他的過去，而且射殺他。梅坦斯發現他在他的工廠裡和工人慶祝耶誕節。他正在做節慶的致詞，慶祝「一個我們都愛的德國，永不毀滅的德國，正義終將勝利的德國。」梅坦斯醫生猶記得一九四二年另一個耶誕節，當波奇納正帶領著他的手下合唱著〈平安夜〉時，在雪夜中甚至還有波蘭家庭被槍殺。梅坦斯醫生跟蹤波奇納到他家，並提醒他那些因他的命令而死的人。

「可是那是戰爭，」波奇納說，他的自滿頓時化為焦急，「不同的狀況……現在已經和平……耶誕節……和平的耶誕節……」

梅坦斯醫生正要槍殺波奇納，卻在最後一秒鐘被他的愛人蘇珊娜阻止。

蘇：「你沒有權力下判斷！」

梅：「但我們必須告發他，以數百萬無辜民眾之名。」

波：「你要我怎麼做？我是無辜的！我是無辜的！我是無辜的！」（他的聲音回響著，當他的受害者的臉孔在影片中逐漸消失的時候。）

這部電影出品的時間甚至比艾哈德的幣制改革還更早。但可預知的是，波奇納們正是德國為它的財富復甦所必須付出的代價。的確，他們通常是可以被當做工具的。他們是前蘇聯的共產黨官員，是能夠在任何的制度中發生作用、小而有效率的傢伙，在西方投票給基督教保守派，在東方則變成共產黨員。斯陶特顯然受到這方面問題的困擾，還有許多德國人也是如此，但是他提出了一個絕對不簡單的答案。或許這個方式比較好：「軟弱的」民主人士的傷害性，比復仇心重的老納粹要來得低。（忠於職守的共產黨員到處窺視他的鄰居，則是不同的問題。）有些評論家，例如沃弗・底特希・許努爾，認為斯陶特的電影太過軟弱。他在一九四六年寫道，電影的結尾應該有適當的戰犯審判，以顯示對我們周遭的謀殺者應有的處置。

在實際的生活中，許努爾的願望也沒實現。少數的波奇納們，因他們的作為而受到懲罰，尤其是那些曾經提供希特勒良好服務的醫生、律師、科學家或官僚。在一九四〇年代的後期，冷戰的開始設定了其他事情的優先順序，使得佔領軍早期針對德國去納粹化所做的努力，逐漸消褪。這留給至少一個世代的德國作家及藝術家以下的結論，亦即：德國健忘的、繁榮的、資本主義的聯邦共和體制，在許多方面多多少少隱藏著希特勒帝國的連續性。這件事與德意志民主共和國的宣傳者完美地相搭配，因此他們不時就提出一些前納粹分子的名單，而這些人在西方都很成功。令人震驚的是，通常這份名單的正確性非常之高。

一九七七年，在一部由多位德國作家和製片人及導演（包括伯爾）合作出品的半小說、半記錄片的著名電影中，將這個連續性表達得很清楚。影片名為《德國之秋》，拍攝的原因，是受到官方對於戴姆勒－賓士董事會成員（順便一提，前黨衛隊軍官）漢斯－馬丁．希拉亞遭紅軍恐怖分子謀殺的反應所激發出來的。當時整個國家（或者至少這個國家的知識分子）處於歇斯底里的邊緣。許多人以為西德的民主即將結束。現在這個體制，正如同想像地，將會顯示出它真正的褐色[28]。在影片中一再出現的是，將希拉亞在斯圖加特的喪禮與一九四四年隆美爾將軍的喪禮疊接在一起。在隆美爾喪禮中的納粹布條，與飄揚在舉行希拉亞喪禮的大廳外面的戴姆勒－賓士旗幟，在鏡頭裡交互出現。

寧那．華納．法斯賓德是參與影片拍攝者之一。一年以後他拍攝了《瑪麗婭．布勞恩的婚姻》。戰後的第一年，被呈現得像是一首悲哀的田園詩；廢墟依舊因人類的溫暖而生氣蓬勃。瑪麗婭已打扮好等待她在東方前線失蹤的丈夫赫曼。順道一提，這個士兵是出現在故事中唯一正派和誠實的人。一九四八年之後，重建西德城市的手提鑽孔機所發出的噪音，聽起來像是機關槍掃射，同時瑪麗婭也變得前所未有的富裕，這一路而來，她利用和濫用了每一個人。影片一開始是一幅元首的肖像。結尾則是一系列戰後總理的肖像，不過卻以負片的方式呈現，他們好像真實地繼續存在於阿道夫．希特勒的陰影之下。

一九九〇年，連續性的幻象，隨著兩德統一再度回來了。甚至語言也重新流行起來。當共產黨國家以前的國民，被給予為所有東德人準備的一馬克之時，又一次面臨「關鍵時刻」，還有幣制改革。在知識分子之間，針對錯失的機會、物質的貪婪、歷史的健忘，又引起激烈的反對。當圍牆最後終於在一九八九年冬天被撬開時，東德作家斯代梵．海姆並不是唯一的人，嘲笑某些人——在他們的生命中，第一次想要享受西方的富裕，如果早就知道的話——的「物質主義」，然而西方一向是像海姆這種享有特權的作家所欣賞的。經過四十年的社會主義教育之後，他們真的什麼也沒學到，完全沒有嗎？他大聲地說出自己的疑惑。鈞特．葛拉斯稱兩德統一是「併吞」[29]，同時西德的實業家則被比做在一九三九年俯衝轟炸波蘭的斯圖卡飛機。海姆說，很快地，「一個民族」的口號會變成一個「一個帝國、一個民族、一個元首」。對終身的「反法西斯主義者」而言，他們始終相信，聯邦共和國是納粹德國的繼承者，而統一看起來——他們這麼說——幾乎像是一九三三年的復原。這個諷刺，是因為許多西德佬將他們新的東方同胞視為令人尷尬的人，因為他們喚醒了相同的不幸過去。

無論如何，這解釋了為什麼兩德統一，被以前的國界兩邊的反法西斯者認為是一種挫敗。當鈞特．葛拉斯使用「奧斯威茲」作為論題，以對抗統一之時，東德的劇作家海納．穆勒在無數次的訪問中說，資本主義——「挑選」——以及技術的與工業進展的邏輯，直接導致奧斯威茲和廣島的不幸。或許無可避免地，記憶的象徵，變成了政治辯論的工具。除了在統一的這段時間裡，「奧斯威茲」這個字眼很少像這麼經常被聽見，部分原因是，它是一個德國人一定不能忘記的、始終有益處的提醒物；部分原因卻是一種惱怒的表現，因為誕生於一九四五年的廢墟中，並且在東方大變動地繼續存在四十年，一個更好的、反法西斯主義的、反資本主義的、理想主義的德國這樣的幻想，現在遭到永遠的毀滅。

在日本與路德維希．艾哈德極為相似的，是池田勇人。他從一九四九年起擔任大藏大臣，從一九六〇到一九六四年擔任首相。他的艾哈德「為了所有人的興旺」版本是「所得增加一倍」的政策，也就是保證在十年內讓日本人財富增加一倍。一九六〇年代，日本的平均經濟成長率為百分之十一。在底特律銀行家約瑟夫．道奇的建議下，池田在那時已經成功地解決了「主張實行新政者」的通貨膨脹政策。所謂主張實施新政者，是隨著麥克阿瑟將軍部隊的「駐紮」而到達日本。池田想方設法，終於剝奪了日本工會的某些重要的新權力。他還協助準備了與美國及其他五十餘國的一九五一年〈舊金山合約〉。這些國家，不包括在日本戰爭中受害極深的中國，或北韓或蘇聯。因為他們再度成為新敵人，而且在這場戰爭中，他們給日本帶來了經濟奇蹟，就像下一次在越南發生的亞洲戰爭一樣。

一九六〇年，成千上萬的人，在東京和其他的都市示威，反對批准日美之間的新安全條約。這個條約實際上減少了美國在日本的軍事力量，然而它卻被視為美國干預的一個例子。並非毫無理由地，人們認為美國與保守的日本知識分子勾結，暗中破壞和平憲法。池田之前的首相岸信介，無論如何都要強迫國會通過它。民眾的情緒高漲，艾森豪總統的訪日計畫因而延期，即使有「愛國的」流氓志願保護他進入東京的道路。

所有這些的重點是，因為池田致富的保證，是後來著名的「反向路線」的最後舞台。所謂「反向路線」，是指不贊成一個左派的、和平主義的、中立的日本——一個不再牽涉任何戰爭的日本，這樣就可以抗拒任何形式的帝國主義，換言之，這件事使得日本永遠背對著它血腥的過去。「所得增加一倍」的政策，是個慎重的計畫，它可引導民眾挪開對憲法議題的注意力。因此，看在左派人士的眼裡，廢墟時代就像是一段被錯過的機會及背叛的時光。結果，根本沒能達成民眾大團結的和平主義的烏托邦，反而使整個國家受到實利主義、保守主義以及選擇性的歷史健忘症所左右。他們也覺得，甚至比德國過去的情況來得更強，一種真正似曾相識之感。由於岸首相從來不是個建築師，否則他的戰爭生涯將極為類似阿爾伯特·施佩爾：在一九三〇年間擔任工商業副部長，而戰爭期間擔任軍需部副部長。他以甲級戰犯被捕，一九四八年獲釋，他在政治上雖重整旗鼓，卻沒什麼光彩之處。戰後的日本，很少有戰時的官僚被淘汰，多數的政府部門依然保持完整無缺。倒是共產主義者，他們歡迎美國人並把他們當做解放者，但是，在一九四九年以後，美國人遭到肅清，而同時在那一年「失去」了中國。

一九五一年七月，一位西德的外交官從東京回國，並寫了下述一封信給在波昂的經濟部長：「所有那些在一九四五與一九四六年間，因政治或其他因素，被從他們的工作崗位上肅清的人，現在都全然自由地回到他們原先的職務。換句話說，日本所做的每一件類似於德國在去納粹化名義下所做的事，都已經被放置一旁。我毫不懷疑，日本政壇的人事在一年後將完全改頭換面。因為他們擁有超強的紀律，所以，我們大量的舊朋友，將再次回到領導的地位。」【30】

在這發生之前，共產黨和一般的左派人士本身，是提倡肅清最積極的人：政治的對手很快地被貼上戰犯的標籤。而且共產黨絕對反對他們所謂的天皇系統。可是，他們本身對民主制度的奉獻，往往並不明顯，而且還繼承了激烈的罷工方式，這對他們在日本人心中的大眾形象，也沒太大的影響。不過，一九四九年與一九五〇年的日本「麥卡錫」時代，以及將權力回歸給那些民主資格並沒有比較好的人身上，這一點發揮了作用，將美國潛在的日本朋友轉變為敵人。由於美國人被視為乃是復興右翼而鎮壓左翼的促進者，因此，這是一個理由，說明為何在糾纏著未來世代的所有歷史象徵中，廣島原爆（做為美國的「戰爭罪行」）是最強而有力的一項。

在一個遭受災難的政權之後，連續性始終是個問題。一個絕對乾淨的切割口是不可能的。關鍵時刻是一個假象。因政治宣傳、宗教或諸如此類的東西所造成的文化的習慣與偏見，一向都不是那麼容易改變的，尤其當改變的原動力是外國佔領者之時，而且他們通常也許不知道自己在做些什麼。改變政治制度是容易的，但願習慣和成見也能夠隨之改變。不管怎樣，這一點在德國比在日本容易進行些。整整十二年，德國被控制在一個犯罪的政權之下，一群政治流氓開始一項運動。所以，移除這個政權，是成功的重要條件。在日本，從來就不曾乾淨地切割法西斯主義與前法西斯主義。其實，日本從來就不是個真正法西斯主義的國家，既沒有法西斯黨或國家社會主義統治的黨，也沒有元首。而最接近法西斯的，就是日本天皇，不管他還可能是什麼，但他絕不是個法西斯獨裁者。許多戰前（在中國的戰爭以及太平洋戰爭）治理日本的人，在戰爭期間也做著同樣的事，當戰爭結束後，仍然留在政府裡面。這些是謹慎又專制的官僚和保守的政客，其中沒有一人擁有丁點像戈林和戈培爾的那種惡棍式的神氣活現。也許有人說，實際上是武裝力量統治著日本，但如果真是這樣的話，那麼問題在於是哪個武裝力量，或者在武裝力量的背後是誰在操控。命令的連鎖關係，一點也不清楚，所以，當戰後的德國失去了它的納粹領袖，在日本卻只失去了它的海軍將官和陸軍將領。

在日本也沒有文化切割口。沒有被放逐的作家及藝術家，他們能夠回去糾纏那些他們堅持的善惡觀念。沒有所謂日本的托瑪斯．曼與埃爾佛烈德．德布林。在日本，每個人都選擇留在原處。一九三〇年代，許多前左派人士以一種正常的方式，亦即眾所皆知的「轉向」，公開取消他們的政治觀點，可是，戰爭一旦結束，又立刻回復到他們的馬克思主義。有些作家，例如永井荷風，他們私底下對戰爭狀態下的日本感到驚恐，而且在日記中嘲笑軍國主義的粗野行為。不過，「內心移民」與日本作家——一些奇怪的共產黨員——非常接近，任何類型的抗議都會來登記

在日本廢墟裡的許多生活照片中，有一張特別令人感到震驚。是由攝影家木村伊兵衛拍攝於一九四五年。在前景中有三個人，兩女一男，面對著靖國神社的大門——鳥居——的方向鞠躬。在大門與正在鞠躬的三人之間，有個木牌子上面寫道：所有同盟國的人員與車輛，禁止進入。佔領軍試著鎮壓這個神社所舉行的活動，因為為了天皇而死的男女（多數是男性）鬼魂在這裡受到祭拜。在數百萬從來沒有被要求赴死

的士兵的鬼魂之中，被安置在這裡的是，在南京、馬尼拉屠殺平民，對戰俘施以酷刑，還謀殺奴工的男性鬼魂。靖國神社是軍事化的天皇崇拜之下，最神聖的神社。

在主要的神龕之前，有兩座巨大的青銅燈，上面刻著日本戰爭的英雄之圖像與著名戰役的場面。在某種程度上，這是美軍佔領下最典型的事情：神社管理人員受命毀壞這兩座燈籠，甚至日本人主要的崇敬對象——天皇本人——也被安置在某處妥善保護，以避免遭到歷史的仔細審查。神官們忠實地以水泥覆蓋浮雕，不過，一九五七年時，這層水泥毫無困難地被清除了。一九四八年，天皇本人又重新開始他的年度靖國神社參訪活動，同年，岸信介從監獄中被釋放出來。照片中的三個人，這個男人和兩個女人，在一九四五年寒冷的冬天，祭拜這個特有的象徵——它曾經帶給他們以及數百萬其他的人極大的悲痛。

然而在日本，沒有任何事情能夠完全保持不變。問題是，幾乎所有的改變都基於美國的命令。當然，這是勝利者的特權，而且許多改變是有利的。但是，日本有條不紊地屈從，意味著這個國家從未真正成長過。日本對美國有一種「迷戀」，而這種糾纏越陷越深，我相信，比起總是陷得夠深的德國反美主義還嚴重些。德國被幾個強權佔領，其中包括兩個歐洲強權，而日本實際上只被美國人佔領。西德是北約組織和歐洲共同體的一部分，東德則屬於蘇聯帝國。日本唯一正式的結盟是和美國，但透過的卻是一個許多日本人反對的安保條約。藉著聲明放棄國家的主權，日本在安全上完全依賴美國。因此，當敏銳地感受到美國的政治優勢的時候，和美國人之間就還會有許多糾纏不清的事情。

目前，當日本人談到戰爭時，他們通常只意味著對抗美國的戰爭。很多日本人對於發生在中國的戰爭，有著深深的保留，但是對於一九四一年日本攻擊美國，卻覺得有種愛國的驕傲。對於南京大屠殺感到罪惡，絕不意味著對於珍珠港也抱著類似的罪惡感。反之，德國人一再被提醒必須記住納粹和大屠殺，而日本年輕人想到的是廣島與長崎——可能還有南京，但僅僅在自由主義的學校教師和新聞記者提醒之下。發生在東南亞的戰爭幾乎全部不記得了。無論如何，較年長的日本人確實記得在他們的歷史上，第一次遭受外國軍隊佔領。但是，對日本人而言，那是一支非常不尋常的軍隊。日本在亞洲的軍隊，除了帶來死亡、強姦、破壞之外，幾乎沒帶來什麼，然而這支軍隊卻帶來格倫．米勒的音樂、口香糖、民主的課業。這些賜福留下了感謝、對抗、羞恥。

你會明白那種像在小說中的感受。野坂昭如的小說《美國羊栖菜》，據我看來，是日本廢墟文學的短暫歷史中的重要著作。[31]當戰爭結束時，野坂是個十三歲以上的少年。小說中的主角是個做廣告的人，名叫敏夫。敏夫在一九四五年的記憶，是那些閃耀在陽光下的口香糖包裝紙、大屁股上緊貼著軋別丁長褲的美國大兵、豎立著像釣魚竿似的天線的吉普車、免費的食物及DDT噴射器、提供女性給外國兵士而獲得小費、在任何機會下說「San-Q」（謝謝）、降落傘丟下裝滿了茶葉——日本人誤以為是羊栖菜，因採用外國的食用習慣而吃得嚇了一大跳——的板條箱。對於一個敏夫世代的日本人而言，整個美國人的勝利不只是軍事的災難，那是一種種族的蒙羞。

「『Gibu me shigaretto, chocoreto, san-Q。我知道，沒有人能夠與一個美國人繼續做免費又簡單的會話，除非他有過這種向美軍乞討的經驗。看看那些像猴臉的傢伙，還有高鼻深目的美國人。突然間，你聽到人們說，日本人臉很有趣，皮膚很漂亮——他們有可能是說正經的嗎？通常在啤酒館，我看到在桌旁不遠的一個水手，或者某些外國人，如果你只看著他的衣服，看起來有點邋遢，但是他的臉充滿文明，而且我注意到我自己正盯著他立體的相貌一直看。比起在他四周的所有日本人，他是顆閃亮的星星。看著那肌肉發達的臂膀，巨大的胸部，當你坐在他旁邊，你不覺得羞辱？』」

敏夫的太太就像許多現代的日本女性，對外國人比較不會神經過敏。她於假期中在夏威夷認識了一對美國夫婦，並邀請他們到東京來玩。這個丈夫是個高大、虛張聲勢的人，名叫希金斯，以前竟然曾經還待過日本：在佔領期間。他甚至講一點日語。敏夫想，應該找個女人給希金斯。

「『是什麼讓我為這個老人做出這樣的服務？當我在他一旁，是什麼讓我覺得必須竭盡所能讓他快樂？他來自那個殺了我父親的國家，但是，我完全不怨恨他。遠非如此，我還覺得因懷舊而接近他。當我買酒和女人給他時，我在做些什麼呢？試著消除一個十四歲孩子一眼看到那些巨大的佔領軍士兵時的恐懼？為了回報他，當我們飢餓難耐時，他們送來食物？』」

敏夫打聽到一個特別的娛樂，是場性表演，據說由一位擁有日本最大陽具的人演出。他必須領著希金斯去看這場表演。他確定這將會讓希金斯留下深刻印象。因此他們聚集在巢鴉的飯店，這裡非常靠近日本主要戰犯被吊死的地方。日本第一巨物的歲數和敏夫差不多。他的名字叫小世。他的伙伴約二十五歲，想必是有吸引力的。然而，事情進行的不順利。第一巨物的演出發生麻煩，不管他和女子怎麼努力就是沒辦法。

「在他知道之前，敏夫非常緊張，彷彿他自己遭遇突然的不舉。『你在幹什麼？你是第一巨物，不是嗎？快點，表演給這個美國人看。你的龐然大物是日本的驕傲。一舉擊倒他！嚇個他屁滾尿流！』這是個啄木鳥式的國家主義：他的東西必須站起來，不然就意味使種族丟臉。」

可是一切枉然。敏夫非常了解這個狀況：「『這個人稱小世的人，八成約三十五歲，如果是這樣，希金斯可能是造成他突然不舉的原因。假使小世有著與我在佔領期間相同的經驗──而且他一定有，不管介於東京和大阪──神戶之間有何差異──假如他有『Gibu me chewingamu』的記憶，假如他能回憶起曾經受到士兵巨大的身軀的驚嚇，那麼，難怪他會萎縮成那個樣子。』」

電影導演大島渚、野坂、日本第一巨物三人年紀差不多。他記得，戰後的日本人是何等地渴望娛樂，而且它來自日本以外任何的世界，在那裡人們有錢，吃豐富的食物，住大房子，而不是在廢墟中。[32]他們想看看美國，即使只是在破舊骯髒的銀幕上閃爍的影像也無妨。但是，這些電影教導了日本人民主嗎？大島不認為。相反地，他相信日本人學習了「進步」與「發展」的價值。日本希望和美國人一樣有錢——不，甚至更有錢。「而且如果我們思考在日本戰後的進步與發展的驚人速度，也許我們應該說，我們所旅行的那條路線，正是我們幾十年前在西方電影中所看到的聯合太平洋鐵路線。」

注釋

【1】譯註：指一八九〇年到一九一八年這段期間的柏林。二十世紀初期的柏林是威廉的柏林（Wilhelmine Berlin），是德皇們（the kaisers）優雅的帝都，同時也是德意志軍國主義（militarism）的溫床，這種形態一直維持到德國在一次大戰戰敗之前。

【2】譯註：指的是一九六八年學運的那個世代的西歐學生。

【3】譯註：亞爾丁，也譯作阿登（法語：Ardenne）是位於比利時和盧森堡交界的一片森林覆蓋的丘陵地帶，並一直延伸到法國境內。一九四〇年五月十三日德國A集團軍通過法國防守力量薄弱的阿登，略過馬奇諾防線進入法國，盟軍在阿登山地因為德軍的奇襲完全無法組織有效的抵抗。

【4】「阿默斯．奧茲接受訪問」：Amos Oz, *Frankfurter Allgemeine Zeitung*, Feb. 14, 1999.

【5】「不為石油流血」：Wolf Biermann, *Die Zeit*, February. 1991.

【6】譯註：德文作 Trauerarbeit，作者英譯為 the labor of mourning。

【7】「敬虔主義的要點」：Gordon Craig, *The Germans*（New York: Penguin Books, 1984）, p. 87.

【8】「他把薩達姆與希特勒做比較」：H.M. Enzensberger, *Der Spiegel*, February 1991。

【9】譯註：《道林．格雷的畫像》是王爾德唯一的一部小說，也是他美學思想的全面體現，因此被認為是唯美主義小說中的力作。天生漂亮非凡的道林．格雷，因為見到畫家霍華德為他畫的與真人一般的肖像，發現了自己的驚人之美。接著又聽信亨利爵士的吹噓，開始為自己的韶華易逝，美貌難久而感到痛苦，道林表示希望那幅肖像能代替自己承擔歲月和心靈的負擔，讓自己永保青春貌美。後來他這個想入非非的願望，卻莫名其妙地實現了。他開始揮霍自己的罪惡，最後這幅肖像卻變成記錄惡行的證據，他因肖像而生，也因肖像而死。

【10】譯註：西德佬原文是 Wessies，東德佬則是 Ossies。

【11】「最特別的融合」：Albrecht Fürst von Urach, "Das Geheimnis Japanischer Kraft"（Berlin: Zentralverlag der NSDAP, 1944）.

【12】譯註：比莉．哈樂黛（Billie Holiday, 1915-1959）美國爵士樂的三大女伶之一，聽著她的歌聲中總帶著一股淡淡的憂愁。她的聲音可以直烙你的耳、你的心。因為她不但擁有獨一無二的嗓音與表演方式，而且她所發出的每一個音符、每一個字句，都是從

心底直接昇華出的感動。

【13】「當談到新世界的秩序時」：中村哲夫，《朝日新聞》，一九九一年二月二十二日。

【14】「林氏的反西方民族主義」：林房雄，《大東亞戰爭肯定論》（東京：大和文庫，1964），頁二二。

【15】「波斯灣戰爭正式結束後的幾個月」：松本健一，《東京新聞》，一九九一年四月八日。

【16】譯註：「立前」讀做 tatemae，「本音」讀做 honne。

【17】「對古希臘人而言」：Aurel Kolnai, *The War against the West,*（London: Victor Gollancz,1938）, p. 24.

【18】「這個城市的廢墟」：Stephen Spender, *European Witness,*（New York: Reynal & Hitchcock, 1946）, p. 15.

【19】「如何將這個語言」：Lingua Tertii Imperii 或者 LTI，是 Victor Klemperer 的書名（Halle: Niemeyer Verlag, 1957）

【20】「每當聽到像國家……這樣的字眼」：吉本隆明，《政治真相》（東京：大和書房，1956），頁七二。

【21】譯註：「特殊處理」，德文為 Sonderbehandlung，作者英譯為 special treatment，意指種族滅絕；「別動隊」（特別行動隊），德文為 Einsatzgruppe，作者英譯為 special action squad，即抓捕猶太人和反動分子的納粹黨衛隊。

【22】譯註：日文讀為 yakeato seidai。

【23】「薩羅蒙將美國人描寫成」：Ernst von Salomon, *Der Fregebogen*（Frankfurt: Rowohlt, 1951）, p. 648. *The Questionnaire*, trans. Constantine Fitz Gibbon（New York: Doubleday, 1954）.

【24】「他把空襲東京描寫成」：坂口安吾，《墮落論》（東京：角川書店，1946），頁九五、九六。

【25】「有一個真正的、熾熱的希望膨脹著」：Wolf Dietrich Schnurre, quoted in *Vaterland Mutersprache: Deutsche schriftsteller und ihr Staat von 1945 bis heute*（Berlin: Wagenbach, 1979）.

【26】「伯爾把他自己認同於」：Heinrich Böll, "Bekenntnis zur Trummerliteratur," 1952.

【27】「消費者」：Heinrich Böll, *Hierzulande*（1960），pp. 367, 373.

【28】譯註：褐色，指的是納粹的褐衫軍。

【29】譯註：德文原文是 Anschluss，有合併的意思，但是，一九三八年奧國不情願地與德國合併，用的也是這個字，因此，譯者選用「併吞」而不用「合併」一詞。

【30】「所有那些」：一九五一年六月三十日，一封從 Helmuth Wohltat 寄給經濟部長 Reihard 博士的信。

【31】「短暫歷史中的重要著作」：Nosaka Akiyuki（野坂昭如），"American Hijiki" trans. J. Rubin, in *Contemporary Japanese Literature*

（New York: Alfred A. Knopf, 1977）.

【32】「他記得……何等地渴望」：大島渚，《体験的戦後映像論》（東京：朝日新聞社，1975）。

第二部

奧斯威茲

在一本德國知名雜誌的訪問中，波蘭的電影導演安德烈．瓦伊達做了以下的陳述：「在許許多多的事情之中，德國意味著將繼續奧斯威茲。也就是說，歌德和種族滅絕，貝多芬與毒氣室，康德及長統靴。上述的一切，都不可磨滅地屬於德國的傳統。」

許多德國知識分子都會點頭表示同意。奧斯威茲是個拒絕消失的過去，是國民心理上的黑色污點。那不光只是德國的問題而已；那也是德國本身的一部分。西德歷史學家克里斯蒂安．梅埃爾寫道，過去就在我們的骨頭之中。[1]「對一個國家而言，盜用它的歷史，」他論辯說：「等於是透過認同之眼來檢視它。」他總結說，我們所「內化的」，正是奧斯威茲。

這些憑藉的都是一個假設，也就是說有個叫做國民心理的東西。而且接受這個假設，便等於相信國家共同體，像是一個有著歷史流經它的脈絡的有機體。我想，那是一個浪漫主義式的假設，在立論上，神話多過於歷史；一個宗教概念，在表達上，透過紀念碑、紀念物的，比透過學術的來得多，而且歷史的現場也被轉變成神聖的場所。奧斯威茲正是這樣的一個地方，也是一個神聖的認同象徵，對猶太人、波蘭人、也許甚至德國人來說。問題是，德國人應該和什麼或是誰認同？

就像其他數百萬人一樣——朝聖者、觀光客、尋覓認同的人以及僅僅是好奇的人——我訪問了奧斯威茲、博物館、以及比克瑙滅絕營的遺跡。我去的時候，是個溫暖的春天。到奧斯威茲的訪問報告中，人們很少忘記提起令人難受的天氣：嚴霜，或者持續不斷、令人沮喪的毛毛雨，或者濕黏的暑熱。不過，我到達的當天，卻是個完美愉快的日子。此地的風景倒沒有特別的漂亮或難看。

我試著想像，在比克瑙的那些木造營房內曾經像個什麼樣子——數百人擠在原本僅容四十人的軍用宿舍內。我發覺那是不可能的。就像試著去想像極度的飢餓或者將你的指甲扯下來一樣，我知道那種痛苦，但是難以想像。空氣聞起來太清新，外面的綠草太新鮮，而兩面薄牆之間塞滿的木製鋪位——六個人擠一個兩人份的鋪位——太乾淨。沒有虱子，沒有泥巴，沒有哭泣，沒有咒罵，尤其，沒有恐懼。（或許這是為什麼惡劣的天氣成為描寫奧斯威茲的老生常談；至少你可以想像的到那些情景。）

探訪歷史遺物可以讓我更接近過去，這種想法通常是一種錯覺。相反的東西，往往更真實。對我而言，華沙的前猶太區比奧斯威茲更能喚起些什麼，因為什麼也沒留下來。過去的痕跡已被沖刷乾淨。現在在那裡有新的、單調的公寓街區，鋪著骯髒的草皮。而藏在污穢角落的，是那坦．拉波波特的一九四三年起義紀念碑，一座表面覆蓋了石塊的青銅雕刻。（這些石塊，應該讓人想起耶路撒冷的哭牆，但被用於表達不同的目的。希特勒要把它們當做勝利紀念碑而移往柏林。）有人在紀念碑上塗了「卐」字的圖樣，也有人想擦掉它卻沒擦乾淨。有個販賣猶太區地圖的人，呼吸中帶著伏特加的味道。他用一個小小的匣式機器，演奏著以色列民歌，而整個曲調聽起來沙沙作響。在孤寂中，想像力不會受到遺留物的妨礙，然而這裡就是它發生的地方，不管一個人能夠想像，或者甚至無法想像它曾經是什麼樣子。

奧斯威茲，雖然有觀光客在鐵門——上有「因勞動而自由」的名句——前面，拍假期快照，但整個感覺就是不同。在這裡，「過去」經過化石化，而成為一個紀念性的東西，或者變成如同阿多諾曾說的「博物館」。我試著尋找至少一條有關過去所發生的事情之線索。就在陰暗的比克瑙營房裡面，那些支撐著粗糙的屋頂的木樑，吸引了我的雙眼。許多木樑上用德語寫著舊約聖經的「箴言」，就像那種你在巴伐利亞的農舍牆上，或者老式的大啤酒杯上看到的東西，通常是用哥德式字體書寫——「清淨近乎神聖」等等。我不知道這些格言究竟是讓以死為唯一任務的人來讀的，還是意味著一個笑話。也許不是。或許民族的感傷，是暴力與死亡文化的一部分。當納粹黨衛隊軍官在殺害他們的奴隸時，喜歡聽音樂——華爾滋、探戈、輕歌劇曲調。許多通往德國集中營的道路上，豎立著一些路標，上面有傳統風格的木雕，就是那種描寫仙女故事的人物或森林地精的雕刻。只有這些東西，顯示了黨衛隊隊員毆打過蓄鬍鬚的猶太人。

喬治．史坦納在一篇有關鈞特．葛拉斯的散文中寫道：「人們開始了解德國人十足粗野的消遣——許多的香腸，用花裝飾的夜壺，啤酒加溫器和穿著緊身皮短褲的胖男人——為什麼是醞釀殘酷又感傷的納粹主義最理想的區域。」[2]

斯蒂芬．史班德寫於一九四五年的文章，提出一個些許更微妙的觀點：「這些箴言，正是德國人的本色，包含了德國人的正經、德國人的虔誠、德國人良好的意圖、德國人的沾沾自喜、一種以僅僅幾吋摘自聖經或詩或古典的思想，為每個環境貼上標籤的慾望、一種將思想減至平庸的公分母之慾望，而最壞的，是引用聖書這種惡魔的慾望。」[3]

那麼，奧斯威茲的罪行，是德國人「認同」的一部分嗎？滅絕是否是德國文化某些可怕的缺點的產物，然而這個答案可能在感傷的箴言、殘忍的仙女故事、緊身皮短褲裡找到嗎？在此危險的地方在於，把德國人的殘暴形式與他們的動機混淆了。當然，過度感傷與蠻橫行為頗為相配，大體上而言是對的，畢竟，感傷是感情的替代品。平庸的訓誡和啤酒的嬉戲感，的確為德國人的罪行提供了怪誕的氣氛，可是它們真的做出了解釋嗎？

在我讀過比克瑙營房內的箴言，我注意到有關它們似乎有些古怪：它們看起來好像剛刷過油漆，幾乎讓人感覺這個集中營剛剛被清空而已。這是為了觀光客的方便而做的嗎？至少有一點是可以信賴的，就像布痕瓦爾德重建的營房（「絕對是真的」我的導遊保證說，當他用力在吱吱響的木地板上壓下腳跟時。）？後來我了解發生了什麼事：就在我訪問集中營之前的幾個月，這裡曾出借給好萊塢拍電影。電影中的演員之一威廉．達佛，在這個他逐漸熟悉的地方所進行的訪問中說：「……它變成你工作的地方。它變成了一項電影道具。」

在奧斯威茲－比克瑙，迎合大眾口味的低俗作品永遠等待著啟動陷阱。低俗作品往往藉著注入篤信宗教的牛皮，來吹捧平庸的人。低俗作品的情緒總是謬誤的。造訪這種發生過令人痛苦的事件的現場，令人不舒服，而且任何對它的描寫，都不能恰如其份地表達那份恐怖，倒不是因為人們靠近現場，就變得能夠感受身為受害者究竟怎麼回事，而是這樣的訪問，攪動了我們所不能信任的情緒。可是。與受害者呈現溫暖的、道義上的認同感——如此容易做到卻又如此地蠻橫——是頗吸引人的：若不是得上帝恩寵，赴刑場的就是我了，等等。在許多恐怖的地方都擁有一種吸引力，人們都很容易不知不覺地陷入受虐狂的愉悅形式。這種想像轉變成令人恐懼的病態慾望。尤其，如果一個人在受害者的觀點下被教育成人，如同和平活動者小田實說明的，它也許是低俗作品之讓人最難以抗拒的形式。

然而，想像是與過去認同的唯一方式。只有在想像中——不是透過統計、文件，或甚至照片——人們才會像人一樣活躍起來，故事而非歷史才能顯露出來。實際所發生的與透過想像而呈現出來的兩者之間所不可避免的差距，無疑地，可以導致低俗作品的產生。但是否德國藝術家和知識分子經常對低俗作品所表達的恐懼，是一個有關奧斯威茲的、道德上的吹毛求疵的徵兆，或者它指向一個認同的恐懼——對於侵略者或培育出這些人的文化？

當然，低俗作品可以是一種蓄意的活動，就像在漢斯－尤爾根．西貝伯格的電影裡。他相信「在低俗作品中、在平庸中、在瑣屑的事物中，還有在它們的普及中，有某些殘餘的基本原理與胚種細胞，而這些原本屬於我們消失的神話傳統……」[4]他辯稱，希特勒了解這些，同時也知道如何去活化低俗神話作品的潛在力量。對於這種低俗作品來說，西貝伯格的電影《希特勒：來自德國的電影》乃是帶著幾分精神錯亂的頌歌，他認為，否認德國人的非理性與低俗的神學將奪走德國的認同：「希特勒遭到挑戰，不是藉著奧斯威茲的統計資料或者對納粹經濟的社會學分析，而是藉著李察．華格納與莫札特。」

在許多模糊的胡說之中，西貝伯格擊中了一個要點（他或許甚至把它當做例子）：想從我們腦海中把對奧斯威茲陳腐的恐懼，從納粹風格的低俗魅力中切割出來，依然是相當困難的。西貝伯格耽溺於以風格來表現奧斯威茲的遺產，彷彿藉著解構神學，藉著淨化它血跡斑斑的歷史，就能解救德國的文化似的。他試圖重新為德國本身下個定義，有點像三島由紀夫對日本所做的那樣。可是，也有如三島由紀夫自殺的奇異念頭一樣，他的影片帶給你不舒服的感覺，因為他有點太欣然地認同某些理想，而它們一度把德國人造成非常危險的人。

在德國，西貝伯格是一位異議人士。他從美國化的實利主義者與無根的猶太人的貪婪無度中，拯救德國認同的痛苦行動，在令人作嘔的極右翼《國家報》中找到了善意。他蒐集成冊的散文，以及斯圖加式飛機、坦克的圖片，一起受到推薦——對於這位浪漫的審美家，這是一個奇特的位置。不過，自由派知識分子卻避開了他。這種替誘惑對於那些成長於侵略者之間的人來說，是不必尋求認同的，相反地，卻透過沉默、陳腔濫調、否認、抽象、學術、忙碌或者儀式化的懺悔姿態，來保持一段距離。

一九六四年，彼得．魏斯以西德法官檢察官團體的成員之身分，訪問奧斯威茲，[5]目的是為了在法蘭克福舉行的奧斯威茲審判而蒐集資料。他們主要是想確定證人的描述。男性忙著拿出捲尺以確定火車貨運堆置場正確的寬度，或者從堆置場到女性拘留營的洗滌房之間的準確距離。有一個證人宣稱她曾經聽到囚人在懲罰室中尖叫。這種「站立室」（高：兩公尺；尺寸：五十公分乘五十公分；通風口：五公分乘八公分）由於飢餓與缺乏空氣，保證會讓人慢慢死去。死者的屍體必須分為數塊後，用鐵製乾草叉從小室中取出來。有些這一類的受害者，甚至吃掉了自己的手指頭。

為了查證證言的可信性，有位法官命令他的助手勉強進入站立室，並且製造點聲響。也許這位法官建議他的助手能否從通風口唱首歌，穿著潔淨西裝的年輕人按照指示做了，他的聲音聽得很清晰，唱的是舒伯特的「男孩看見野玫瑰，荒地上的野玫瑰」。

法官在那進行他們的工作。距離使得他們能夠客觀地工作。他們不在那裡進行懺悔，不把「奧斯威茲」當做隱喻來處理，不是觀光客，或者去同情受害者。他們在那裡只是詳查證據；確定某個囚房朝向火葬場的視野，是否遭到遮擋；確定是否一棵燒焦的樹能夠證明有許多人的身體曾經在樹旁的窪坑裡燒毀（或者，有如原先的紀錄必須說的，所謂的燒毀）。他們在那裡以公分測量過去。

二十七年後，我環繞著每個相同的地點走一圈。現在，它是奧斯威茲博物館的一部分，位於過去主要的營區內。營區堅固的磚造建築愚弄了紅十字會，讓他們誤以為狀況不像實際那樣的糟糕。博物館分為幾個區塊，每一塊都展示有關納粹佔領下的某個國家的照片和重要記事。譬如，有波蘭區，有匈牙利區，有蘇聯區，有荷蘭區等等。

波蘭區的展示，是最折磨人的，雖然對我而言也許不是最深刻的。那些被圍捕又被驅逐的荷蘭猶太人的照片，對我影響最大，不過，卻不是因為它們顯得特別可怕。在荷蘭區，沒有任何東西像華沙猶太區陷入火焰中的照片一樣，在這些照片前方有露齒而笑的黨衛隊，看著身上著火的人，躍入他們的死亡之中。確實如此，就是那些常態——街道、房屋、火車等稀鬆平常的景象——給我巨大的衝擊。人們被成群地趕進火車，看起來很熟悉。我就是在那樣的街道上成長的。在這裡，認同又一次在想像上面玩花樣。至於這些穿著得體、受良好教育、中產階級的猶太人受到如此待遇一事，似乎特別的令人驚愕。

我納悶，如果德國人見到這些相片，會是個什麼樣的狀況。多少想像的陷阱已被安排好，正等待某一個人去踩，而此人被告知只能將奧斯威茲「內在化」而不能輕易與受害者認同，或者，等待某個其父親可能是在猶太區嘻嘻作笑的黨衛隊隊員的人去踏。有個相識且年紀與我相彷彿的德國人，也是個後六八學運世代，他告訴我說，一九七四年的訪問，是他一生中最糟糕的一天。他說，由於這件事和他所受的基督教教育，使得他拒絕入軍隊服役。

當我在波蘭區，從一張照片走向下一張的時候，我很想知道，在這些房間被改成如同今天一般、有著乾淨白色牆壁的博物館之前，到底發生了什麼事。我參加的這個德國旅行團，多數團員的年齡都在五、六十歲。在整個戰爭期間，他們正值十三歲以上的年紀。我們的導覽人員是個三十來歲的波蘭女性。雖然這些照片已經足以替它們本身說話，但是，這位導覽人員仍平靜地，用流利的德語向他們解說他們所見到的：露齒而笑的兵士，看著上年紀的猶太祭司跪在地上爬行；希姆勒盯著一個觀察孔，為了檢查瓦斯室的效果；小孩子被槍托驅趕過屍體成堆的猶太區。這些觀光客看起來彷彿受到沈重的打擊，因為他們拖著身子從一個暴行走向下一個暴行。突然間，其中一人激動了起來。她是個約六十歲的女人，戴著綠帽，穿著米色兩件套毛衣和深棕色皮鞋。她走向導覽人員，抓著她說：「你要了解，這些我們都不知道……」導覽人員看著這個女人，平靜又輕蔑地說：「對不起，我不能相信你。我真的不能相信你。」「但你必須要，」這個女人說：「你必須要相信。我們真的不知道……」

她說的也許是真的。她可能真的什麼也不知道。這或許甚至是一個妥善的方法，顯示出她渴望波蘭導覽人員了解這種狀況。她在那裡終究得證明她有幾分樂意，願意去面對過去。其實，人們希望她保持沈默，而不是運用那些許多德國人已經用過的字眼。

奧斯威茲是間博物館，但比博物館具有更多的意義。此處由波蘭的機構負責，在共產政權下，稱為「反抗與殉難紀念物保存委員會」。我們知道反抗的含意：愛國的共產黨員奮力對抗法西斯主義。而那些參與這個奮鬥的，是法西斯主義的正式殉難者。在一九四七年七月二日，波蘭政府下令將奧斯威茲改為博物館：「在前納粹集中營的現場，創立此一波蘭與其他國家的殉難者紀念館，以昭萬世。」

反法西斯鬥爭的紀念物，遍佈共產世界。靠近前德意志民主共和國首都威瑪的布痕瓦爾德，是個最浮誇的例子：大於真人的石像打碎法西斯奴役的鎖鍊，而且緩緩地朝著和平與宛如兄弟一般團結的、光榮的未來前進。在華沙的拉波波特紀念碑，大小比較適中，也展現出相同外形的肌肉與鎖鍊。暴動領袖莫德克漢·阿涅萊維奇被鑄成青銅像，以作為典型的無產階級英雄：赤裸的胸膛，捲起的袖子，手舉手榴彈像握著鐵鎚一樣。在紀念物的背後是另一種形象：猶太的殉難者，包括一位猶太祭司拿著《摩西五經》毫無抵抗地邁向死亡。在基座上以希伯來文雕刻著獻詞是給「猶太人，他的英雄與殉難者。」

在奧斯威茲沒有什麼是英雄的，因為焦點放在殉難之上。在十一區的囚室裡，由於許多人死於酷刑，遂變成殉難者的神龕。花圈和蠟燭追念殉難者——絕大多數是共產黨員，直到後共產主義政府開始改變博物館的焦點為止。殉難暗示了針對理想、針對國家的狀態、針對神的信仰。殉難者之死是恐怖的，但卻被滲入很深長的意義。普利摩．李維苟延殘喘於一個拒絕傾聽的沈默世界裡，這樣的夢魘，實在糟糕透頂了。數百萬計的人，毫無目的地送死，令人難以忍受。然而具有誘惑力的是，藉著宣稱他們是殉難者，藉著豎立起十字架，藉著與宗教儀式相連結，而創造出某些意義來。

這個儀式可以是非常特殊的，同時它也可以是異常地抽象的。我花了些時間在主要營區的火葬場裡面，如同許多在我之前的人所做的一樣，我檢驗了最早的焚屍爐。後來，比克瑙死亡營區新裝置了由J．A．托夫父子公司設計的、更有效率的焚屍爐。一九四二年，這家公司向德國政府提出他們「應付大量需求，無間斷式焚屍爐」的專利申請。這個專利在一九五三年經過再度的申請，終於獲得通過。

我和幾個觀光客，多數是美國人，站在一起。保持沈默居多。間有幾聲輕聲細語，彷彿我們身在小禮拜堂內。這份沈寂，被外面一個朝著我們這個方向而來的「嗚嗉、嗚嗉」聲打破。這個聲音越來越大，接著就停了。一個高大的男人揮動羽毛裝飾物，走進火葬場。他看起來像東方人，也許是蒙古人。他後面跟著一個多數是年輕人的團體，其中有幾位德國人和日本人。一位穿粗棉布套褲的日本女性輕輕地擊著手鼓。接著他們展開一面寫著「為和平而走」的布條。又分發了顯示為和平而走在歐洲這一部分之路徑的小傳單。它提及各種要我們加以補償的暴行：美國原住民、越南戰爭、廣島的滅絕行動。這個團體的領導人，也就是那個揮動羽毛裝飾物的高大男人，是位美國原住民，而他的名字，我相信，叫紅鷹。當這個團體聚集在裡面，紅鷹舉起他的羽毛裝飾物，以低沈的聲音開始吟詠像禱告的東西。手鼓敲擊著，羽毛揮動著，眼睛虔誠地閉著。

就在主要營區的外面，靠近這火葬場不遠，立著一座巨大的木十字架。卡米爾教派修女於一九八九年豎立了它，它靠近一棟後來被修女改為女修道院、帶黃褐色的紅磚建築。這個建築物建於一九一四年，過去稱為戲院。在這裡的娛樂演出，是給駐紮在隔壁營房的奧匈帝國士兵看的。納粹則把它用來貯藏齊克隆B毒氣罐。卡米爾教派的企圖，根據一位虔誠的天主教徒告訴我，是為了所有的受害者——不論猶太人或非猶太人——祈禱。但是這樣的做法，令人憤慨，因此，一位紐約的猶太祭司亞伯拉罕・魏斯和六個他的追隨者，起而抗議。他們穿上正式的條紋狀禱告披肩，而且猛烈襲擊女修道院。接著波蘭工作人員用冷水噴灑這些抗議者，弄破了他們的無緣便帽。這個畫面迅速地傳遍全世界。奧斯威茲——世界肛門——變成了極端污穢的戰場，在那裡，人們為他們殉難的象徵而戰。

祭司魏斯是「忠信者集團」——一個在以色列的宗教殖民者協會，所謂殖民者，是指一些相信為了宗教的理由而認為自己有權力要求土地的人——的支持者。在不斷地找尋國家認同的過程中，歷史對他而言，是象徵的、神話的，一個不可或缺的指南針。他的歷史觀點是不與人共享的。在他的看法中，卡米爾教派是個入侵者，它侵入了一個作為猶太人受難最高象徵又具有獨特意義的地方。基督教的十字架——在它之下，許許多多這些苦難不但被寬恕，而且還受到鼓勵——被視為一個故意冒犯大屠殺的記憶之物。

然而那不完全是介於民族或猶太的認同與卡米爾教派修女所主張的普世價值之間的奮鬥掙扎。按布魯塞爾大主教說法，奧斯威茲是在「波蘭基督教的土地」上。對於身為波蘭大主教的約瑟夫・格倫紅衣主教而言，依照定義，波蘭人幾乎全是基督教徒。在祭司魏斯槓上修女之後，格倫說，「波蘭人的感情以及我們得來不易的波蘭主權，受到攻擊」，而攻擊者正是「控制許多國家的大眾媒體」的猶太人。

德國人在奧斯威茲沒有宗教的認同象徵，因為德國人不能宣稱受害者是他們造成的。不過，德國人可以用其他方式在神龕裡祈禱。他們能夠幫忙支付所需的維持費用。奧斯威茲博物館處於損壞邊緣：那成堆原屬於猶太小孩的鞋子上長滿了黴菌，而焚屍爐生鏽了。因此，有個名為《全景》的德國電視節目要求觀眾捐錢，以便保留拘留營做為對未來世代的警告。結果約收到十一萬馬克。比起某些電視募款活動，這些看起來不多，但是，它一定是少數只為了紀念而募款的案例之一。然而也有些這樣的信是寫給電視節目製作人的，例如這一封，而且當然是匿名信：「我也贊成保存奧斯威茲。我希望能使它再度全部運轉，這麼一來，人們如你者可以『因工作而自由』。我們也可以為這些找尋政治庇護的人，找出解決之道。我志願捐出五十公斤的毒氣〔齊克隆Ｂ〕。」

在戰後的頭一、二十年，極少數德國人傾向於保存納粹犯罪現場，但現在許多德國人，特別在西德，認為維護前集中營是個神聖的任務。若干主要集中營已經變成紀念地點。像奧斯威茲，它們就是博物館、神龕、觀光景點三合一的地方。

當你開車進入位於柏林北邊的布蘭登堡，一個漂亮、沒落的小城鎮菲爾斯騰堡的時候，有兩個看板歡迎你。一個寫著：「菲爾斯騰堡歡迎她的訪客。」另一個看板，顯示了前往城鎮中具有吸引力的景點拉文斯布呂克集中營。從一九三九到一九四五年，約有十三萬人，多數是女性和小孩被囚禁在那裡。其中有一半死亡。

對於「我們死去的姊妹，為了國家的自由與獨立以及所有人民的幸福未來而捨棄生命，從事反法西斯鬥爭的不朽女英雄」而言，拉文斯布呂克國立警示與紀念所是一個值得紀念的地方。那些話語，依然以純粹的東德風格，陳述在我的導覽書中。

在一九九二年，大多數的拘留營是禁止進入的，因為它們仍然是俄國軍隊的基地。前蘇聯的部隊，在大門外販售他們的制服和來自前任士兵的其他廢棄舊貨給觀光客，軍官和他們的家人佔用前黨衛隊的家，士兵們則住在舊拘留營的營房裡。

上面鋪有圓滑石頭、通往拘留營的道路，從大門算起約有半英里長，而沿著它兩旁的建築物有希爾維雅三溫暖及健身房。三溫暖的對面是一棟完成一半的現代建築物。它將是菲爾斯騰堡有史以來，第一家全新的超級市場。可是德國拘留營學會的拉文斯布呂克分會主席蓋爾特魯特．穆勒抗議說：「這個具有紀念性的地方，永遠不能遭受褻瀆」。她用了「搶走它神聖的本質」這樣的字眼。接踵而來的，是更多的抗議，而且幾乎完全來自德國西邊，因此，超級市場計畫不得不放棄。布蘭登堡當地政府則迅速採取行動以避免進一步的出醜。不得已只好另擇地點建一家新的超級市場。終於在市鎮的另一端，靠近大型公墓與火葬場的地方，選擇了一個令大家愉快的地點，爭辯於是得以落幕。後來，一位公墓的守衛告訴德國雜誌的記者說，這個令大家愉快的地點，正是拉文斯布呂克當年尚未籌建焚屍爐時，被黨衛隊用來做為焚燒其囚人的所在地。

「寫有關奧斯威茲的詩，是野蠻的行為。」狄奧多．阿多諾寫道。至於這句話的解釋，人言人殊。我想他的意思是指，一首詩一旦裹上個人的與自滿的沈思，就永遠找不到適當的字眼足以表達奧斯威茲那些機械化的、沒有靈魂的、工業的殘酷行為。此外，詩是歡樂與美的創造，所以，不適合用於表現大規模的謀殺。

無論如何，還有許多話可以用來反對阿多諾的陳述，過了幾年之後，他自己進行了修正，這的確顯示出，除少數例外，好像德國藝術家——電影製片人、編劇家、小說家以及詩人——對此很介意。幾乎沒有任何小說、戲劇或電影直接與大屠殺有關，在東德是如此，當然是因為在這裡存有政治因素，然而在西方也如此的話，在這裡則是沒有任何理由的。而我說的不是文件、歷史書籍、展覽或證人的陳述。總之，在前聯邦共和國並不缺少這些。我想講的是，有關想像的作品。

少數例外之所以有趣，是因為他們是揭露沈默的人或者充其量不乾脆的主流人士。有關死亡營最有名的詩作，是保爾．策蘭寫於一九四五年的〈死之賦格〉。它採用舞蹈曲調的輕快韻律寫成，回應在詩中的拘留營指揮官所玩的殘酷遊戲。當另一批人正在挖掘自己的墳墓時，他命令猶太人演奏音樂，說：「鏟子戳深一點，你們其他的人為舞蹈演奏。」

〈死之賦格〉成了經典，而且列入學校教科書中。每一個受過教育的德國人都知道這一行著名的詩句：「死亡是來自德國的征服者。」但是，在德國，人們對這首詩的接受這事情本身其實是有衝突性的。可能是因為詩本身有點太輕柔，有點太悅耳？結果為恐怖上了一層糖衣，反而沒有把它表現出來？保爾．策蘭本身也覺得矛盾，所以在一九六〇年代後期，他要求主編把這首詩從文集中抽出來。對我而言，有關大屠殺，策蘭的詩依然是最令人感動的。作為一首詩的美，並沒有麻醉了它所欲傳達的恐怖。相反的，它使得我們感受得更多。

由於作品的緣故，保爾．策蘭不只不在戰後德國文學的主流內；他甚至不是德國人。他誕生於羅馬尼亞的猶太家庭。他的母親教他德語，而使用這種語言的人卻下命令要她死。策蘭說，德語「經歷了無數次的黑暗，都與致命的發言有關。」[6]他到德國旅行，去訪問朋友，去接受頒獎。但語言事實上也是他和德國唯一的聯繫，而語言和歷史的聯繫，是最具破壞性的。一九七〇年，他於巴黎自殺。

一九六五年，彼得．魏斯根據奧斯威茲審判的控訴，寫了一齣戲劇，劇名是《調查》，它有幾分散文詩的味道，採用了大量的文件資料。[7]雖然仔細地描寫所發生的暴行，但它是以馬克思主義者的觀點寫的，因此，猶太人特殊的痛苦竟然被溶為一般階級鬥爭的故事。「猶太人」與「猶太人的」（遑論「吉普賽人」）這兩個字眼，從未被提到。當彼得．狄美將它放入他的書《大火之後》，魏斯將「奧斯威茲歸納為一個沒有猶太人的地方」。

和策蘭一樣，魏斯也是猶太人。而且也像策蘭一般，他與德國的關係非常稀薄。魏斯與妻子多半住在國外，有時候還用瑞典語寫作。至少在他的作品中，並不認同奧斯威茲的受害者是猶太人，而表面上也不認為奧斯威茲是個明確的德國罪行。他是個過了頭的馬克思主義者：他思考的是，有關構造、經濟、階級利益，而不是國家或文化。雖然如此，他對戰後德國的「認同」有著興趣。魏斯見到了納粹帝國結構上與哲學上的連續性溢入了聯邦共和國裡面。他希望他的戲劇成為西德群眾運動的開始。他認為，只有經歷過巨大的「精神勞動」[8]，德國人民才能將他們從自己的「精神病」中解放出來。後來，魏斯相信的確有一種國民精神存在。

有關猶太人的解構，最有名的舞台劇之一，是由德國的非猶太教徒的新教徒羅夫．霍希胡特寫於一九六三年的《代理》。這是個有瑕疵的作品，在劇中對梵諦岡的共謀謀殺的尖銳評論中，猶太人只是人質而已。這個主題所涉及的歷史的、文化的、國家方面的東西，不如神學來的多：在教士心中介於上帝與魔鬼之間的掙扎。將劇中的場景設於奧斯威茲是笨拙的，在戲裡門格勒博士被塑造成一位穿著黑色絲質斗蓬、極有魅力但殘酷詭譎的人。不過，在想像奧斯威茲方面，這戲劇是個少見又勇敢的嘗試，可是，它在德國遭到冷淡的批評。那時，霍希胡特的少數文學支持者之一的評論家馬塞爾．萊希－拉尼奇寫道[9]，由於胡特的舞台劇使德國作家處於不舒適的沈默中，因為他們了解到自己的失敗之處在於完全沒有提出這樣的主題。

不過，誠如彼得．狄美所說：「德國人的生活與知識，沒有任何一方面能保住不受奧斯威茲遺物的影響。」[10]這也是事實，至少在聯邦共和國是如此的。關於大屠殺，在戰後德國小說中有許多參考資料，但多數是閃爍其辭和隱喻的。一九五〇年代與一九六〇年代的作家，例如海因里希．伯爾及齊格飛．藍茨甚至不願意直接談到納粹這個名稱。伯爾稱他們「食水牛者」，稱受害者為「羔羊」。藍茨在他一九六八年的小說《德語課》中寫成「穿皮風衣的人」或直接寫成「柏林高層」。在一九六四年，戰後世代早期的電影製作人和作家亞歷山大．克魯格，談到有關描寫大屠殺的困難：「沒有人能夠真正描寫它，」[11]他說：「無論如何，那是可能的，甚至必須經過清點，做一張庫存清單。我試圖樹立一些圍牆。我希望讀者的想像，可以在圍牆之間移動。」

當然一個選擇恰當的隱喻所能激起的想像，超過了直接的描寫，正如同在奧斯威茲火車站的旁軌上，一聲突然的哨音，惹起的驚嚇絕對比參觀博物館來得更強烈。在德國小說裡，不情願面對奧斯威茲，亦即近乎全體拒絕在神龕、博物館或者教室之外，處理「最終解決」[12]的問題，顯示出一種對褻瀆神聖之罪的恐懼。彷彿「世界肛門」[13]是上帝之臉，好像嘗試著去描繪那不可想像或不能言傳的形象，會將它神聖的本質平庸化。讓見證人在法庭裡、在博物館內、在錄影帶上（克勞德．蘭茲曼的《浩劫》在德國電視上放映許多次）講話，這是對的，但是讓德國藝術家運用他們的想像力，則不是太對的。

一九九二年冬天，有一部電影《希特勒青年團所羅門》在德國上映。這部電影——在其他國家則稱為《歐羅巴、歐羅巴》——在美國非常賣座，是根據倖存者的真實故事改編的。

所羅門．沛瑞爾生於德國，是波蘭猶太人的兒子。他和家人逃往波蘭並且偽裝成德僑而在戰爭中存活下來。他被一個納粹官員收養，還送進一家納粹菁英學校唸書。這裡有些納粹低俗作品的惡習：可笑的制服、瘋狂的言語、與金髮的納粹未婚女子在樹林中的戀愛畫面、希特勒青年團唱著有關德國人的刀子，濺出猶太人血的歌曲。就事論事，這許多情節都是真的。

在學校的放假日，所羅門為了一瞥失去的雙親，他坐著電車穿過羅茲猶太區，他以為他們會在那裡。電車的窗子漆成白色，因此德國乘客就看不見垂死之猶太人的景象，可是，所羅門設法從窗子的裂縫中看出去，其他的人也做著相同的事情。我們看到的既不是老套，也不是低俗的口味，而是重建起來的地獄印象。結尾出現了所羅門．沛瑞爾在他所居住的以色列。他唱著希伯來歌曲。（現在，這幕是屬於低俗口味的。）

《希特勒青年團所羅門》在德國票房不佳，電影製作人沃克．施隆多夫認為這是一個沈默杯葛的證據。當這部電影被拒絕代表德國參加奧斯卡競賽時，波蘭導演阿格涅絲卡．霍蘭非常震怒。她說，這是德國作品，卻被拒絕報名參展，這是德國人否認過去的另一個企圖。《明鏡週刊》以為這部電影或許使人們困窘，因為它「打破一個德國人的禁忌」。所羅門的角色不符合親猶太人心目中的好猶太人的形象，那是一種在許多戰後小說中的被固定化的模樣。

實際上，從來就不知道為何這部電影沒有報名奧斯卡。德國的甄選委員會說，既然導演是波蘭人，根據嚴格規則來說，這就不是德國電影。左派的《法蘭克福評論報》稱這個爭論是「形式主義」，是「純粹種族的形式主義」的暗示。

或許甄選委員會是官僚主義，也或者可能是因為這個主題太令人困窘。在和某些看過這部電影的德國人談話時，我經常聽到他們對低俗作品的表現，感到恐懼，這真是相當震驚的。當德國的榮譽遭到指責時，通常反應最迅速的《法蘭克福匯報》刊出一篇文章，乾脆直指《希特勒青年團所羅門》是部差勁的電影。而評論家寫道，它是個無價值的通俗劇，只知愚昧無知又拙劣地模仿外國的故事。濫情傷感的音樂和庸俗花俏的佈景，與主題不能配合，然而什麼才配得上主題？有一點值得注意的是，對美學方面的吹毛求疵變成了完全沒有描寫主體的一個藉口。

不過，在恐懼不良品味或褻瀆神聖之罪的底下，可能埋藏一個更深的問題。把過去的人想像成有血有肉，而不是穿著絲質斗蓬、誇張的惡魔，這樣做等於是賦予他們人性。賦予人性，並不需要藉口或憐憫，但是它確實毀壞了在我們和他們之間的抽象的界線，因此，在某些狀況下，我們可以變成他們。對一個自然而然與這些受害者認同的藝術家（或一個觀眾）而言，這不是一個大問題。讓一個猶太作家想像奧斯威茲的黨衛隊軍官，並沒有冒玷污任何人的風險。對於一個非猶太裔德國人，要他把奧斯威茲內化為德國人的罪行，就真的是個大問題。有一件事，是許多德國作者——從西邊的鈞特．葛拉斯到東邊的克里斯塔．沃爾夫——曾經做過的：賦予某些遠離大謀殺中心的地方城鎮、一小撮納粹官吏以人性；而與屠夫本身一起找尋某個共同的東西，全然是另外一件事。為了消除這種事情，一個人首先必須從受害者的觀點來想像過去。

在發表於一九五四年的《燔祭品》的前言中，作者阿爾巴切特．高斯做了以下非凡的聲明：「身為故事的敘事者……只要我活著，當我想到所有的死亡命令（出自海德里希、艾希曼等人）竟然用的是我想、說、寫、作夢時所用的語言來發布時，我就不應該停止戰慄。儘管這樣，我用一個安靜的聲音，但具有一定的力量，當然，它是個借來的力量——對以色列特別的一個。它立基於某個結合力，使得『以色列之子』，亦即有名的『錫安之子』能夠生存在這個世界上：一個他們所知道的、永世長存的結合力。」[14]知名文學評論家喬治．史坦納讚許本書說：「少數高度文學的作品之一，能關心本身與十分恐怖的過去之間的關係。」

這是關於某個懷孕的猶太婦女在遭逮捕的前一個晚上，被迫留下她替尚未出生的嬰兒所準備的搖籃，而送給非猶太教徒的商店老闆之妻的故事，不過，在題目的選擇上，它確實是個例外。對於和作者同一世代的德國人來說，它的親猶太主義一點也不希罕。他故事中的女主角，不單純只是個德國的猶太女性，或者毋寧說是受害者；她是「一位先知的孩子」。如果想訴說大屠殺的故事，高斯似乎必須採納受害者的神話的身分。

或許甚至更不平凡的是，沃爾夫岡．科本的小說《雅各．李特納來自地洞的筆記》。它在一九四八年以雅各．李特納的名義出版，在一九九二年則以科本自己的名字重新發行。科本在一九五〇年代寫了三本有關戰後德國的納粹創傷的小說。

事實上，雅各．李特納已超過了一個文學中的角色。他是個在慕尼黑的猶太裔郵票商，藉著賄賂一個波蘭的反猶太人士而讓他活在——如果這是一個正確的字眼——波蘭人的房子底下，一個幽暗、散發惡臭的洞裡，因此，在戰爭和波蘭奇拔拉斯猶太區的「殺戮」中，能夠存活下來。他在移居紐約之前，把他的故事告訴一個慕尼黑的出版商。[15]出版商做了一點筆記，而這些便形成科本小說的基底。科本的工作由李特納本人付錢，李特納還從紐約寄食物包裹給他。因此，身為德國的非猶太教徒，他真正地採納一個猶太人的觀點，來述說大屠殺的故事。

也許它不能夠——當然在早期那些日子裡——用其他的方式來處理。但即使在猶太人名之下，用一種抽象的、宗教的註釋來做結尾，像這樣的引誘是讓作者無法抵抗的。本書的大部分自始至終語言是沉穩的，對恐怖的描寫是具體的。但結尾卻像這樣：「恨是個可怕的字眼……我不恨任何人。我甚至不恨那些有罪的人。雖然我苦於他們的迫害，但我不敢身為他們的裁判。我拒絕且沒有能力扮演得像個裁判，同時這也意味著：我必須原諒，我必須平反這些有罪之人。依我個人意見，他們所做的，超過人類的判斷。唯有上帝能夠裁判非人類的罪行……。」

戰爭結束三年後，傳出要求擱置人類的審判的聲音，但是，這個決定權不在德國人手上，唯有受害者才能夠這樣做。然而，在納粹世代的德國人還有他們的孩子之間，遁入宗教的抽象概念當中，變得太過普通了；全然不像往往發生在猶太人的情況，例如愛國的猶太復國主義者把神秘的魅力增添在新的認同之上，相反地，卻避免成為怪異的德國罪行的繼承人，避免必須將奧斯威茲「內化」，或避免成為德國人。

接踵而來的是《猶太人大屠殺》。打破描寫奧斯威茲實質禁忌的，不是德國的藝術家，而是好萊塢老練的大眾電視連續劇，它以前所未有的方式，滲透德國人的想像。一九七九年一月，《猶太人大屠殺》在德國首播。有兩千萬人看過，這個數目約是聯邦共和國成人總數的一半；百分之五十八的人，希望重播；一萬兩千封信、電報、明信片寄到電視台；首播之後，五千兩百通電話打進電視台，百分之七十二點五持肯定的意見，百分之七點三則是否定。海因茨．胡納在《明鏡週刊》的一篇論文中說：「一個以凡俗的形式所生產的美國電視劇系列，其商業的動機遠超過道德的因素，而且娛樂勝於啟發，可是，卻達成了自從戰爭結束三十多年以來數百本書、戲劇、電影、電視節目，數千文件與所有集中營審判所做不到的：讓德國人知道，以他們的名義對猶太人所犯下的罪行，而且數百萬人在情感上受到感動。」[16]

《猶太人大屠殺》從來沒有在德國民主共和國中播出過，但是，住在邊界附近的人可以收到西德電視台的訊號。雖然國家禁止收看西德電視台的節目，但他們還是看了。一九九二年我問一位過去東柏林的學校教師，她是否收看過這個系列的節目。她說她看了。在學校裡是否有人討論它？沒有，否則老師和學生必須承認他們違反規定。所以，人們假裝他們沒看過《猶太人大屠殺》？是的，這位歷史教師說，但無論如何「猶太的問題不因我們的小孩而存在。現在我們必須教導他們有關猶太人大屠殺，可是他們甚至不了解是什麼因素使得猶太人不同，或者為什麼希特勒想消滅他們。你知道，在這裡我們對聖經沒有什麼常識，不論是舊約或新約。」

在聯邦共和國，《猶太人大屠殺》讓許多西德的知識分子感到震驚與憤怒。這是對低俗作品一種不尋常的恐懼，以及「好萊塢價值」（通常被簡稱為「Amerika」）的懷疑。《法蘭克福評論報》擔心它把過去商業化的恐怖：奧斯威茲像是「一個可消費的物品」。極為通俗的電視連續劇《故鄉》的導演艾德葛·萊茲抱怨說，「美國人透過《猶太人大屠殺》竊取我們的歷史。」[17]因為《猶太人大屠殺》這種類型的電影，使德國人不能「取得述說自己的過去的支配權，不能自由地打破判斷的世界。」其實，《猶太人大屠殺》不曾做這樣的事情，倒是德國的藝術家本身，並沒有為奧斯威茲找到一個故事。

有些寄給傳播業者的憎恨信件，通常都是匿名的，它們說《猶太人大屠殺》是猶太人的一派胡言。整件事都是猶太人在玩把戲，藉著讓德國人難堪來賺錢。最近的巴伐利亞州長法蘭茨·約瑟夫·史特勞斯就持這種意見，或者至少他說他是。因此，從另一角度來看，對於某些左派的知識分子，好萊塢的商業主義是所有罪惡的根源。在德國，有一派思想對於奧斯威茲的解釋，乃基於一種輕蔑商業主義以及被寬鬆地定義為「現代」的東西——後啟蒙理性主義、大量生產、資本主義等。在一次訪問中東德的編劇家海納·穆勒說：「奧斯威茲是啟蒙運動的最後舞台。」[18]又說：「奧斯威茲是資本主義的祭壇。做為唯一具有約束力標準的合理性，降低了人類的實質價值。」再一次，形式與實質被混亂了：即使《猶太人大屠殺》的方法也可以被稱為工業的，甚至是理性的，但是加諸於它的理由當然是不能成立的。

像穆勒或西貝伯格或阿多諾這樣的知識分子，確實畏懼大眾文化的威力。然而在德國，《猶太人大屠殺》的影響雖與眾不同，但解釋起來並不難。屬於法庭、禮拜堂或博物館的奧斯威茲，是一個抽象概念、一個隱喻、一堆難以想像的統計數字，數百萬個無名的死者。藉著《安妮的日記》，它好像是從巨墓中出現的無名死者之一，並且爭取一份認同。甚至在美國電視連續劇許多角色的化身——約瑟夫．魏斯的家庭成員——都有一份認同，而且每位德國人都能分辨：可靠的、有教養的中產階級。他們過去可能是你的鄰居；實際上，他們「是」你的鄰居，如果你在某個年齡的話。

《猶太人大屠殺》證明了，隱喻和暗示不足以讓歷史活過來。魏斯家庭必須被創造出來，以扮演過去的角色。電視連續劇的形式有這樣巨大的影響力，因為它採取了與疏離效果相反的方式：擴大情緒，強化認同。我們覺得我們個人了解自己所喜好的電視連續劇角色，就像我們對廣受歡迎的脫口秀主持人所感受到的緊密關係一樣。然而很明顯的，那樣的認同，是許多戰後德國的藝術和文學所退縮不前的，因為認同猶太人受害者，並不能成為真正的信念；而認同那些迫害者——那是你的父母，你的祖父母，或你自己——實在太痛苦了。

關於那件事，德國觀眾或者多數非德國觀眾，除了，譬如窮困的羅馬尼亞吉普賽人以外，如何去習慣《猶太人大屠殺》劇中讓主角是個沒受教育的德國中產階級，是個有趣的問題。我相當懷疑這個影響會是相同的。很明顯地，認同是有其限制的。

有位西德女性寫給當地的電視台說：「在觀賞《猶太人大屠殺》之後，我對納粹德國的那些野獸，深感羞恥。我二十九歲，是三個孩子的母親。當我想到有許多母親和孩子被送進毒氣室，我忍不住哭出來。

（即使到現在猶太人仍未處於和平之中。為了以色列的和平，我們德國人每天都有責任去運作。）我向納粹的受害者鞠躬，我恥於做一個德國人。」[19]

在《猶太人大屠殺》播放之後，從許多已發表的信件判斷，這是誠實又典型的反應。一大群戰後出生的人，以身為德國人為恥。它顯然確認了克里斯提安．麥爾的論點：歷史「在我們的骨骼裡」，因此，我們背上扛著父親的原罪，歷史也在我們的血液中流動著。事實上，德國人為奧斯威茲負起了責任。可是對於德國未來的世代，羞恥感是否是適當的或者甚至是個有益的反應？與麥爾同感，出生於戰爭期間的小說家馬丁．瓦爾澤，他相信奧斯威茲會像歌德的語言一樣將德國人結合起來。當一個法國人或美國人看了奧斯威茲的照片時，「他不必想：是我們人類！他可以想：是那些德國人！但我們能否想：是那些納粹！就個人而言，我做不到……」[20]

這是一個為國家認同所困擾的人的說法。雖然在崇高的日耳曼文化遺產上，納粹留下了血腥的指痕，但是有一位德國猶太人想去拯救它，那就是阿多諾，另一方面，他反對奧斯威茲是德國人的罪行這種概念。對他而言，那大概是現代的病狀──「權威性格」的疾病；是失去人性的黨衛隊禁衛軍，亦即那些在工業巨輪裡殘忍的齒輪。難道沒有與此對立的看法嗎？我相信是有的。

無疑地，奧斯威茲是德國的罪行。「死亡來自德國的勝利者」。不過，那是不同的德國。堅持透過「認同之眼」──重複歷史學家克里斯提安．麥爾的警句──來審視歷史，是對抗變化的想法。一個人真的能夠從侵略者的觀點，將奧斯威茲內化，而不至於把戰利品落入虛偽的罪惡感，或者甚至是虛偽且自豪的低俗情感中嗎？認為奧斯威茲是由德國人的認同中的某些嚴重瑕疵──就像一連串日耳曼集體的民族特性而產生歌德與布拉姆斯──而引起的，這樣等於是讓一種神經質的自戀永垂不朽：最好的狀況，是一種不變的擔憂，擔憂德國人是危險人物，而最壞的，則是對於令人崇敬的音樂以及難以說出口的罪行，一種幾乎是部落格局般的、頑固的自豪。

廣島

在柏林，介於前日本和義大利大使館之間有條短而窄的街道，過去稱為葛拉夫・施佩街，名稱來自一九一四年與英國海軍作戰中，死於福克蘭島的德國海軍司令官的名字。這兩棟均建於一九三〇年代，屬於裝腔作勢的、希特勒夢幻之城日耳曼尼亞的古典法西斯主義風格。有如許多在柏林的街道與廣場，例如阿道夫・希特勒廣場、赫爾曼・戈林街等，在戰後都重新命名。現在它被稱為廣島街。

名稱的選擇雖然與日本人無關，但是對義大利人卻造成相當大的困擾。左翼的柏林參議院選擇它作為自身和平主義的表現。但即使日本人並未牽涉其中，它還是完全抓住了流行的、戰後日本的精神。對於大多數的日本人，廣島是太平洋戰爭的最高象徵。所有日本人的痛苦，被濃縮成一個幾乎神聖的字眼：廣島。可是，它不只是國民殉難的象徵；廣島是個絕對的惡行之象徵，經常被拿來與奧斯威茲相比。在廣島有個廣島／奧斯威茲委員會。至少在一本有關廣島的小說中說道，日本人與猶太人被挑選出來作為白人種族主義的最佳受害者。在一九八〇年代末期，甚至有人提出計畫，在廣島附近的小城鎮上，建築一座奧斯威茲紀念堂。

原子彈攻擊發生在一九四五年的八月六日，根據廣島大學教授雜賀忠義所說：「二十世紀所犯下最嚴重的罪孽。」雜賀教授是廣島和平公園原爆紀念碑上著名獻辭的作者。該碑豎立在一個內藏原爆受害者姓名的石棺附近：讓所有在此的靈魂得以安息；因為我們不會再重蹈此種惡行。」

使用的措辭故意模糊不清，唯恐到和平公園的訪問者誤以為，「我們」是專指戰爭時期的日本政府，所以，一九八〇年代早期，有個英日文告示板用來澄清此事：「請各地人士為原爆死者之靈魂的安息而祈禱，並且加入誓約，永遠不再重蹈戰爭的惡行。因此，它表現『廣島之心』，容忍過去的悲痛以及克服憎恨，渴望世界和平的實現。」

廣島（這個名字通常以片假名書寫。片假名原本用來改寫外國的名字，可以使這地方看起來更國際化，更普遍化）具有宗教中心的氣氛。它有殉難者，但沒有單一的神祇。它有祈禱的人，它也有既成的、有關人類墮落的神話。由廣島和平文化中心出版名為《廣島讀本》的小冊子說，廣島「不再只是一個日本的城市。它已經被全世界認為是世界和平的『麥加』。」

在主要火車站的大廳中，總是擠滿了跟隨導遊的旗子的，穿制服的學生、童子軍團、領老人年金的人、外國觀光客、顯貴們、農村來的人。他們是每年到廣島做朝聖之旅的數百萬人之一。所有人都訪問和平公園，此地在還未受到原子彈毀壞之前，是個繁榮的商業地區，而炸彈就在它上空爆炸。現在它已成為廣島禮拜的中心。

比起奧斯威茲，那甚至更加難以想像，到底在廣島發生了什麼事，因為廣島的恐怖被壓縮成一個單一事件，它幾乎沒有留下可以追蹤的紀錄。當然，在某種意義上，整個廣島的現代城市就是原爆的證據。第一流的商店街、公園、棒球場、高層飯店，甚至是舊城堡，都用水泥重建——在一九四五年八月六日以前，在那裡曾經沒有任何一幢建築。那好似整個罪行的現場完全被清除掉，或者毋寧說被埋在嶄新的城市下面，彷彿是現代的特洛伊，或前華沙猶太區。

然而對訪問者來說，尤其始終被認為是外國人而且通常是指美國人的白種人而言，是難以忘懷的原爆下的遺物。這不只因為有許多紀念碑、胸針、紀念品，而這些東西不太可能被錯過，而且也因為你不可能走過和平公園，卻沒有任何自覺。沒有日本人會愚笨到靠近你身邊說：「你們做了這個，你們因大屠殺而有罪。」可是被老師催促的小學生靠近你，問你對和平的看法，你會覺得某些贖罪的態度或者至少一句遺憾的話，仍然是有必要的。你被要求以你的種族——因為投下原子彈而為許多日本人怪罪的白色種族——之名，聲明和平。

這座公園是個真實的宗教聖地，有追念死者以及為和平祈禱的神社、紀念碑、石塊、鐘、噴泉與寺廟。和平公園內的商店，販賣鑰匙環、原子筆、T恤、茶杯墊、明信片、書籍、杯子、佛教的念珠、筷子等等，全都有為和平的祈禱文。大多數這些紀念品上面，都有原爆之前的廣島縣工業展覽中心的建築物外殼的照片，現在則是有名的原爆紀念館。建築物就在公園盡頭的河川另一側，被當做人類所犯惡行永遠的提醒物。儀式在那裡舉行，而作為受害者靈魂之象徵的紙燈籠，就在河面上漂流。數百隻灰色及白色的和平鴿，在人工栽種的樹木周圍鼓動翅膀，於是導覽人員解釋說：「不論日本國內外的個人或團體，都想記住受害者的靈魂，同時為和平祈禱。」靠近紀念碑有個告示牌寫著：「如果你觸摸這些鴿子，請漱口並且洗手，以避免牠們所帶的疾病。」

在紀念碑後面是個和平之火，由日本青商會捐贈。它呈現出兩手向天空展開的樣子。火焰在火炬上燃燒，這個火炬由宗教團體與各色各樣的日本公司代表共同維持。靠近它的是一個男人、女人、小孩的雕像的祈禱紀念物。假如你踩上位於基座前面的石塊，有個音樂盒會演奏名為《靈魂，請不要在地下哭泣》的曲子。

當沒有舉行特別儀式的時候，訪問者在紀念碑所做出的動作和人們通常在日本神社所做的，是一樣的。他們禱告，他們把銅板投入石棺後面的和平池，他們逐一照像以紀念著這個事件。穿著海軍藍與黑色制服的小學生按次序經過，邊笑邊打哈欠邊無精打采地走著。他們在老師的指示下，把獻辭抄在他們的筆記簿上。整個氣氛一點也不嚴肅；在日本的其他宗教現場，這樣的情況很少見。唯一嚴肅的鳴聲，是來自附近，穿過孩子們的聲音的和平鐘聲。它位於一個水泥的圓頂建築物內，根據我的導覽手冊說，它「顯示全宇宙」。

看著笑聲中的小學生，使我想起幾年前曾經訪問過的另一個紀念現場。日本訪客來到曾經充滿血腥的地方，所表現出來的漠然，同樣地，給我極大的衝擊。那是在賽班島，一個在太平洋上小島，另一個靠近它但更小的島嶼叫做天寧島，就從這裡，艾諾拉・蓋空中堡壘轟炸機起飛前往廣島。賽班島曾經是繁華的日本殖民地，當美國海軍陸戰隊在一九四四年登陸時，戰鬥非常慘烈，幾天之內，至少有兩萬五千名日本人和接近四千名美國人死亡。但最嚴重的，卻是數百人的集體自殺，多數是女人和小孩，他們跳下懸崖，如果有任何人顯得有點猶豫不前，立即遭到後面狙擊手的射擊。這個令人沮喪的地點豎了一個告示牌，以日文和英文寫著：「自殺崖」。年輕的日本觀光客，多數是女孩，咯咯地笑，輪流拍著快照。

在日本只有當神職人員參與的時候，這些人才會變得幾乎是沈悶的肅穆。在訪問廣島後的隔天，我在九州的第一大城市福岡花了半個小時。在主要火車站的前方，我見到了一個協助交通安全的儀式。穿著制服的年輕女子，身上掛著「一九九二年福岡交通安全小姐」的肩帶，以同一姿勢站立，戴白手套，雙腳併攏，同時穿黑西裝的老人沮喪地維持交通的順暢。在場還有銅管樂隊，直挺挺地站成筆直的一排，像極了普魯士軍隊。來自不同城市，有如遊行隊伍中的將軍似的顯貴們，背著肩帶，別著他們個別辦公室的徽章，一字排開地站在演講者的後面。看不到笑顏，聽不到耳語。在這裡，每個人都知道自己的地位，而且次序掛帥，這裡並非在戰爭中死去千百人的地方，只不過是舉行平安駕駛的鼓勵活動而已。

有關廣島有趣的是——與其說它是個聖域，還不如說是個現代日本城市，它雖繁榮卻相當沈悶——但國際化的願望與日本受害者團體專屬地點之地位，兩者之間卻存在著緊張的關係。在公園外面，塞在某個角落的是，紀念死於原爆的韓國人的紀念物。多數人是在戰爭期間被迫到這裡工作的。這個紀念物由日本南韓居民協會於一九七〇年設立，是一隻標示韓國人墳墓的大石龜。石龜上覆蓋了花圈、花和紙鶴，上面有著形形色色的韓國組織的名字。在墳墓標示的旁邊有個英、韓文的標識。它訴說有關兩萬個韓國人的「神聖生命」，「突然從我們之間被取走」。由於他們沒有葬禮或紀念儀式，所以「他們的靈魂徘徊了數年，無法前往天堂。」他們沒有被安置於日本公園裡的神龕，所以當地的韓國人試圖將紀念物遷入和平公園內，但功敗垂成。廣島市政府說，只能有一座紀念碑。而這座紀念碑並不包括韓國人在內。

一九四六年初，廣島縣長邀請許多地方上有頭有臉的人物，希望他們提供有關如何重建廣島市的點子，事實上它幾乎已不存在了。從原爆中倖存下來的小說家大田洋子，希望在新廣島栽種許多樹木。她說：「我喜歡在和諧中交織夢想與現實，以豐富市民的生命。」另一個人覺得豐富的的文化生活是有必要的。還有一位（寺院住持）希望有許多佛教寺廟散佈期間。其中最不尋常的建議，乃來自吳市的代理市長。吳市是廣島外部的港口，戰爭期間在這裡建造了許多戰艦。他希望「為了世界永遠的和平，將大量的經費用來維護整個被燒毀的地區，以作為紀念墳場。」

這個建議從來就沒通過，後來，有些人很後悔。始於一九八〇年代，一個大阪的前高中老師宇野正美寫了一系列暢銷書，內容是關於向猶太人學習之必要，特別是他們統治世界的方法。其中有一本《當美金變成紙張的那一天》，賣了千萬本，其中有一章談到廣島。宇野寫道，廣島應該留下廢墟的原狀，[21]就像奧斯威茲一樣，因此，他宣稱，那是猶太人刻意保留的。他說，藉著提醒世界有關他們的殉難，猶太人保存了他們的種族認同並恢復他們的剛強。和這個成對比的是，日本人遭到美國人的欺騙，而相信日本人受難的痕跡，應該藉著廣島的立即重建而將它消除。結果，戰後的日本人缺乏一個認同的對象，同時因美國大肆宣傳日本的戰爭罪行而削弱他們民族的剛強。

這是個極端的立場。即使身為讀者本身，也有可能發現自己受到挑撥卻很愉快，但也只有少數日本人才會到達這種地步。倘若撇開反猶太主義以及讓廣島保持廢墟的點子不談，這個想法被日本國家主義者廣泛地接受。通常右翼人士關心的，在於減輕被美國的宣傳強加於日本人對戰爭罪行之認同的效果。無論如何，右翼的國家主義者較不太在意廣島，他們顧慮的是，「大東亞戰爭」的大部分是正當的這個既成的觀念。

左派人士有它自己不同的日本殉難者，其中以廣島扮演了中心角色。人們普遍地相信，例如，無數的日本公民之所以變成受害者，若非因為邪惡的軍事實驗或者就是冷戰的第一炮，不然就兩者皆是。依照這樣的說法，投下原子彈是想嚇唬蘇聯免於侵入日本，至少這還是一個可爭議的論點。不過，像原子彈是個種族優越的實驗的這種想法是更不可靠的，因為炸彈的開發原本是用來對付納粹德國的，可是，很多日本人都選擇相信它。在這個主題上，更為古怪的書之一，[22]是由前聯合國雇員高知晃寫的，他論辯說，原爆是白種種族優越者計畫下深思熟慮的種族大屠殺的方式。宇野正美持同樣的觀點，他宣稱，這些種族優越者是猶太人。再一次，這樣的意見仍是很極端的。但是，如果從日本的期刊和暢銷書單來判斷的話，它並沒有背離主流「太」遠。

還有另一個觀點，總之，是屬於左派和自由人士的，他們不想為「十五年戰爭」辯護。以這個觀點來看，原子彈是一種對日本軍國主義極好的懲罰。從這個特殊的痛苦中，讓他們得到教訓，透過地獄之火與煉獄而得以淨化，也就是說，日本人獲得裁判他人的權力——事實上是有神聖的責任——特別是美國人，每當他們顯露出違反「廣島精神」的徵兆之時。這在所謂的「和平教育」的中心，它曾經受到左派的「日本教職員組合」的鼓勵，同時也遭到保守政府的注意與懷疑。在傳統上，和平教育意味著和平主義、反美主義以及對共產國家（尤其中國）予以強烈的同情。

「世界和平始於廣島」這個口號，被用黑字寫在旗幟與布條上，在原爆第一週年時，由原爆倖存者拿著，在神社中祈禱。「這個世界依然受控於『力量的哲學』」，廣島市長在一九八七年八月六日說，「我們必須將世界導向廣島精神。」這意味著，無論何時美國採取軍事行動——例如在韓國，或在越南，或在波斯灣——都有來自它的日本盟友的後勤與財政上的援助，這件事被視為對原爆受害者的背叛，同時刺了廣島的心臟一刀。

一方面，至少在日本左翼和平主義有些與浪漫民族主義相通的東西，而這些通常又與右派結合在一起：它分享了右派的憤恨，因為美國人奪走了某個也許可以稱為集體記憶的東西。浪漫民族主義者認為，戰後的美軍佔領，故意破壞了神聖的傳統，例如天皇崇拜，一旦沒有它，日本人就沒有認同的對象了。浪漫民族主義者相信，美國為了隱藏自己的罪行以及再度點燃日本的軍國主義，以協助冷戰，並藉此抹去廣島的記憶。

黑澤明拍了一部相當感傷的電影《八月狂想曲》，有關原爆留在長崎的精神創傷。它是部輓歌，不只是因為原爆，而是因為記憶進入歷史的方式與歷史快速地被遺忘。在與蓋布列．賈西亞．馬奎斯一起接受發行於柏林的報紙訪問時，黑澤明被作家問說，「這個歷史的、記憶中的一段空白，對於日本的將來與日本人的認同」有何意義。[23]黑澤明回答說，日本人不喜歡公開談論原爆。「特別是我們的政治人物對它保持緘默，也許是懼怕美國人。」黑澤明說，直到美國人向日本人道歉為止，否則「這場戲不會落幕。」

的確，在佔領期間，美方高層不希望日本人細想原子彈的攻擊。他們不希望日本人覺得受害。戰後的第一年，唯有關於原子彈的科學文章准許出版。即使已經到了一九四九年，廣島市著手一項取名為「不再有廣島」的電影計畫，後來取消了，原因是佔領軍高層反對因原子彈造成的破壞與悲慘的人們的鏡頭。[24]一九五〇年，亦即佔領結束的前一年，丸木位裡與丸木俊的油畫之名，必須從「原爆之圖」改為「一九四五年八月六日」。

然而黑澤明錯了。因為在第二次世界大戰中的幾個事件，曾經被敘述、被分析、被表示悲痛、被再重現、被再創造、被描寫及展出，份量多而且頻率高，如同廣島原爆，還有規模小得多的長崎。長崎的問題在於，不光是因為廣島是第一個遭受原爆的，而且長崎的軍事目標遠比廣島來得多。在長崎的三菱工廠生產過大量的日本武器，還有些其他東西不常提到：長崎的爆炸地點就在遭流放者與基督徒住的地方。而且不像廣島一樣，它所剩下的城市，大部分都未遭逢最惡劣的狀況。因此，這證實了在細節上討論原爆，是有困難的，而且最好避免。但是幾乎戰爭一結束，就有人寫關於廣島的小說，只是沒有出版。一九八三年出版了計有十五卷的日本原爆文學摘要。[25]

我推測，佔領期間的審查員也是個因素，因為許多反美調子的書籍及電影，當佔領結束，一下子全都出籠了。終於這些被禁止的東西，可以說出名字來了。另一個原因是，電影製作人和小說家的政治背景。

有些人始終是激烈的民族主義者，對於西方人充滿不信任，尤其是美國人。其他的人在戰前是馬克思主義者，這些人在軍事高層的逼迫下，一度放棄信仰而宣誓效忠帝國的理想，但在戰後即使他們回到他們先前的信仰，這也就不構成轉變的主要原因。而敵人——貪婪的、物質主義的、個人主義的、帝國主義的、種族歧視的美國——還是老樣子。

因此，有部電影《廣島》，[26]由關川秀雄導演，出品於一九五三年，電影最後的鏡頭是，美國觀光客購買受害者的骨頭做成的紀念品。甚至具有更多惡意的是本漫畫書，出版於一九六九年，書名是《在黑河的水流中》。那是關於一個美麗又年輕的女人，雖然從原爆中存活下來，但卻患了輻射疾病而即將死亡。在她死之前，無論如何，她要在「白豬」身上為自己報仇。她變成了專找美國大兵的婊子，屬於最低層的妓女，全身「浸透令人討厭的外國人的臭味。」她會送給那些「仍然使用著日本的軍事基地的所有好戰者一樣紀念品。」她會傳染梅毒給他們。那個將給他們教訓！「為什麼不將那些戰犯送上法庭？」她對著同情她的警察大喊，警察把她從街上移走。「始終記住原子彈是怎麼折磨你母親的」，她告訴她大眼睛的小兒子。這個故事刊載於發行量有數百萬本的雜誌 *Manga Punch* 上。

然而，即使有這樣的惡意攻訐，廣島的神話與它的和平主義者的崇拜，主要奠基於無辜殉難者的形象和對恐怖景象的想像上，而只有少部分建立在美國人的邪惡之上。曾經有著正常的生活——大笑的孩子，少女唱著歌，家庭主婦清掃房子，善良的男人工作著——接著，一瞬間，全化做灰燼。廣島與奧斯威茲的比較，就是根據這個觀念而來的；換言之，廣島就像是大屠殺而不是戰爭的一部分，甚至沒有關連，卻是「某個發生在世界末日的事情……」。[27]這些話來自小說家大田洋子《屍之街》一書，她以原爆倖存者寫下自己的經驗。「我們被一種力量——蠻橫與暴力的——打倒，但那不是戰爭。」那可能是「最後的宇宙現象」。順便一提，大田曾經也是對襲擊珍珠港表示喜悅的眾多日本人之一，她「感到一種清新的激動」。

來自左派觀點的、所有廣島神話的準宗教要素，[28]全都包含在小田實的小說《爆彈》裡。原子彈在該書第一六八頁爆炸，剛好是一位乖巧可愛的年輕女子，正要把一束鮮花送給在病房中一名患霍亂病的學生的那一瞬間。這是美麗與無辜的表示。於是「接著而來的是怪誕的吼聲，好像天空即將崩裂。」一位通曉歐洲歷史的日本兵回憶起荷馬《伊里亞德》中諸神的憤怒。

在小田的小說裡，每一個白種美國人都流露出種族歧視者的齷齪：「『所有的學者都是猶太人』，威爾說。這些話看起來激起了肯恩對猶太人的不滿，因為他爆出長串的惡言謾罵。世界上最壞的是日本鬼子，接下來是猶太人。」因此作者替讀者做了結論，亦即廣島的原爆是個種族歧視的行動。然而在小田的想法中，對於韓國人與其他亞洲人，日本人也是種族歧視者。在故事中，真正正經又有智慧的角色，是美國原住民部落的一群人。部落的傳統禁止他們拿起武器。他們的長老坐在沙漠中，可以看見世界末日的情景到來。這真的是世界末日嗎？部落中的一位弟兄喬治問說。「『末日，兄弟，』郎恩帶著堅信的語氣回答說：『那個世界是像太陽一樣紅──或者明亮數百倍的火球嗎？人們活生生被燒死，變成燒焦的屍體。』」

這些是佛教地獄圖卷的想像，充滿血腥的圖像被紅而亮的火焰包圍。原民喜與大田洋子一樣，亦是原爆倖存者。他寫了一個故事叫《夏之花》。在他結尾的幻影，先來一段關於天氣的描寫，它擁有所有好萊塢史詩般的或者萊尼．里芬斯塔爾[29]作品的壯麗凶兆：「背對著黑漆漆的天空，山巒顯現出一種從未有的亮綠；內陸海的島嶼也顯得輪廓鮮明。海浪，寧靜的藍色海浪，彷彿隨時會因為強烈風暴的翻攪而爆怒。」這將畫面設定成一個幾乎像是華格納式的天啟──「在古老的佛教地獄繪畫中黯淡的、模糊的可怕綠光。」一九五一年，或許因為韓戰而感到沮喪，原投向火車自殺。

一九五〇年代，藝術家丸木位裡與丸木俊，畫了一幅現代觀點的地獄畫卷，名為《原子彈——廣島》（與《一九四五年八月》不同的作品）。我去廣島現代美術館參觀過。這幅畫畫在四塊板子上，像日本的屏風，它含有傳統的日本要素，但它也包含了像基督教徒才會有的墮落概念。遭到恐怖的傷害及燃燒的屍體，幾乎從畫作的上端掉落下來，畫中猝落的閃電，讓人聯想起神祇的憤怒。在狂暴的狗血腥的胃中有著死嬰。燒焦的屍體被繩子綁起來。烏鴉慢慢地吃著殘缺不全的身體。許多沒有個性的人，在木炭堆中大步前進，彷彿正走向煉獄一般。

在展示丸木畫作的白牆上有個標識寫道「廣島與現代藝術：『廣島之心』，人類共通的議題。」我參觀了其他的展出品。很明顯地，安賽爾姆・基弗的藝術影響在此留下了痕跡。當基弗在他的國家的戰後廢墟中，過濾德國的歷史與文化之時，他在廣島美術館的欽慕者，早被廣島精神先獨佔了。譬如，荒木高子的陶藝書——相當像基弗的鉛之卷——命名為「原子彈聖經」，封面上燒灼的字體是希伯來文。此外，還有上野泰郎所製作的、以絹鑲嵌的屏風（不像基弗的任何東西），名「6-8-1945」，顯示人們在死亡中掙扎，並以帶金色的小紅點著色。

所有這些作品欠缺的是，任何超越一九四五年八月六日的較為寬廣的世界之意義。廣島完全處於孤立的狀態。型錄資助者之一的藝術教授桑原住雄注意到了這一點。他引用了香月泰男的話。香月苦悶的、西伯利亞日本戰俘的畫作，並不在廣島美術館內。有關香月在戰爭方面的作品，在深度上是日本唯一接近基弗的人。他本身就是在西伯利亞的戰俘，可是並沒有深陷於自我憐憫之中，他陰暗的、幾乎是抽象的作品——例如，掌紋的畫作，有如酷刑室牆上的血跡——提供了超乎任何特殊事件之殘酷與苦痛的景象。在往西伯利亞戰俘營的途中，香月看到一個屍體泡在血液中。那是個日本士兵的身體，由於他的殘忍行為，導致他被盛怒的中國民眾拷打致死。他將這個「紅色屍體」與原爆受害者的「黑色屍體」做了比較。

「黑色屍體的故事，」他說：「在這過去的二十年被一再地轉述。廣島和奧斯威茲成為第二次世界大戰的象徵，這些無辜的死者象徵了戰爭所有的殘酷。這些黑色屍體使得日本人覺得他們是戰爭的主要受害者。他們一致地叫道：『不再有廣島事件！』這幾乎看起來彷彿除了原子彈轟炸以外，沒有其他戰爭似的。對於戰爭真正本質更深的洞察，以及反戰運動唯一真正的基礎，必須來自那紅色的屍體，而不是黑色屍體。」

這是對的。然而我不認為宗教的隱喻及廣島的地獄景象（廣島的轟炸，畢竟是地獄的）能夠被單獨歸類為日本人的自我憐憫。佛教的地獄畫卷的功能，許多基督教徒——尤其是虔信派——會加以承認。人們相信對惡行的思考會導向救贖。經由注視地獄，它就被超越了。而那些成功的人，被從任何可能的地方，提升至較高的道德水準之上，最重要的是，宣傳了宇宙和平的福音。不論東西方，大多數具有世界性抱負的宗教，都有這相同的概念。

無疑地，看著不是你自己製造出來的地獄，是比較容易的。日本人可以認同廣島的受害者，但是，德國人卻不可能因奧斯威茲而使自己覺得是受害者。日本人的罪惡，被消散在人類的罪惡中，這讓日本人同時取得兩條路線，一是國家的，作為原爆的受害者，一是一般性的，作為承擔廣島精神的使命者。因此，這是積極支持和平教育的日本和平主義者，如何去定義日本人的認同。但我仍然懷疑，這與希望將奧斯威茲「內化」以及「透過認同之眼」來看奧斯威茲的許多德國人的心態，真的有著極大差異？在任一狀況下，國民性的形成多半基於歷史、道德和宗教精神，而非國籍。

這個歷史的準宗教看法所產生的問題是，除非在非宗教的條件下，否則很難去討論過去的事件。絕對惡行的景象，是特殊的，它們是超乎人類的解釋或者甚至理解的。若嘗試去解釋，便是自大與超道德的。如果這對奧斯威茲是對的話，那麼對廣島來說，就更正確了。但譏諷的是，對奧斯威茲來說，不可能有什麼正當性，除非人們相信希特勒謀殺的意識形態是對的，而有關廣島的問題，至少還公開討論。原爆「也許」拯救人類的生命；它「可能」縮短戰爭的時間。可是，這樣的論辯，與廣島精神並不相容。

一九九二年七月，在廣島舉辦一場有關裁減軍備的聯合國會議。這是日本人經過多年遊說，才得以讓這個年度會議在「世界第一個原爆城市」舉行。會議顯然進行得很順利，直到一個美國哈佛教授爭論說，廣島原爆「終止二次大戰並拯救數百萬日本人的生命」。他又說，這個事件的恐怖，幫助阻止了迄今為止的核子戰爭，因此廣島和長崎在實質上，拯救了比數百萬更多的生命。此話一出。日本人遭到嚴重傷害。報紙的社論嚴詞譴責這個教授缺乏對受害者觀點的理解。《朝日新聞》覺得「再次感到厭惡」，[30]並陳述說，「除非美國從這樣的觀點跳脫出來」，否則將會惹起來自非核國家的強烈反對。

《朝日新聞》繼續說，然而這個會議仍然必須算是成功的，因為出席者，其中有許多人是第一次訪問廣島，「全都表示受到和平紀念館的展示與遺物所驚嚇」。他們也參加了「『廣島的祈禱』的吟唱」。只有一個英國的作家亞蘭．布斯在《朝日新聞》英文版上針對此事件發表看法，[31]他指出祈禱、儀式以及觀點的一致，並非通常舉行會議所追求的目的。

在廣島，受害者觀點被謹慎地守護著，不容受到挑戰，而且他們的無辜本質被堅持著，但是，在日本對外戰爭的歷史中，廣島市距離所謂的無辜太遙遠了。當一八九四年中日甲午戰爭，日本軍隊就從廣島出發前往戰場，同時明治天皇將他的指揮總部遷到此地。結果這個城市變得很富有。當十一年後發生日俄戰爭的時候，廣島甚至成長的更為富有，而且再度成為軍事行動的中心。如同《廣島和平讀本》所加的優秀短語說：「作為一個軍事都市的廣島，在它的位置上是安全的，所以隨著明治和大正期間發生許多的戰爭與事件，而發展為更加人煙稠密與繁華的地方。」在轟炸期間，廣島是日本皇家陸軍的第二總指揮所（第一個在東京）的基地。簡單地說，這個城市塞滿了軍人。

出現原子彈攻擊的少數文學傑作之一，[32]例如井伏鱒二的小說《黑雨》，就不把背景設在軍國主義和政治的壓迫上。本書一開始，把場面設在靠近原爆中心點附近的一座橋上。在爆炸之前不久，國中生的孩子被迫聆聽疾呼狂叫的軍事演說與唱愛國歌曲。實際爆炸之後，在本書的結尾一再重複描寫所有的恐怖慘狀，廣島縣長下了一道作戰命令：「廣島的市民們——損失也許是巨大的，但這是一場戰爭！」

廣島的市民的確是受害者，基本上是他們自己的軍事統治者的受害者。可是，一九八七年當一個地方性的和平運動團體，請求廣島市將日本侵略史併入和平紀念館中，卻遭到了拒絕。要求設置「侵略者展示區」的請願，是由一群大阪的中學生提出的，由於他們要求解釋日本在戰爭中所應負的責任，而讓和平紀念館當局感到很困窘。就像數百萬其他的學生（算來一年約六萬個小孩），他們見到了可怕的原爆遺物：受熱而彎曲的瓶子、蕈狀雲的照片、破碎的服裝、輻射線在門階上留下的怪異陰影、實物大小的靜態畫面——可怖地撕裂的人體，皮膚像融化的蠟滴，蹣跚地走過碎石堆。

可能受到他們老師的提示，來自大阪的中學生所要求的比這個「侵略者展示區」還多。他們想要了解以前發生了什麼事。他們也要求官方承認，亦即承認在原爆中有些韓國受害者曾經是奴工。（大阪像京都和廣島一樣，仍然居住著大量的韓國人。）然而兩項要求都遭到拒絕，因此形成了一個稱為「和平連結」

的團體，成員來自當地的人，有許多是基督教徒，也有反核運動者以及反歧視的少數人。很自然地，這個團體受到右翼民族主義組織的反對，例如愛國黨，他們在和平公園周圍遊行，愛國歌曲從裝在卡車上的擴音器中大聲地播放出來。顯然這些愛國者獲勝了。根據一位和平運動者的說法，廣島市政府無論如何就是反對「侵略者展示區」這個構想。

這個事件的諷刺之一是，反核運動者認為原爆是個罪行，相反的，他們右翼的對手之一卻不這麼想。憂國維新會的前田會長認為，原爆使得日本免於全部毀滅。不過，他堅持日本不能單獨承擔戰爭的責任。他說，這次的戰爭只是單純的「歷史之流」的一部分。

我請教了和平紀念館的董事川本義隆，為什麼建造「侵略者展示區」的建議遭到否決？穿著藍色斜紋嗶嘰布的西裝、有禮貌的市府官員川本，耐心地笑著說：「在這裡我們不能有這種東西。侵略者在東京。我們唯一的目的，是要展出一九四五年八月六日所發生的事情。」

在他的言談中，川本在全體的（「人類」、「世界和平」）和特定國家之間，來回變換。我覺得他很習慣於對外國訪客解釋日本的國民性格。他說，當日本人感到悲傷的時候，他們笑。日本人可以相互溝通而不需要對話。日本人的思考只從主觀出發。日本人了解人生無常……等等。我問，年輕人又如何呢？

「年輕人已經不再知道忍耐的藝術了，」他說：「而且他們不知道我們的生活像什麼樣子。你看，他們到這裡來告訴我們說，日本也犯了戰爭的罪行，可是他們並不知道自己在說些什麼。他們只是重複他們左翼的老師所說的東西。」

他繼續說，以一種年輕人可以了解的說法來解釋過去，是很重要的。他說，年輕人不再閱讀，所以你必須用視覺的情報顯示給他們看。是的，但是難道他們不該被教導有關戰爭的歷史以及原爆嗎？當然，他說，當然。但那並非這個紀念館的目的。所以我問他，那麼是為了什麼。

當感覺處在一個較為安全的立場上時，他微微一笑。「你知道，這個紀念館不是真的想成為一個紀念館。它被倖存著建造成一個為受害者與世界和平而祈禱的地方。人類必須打造一個更好的世界。那就是為什麼廣島必須繼續存在下去。我們必須回歸根本。我們必須考慮人類的團結與世界和平。否則，我們將在爭辯有關歷史而結束。」

這場戰爭的歷史，或者任何歷史，事實上與廣島精神扯不上關係。這就是為什麼奧斯威茲是唯一的比較，而且已獲得正式寬恕。有沒有其他事，是非常引起爭議的，是過多的「歷史之流」的一部分。一九八〇年代的晚期，吳市市長提出一個計畫，想在廣島和吳市之間的一個小鎮上建築一座奧斯威茲紀念館。廣島市長覺得這是個好主意。和平主義者的市民團體也沒有反對，但是他們堅持紀念南京大屠殺，應該形成這個機構的主要部分。這個計畫無疾而終。

然而有個距離廣島不遠，坐火車約一個半小時，坐渡船約四十分鐘的地方，扮演了提醒人們關於日本歷史的另一面的角色，而它與一九四五年八月六日所發生的事情，並非毫無關係。大久野島是瀨戶內海中的一個小島。當你從渡船上岸，映入眼簾的第一樣東西是兔子。牠們在乾淨的步道和令人愉快的草地上到處跑動，像一片片軟毛點綴著風景。牠們是如此地馴服，你可以用手輕撫牠們。在島上沒有什麼其他東西，除了一間看起來像醫院的大飯店，一些十九世紀後期、二十世紀早期的建築廢墟，一個面向著在另一岸的陸地的舊砲位。還有一個小型水泥建築物靠近防波堤，稱為大久野島毒氣資料館。

這些溫馴的小白兔，正是那些被用於實驗芥子氣和致命物質的實驗室動物的子孫。在日本帝國中，這是最大的毒氣工廠。戰爭期間約有五千人在此工作，許多都是婦女和在學的小孩。約有一千六百人因暴露在氫氰酸毒氣、嘔吐毒氣、路易斯毒氣中而死。另有人造成終身傷害。根據中國官方的資料顯示，超過八萬的中國人受害於這家工廠所生產的毒氣。陸軍對於這個島極度保守秘密，甚至乾脆讓它從日本的地圖上消失。

有關它的事情，在戰後才稍稍為人所知。當美國人在一九四五年到達此地，取走所有的資料，將大量的毒氣丟入海中，並焚燬工廠。現在飯店所矗立的地方，就是主工廠的原址。你仍舊能夠見到發電機的殘骸和一些倉庫。只有當一位年輕的日本歷史教授吉見義明，在一九八〇年代於美國的檔案中挖掘出一份報告，於是日本曾經儲存一萬五千噸的化學武器在島上與島附近，另外還有一個兩百公斤的芥子氣容器埋藏在廣島的地底一事，終於曝光。

毒氣工廠倖存的員工，許多人罹患慢性肺疾病，在一九五〇年代他們要求官方承認他們的困境，但是，政府拒絕了他們。如果政府照顧這些員工，那就等於正式承認了日本陸軍曾經介入不法事業。當一段有關化學戰爭的簡短陳述，悄悄潛入日本的教科書中，文部省迅速地將它取消掉。

然而毒氣工廠的記憶從來不曾完全消失無形。一九七五年，能夠證明他們的確受到毒氣傷害的倖存員工，終於獲得些許賠償。一九八五年一個小紀念碑被樹立起來，以紀念在戰爭中死於島上的工人。經過倖存者的努力，一九八八年建造了一座小型紀念館，館內的導覽人員說：「將歷史的事實傳給未來世代。」

這座一廳式的紀念館館長，是個矮瘦而結實的男人，名叫村上初一。他看起來強悍，像前職業拳擊手。村上在一九四〇年進入工廠當清潔工，當時十四歲。薪水很好，他「充滿自我犧牲的精神」想協助日本贏得戰爭。在陸軍中，這也是獲得升遷的方法之一。村上領著我參觀這些不幸的展出品：一隻帶著防毒面具的木馬；遭毒氣攻擊之受害者的照片，他們的皮膚因潰爛的痂和疔而損壞；舊毒氣罐；女學生在工廠的廣場上練習劍術；太陽底下露齒而笑的陸軍軍官團體照。

村上的解釋，是實話實說。他並未說教或道德化，同時對解釋日本的國民性格也沒興趣。他給予我的印象是，他是個誠實的人。他告訴我說，如果他沒有看到那些從美國送回來的資料，他不會記起這個地方的許多細節。我問他有關紀念館設立的目的。他說：「在喊出『不再有戰爭』之前，我要人們先看清事情真正的模樣。只是單純地從受害者的觀點來審視過去，那只會鼓勵憎恨。」

他是怎麼看待廣島和平紀念資料館的呢？「在廣島紀念館裡，容易覺得受害，」他說：「但是我們必須了解我們也是侵略者。我們被教育為國家而戰。我們為我們的國家製造毒氣。我們為戰爭而活。打勝仗是我們唯一的目標。」村上看起來越來越像職業拳擊手，他瞇起眼睛，把拳頭擊在手掌上。「瞧，」他說：「當你和另一個人吵架，然後打他，踢他，他也會打回來，踢回來。只有一邊會獲勝。而這些怎會被記得？我們會想起我們被踢，或者想起我們自己踢自己？除非考慮了這些問題，我們不會有和平。」

隔天我又一次在廣島溜達的時候，我思考著村上的話。當小學生問我對和平的看法之時，它們並未減少我的尷尬。日本人曾經將毒氣埋在廣島此一事實，雖沒有減少原爆的恐怖，但它將和平公園以及所有公園的神龕，放進一個更為歷史的觀點中。它從上帝手中取走過去，而將過去放在易於犯錯的人類手中。

南京

南京的洗劫，或者叫南京大屠殺，發生在一九三七年日本皇家陸軍攻陷這個城市之後的十二月中旬。此事距離日本軍隊入侵中國領土還不及半年的時間。做為國民政府首都的南京，在日本試圖征服中國的過程中，是最大的獎賞。南京的陷落受到日本的歡迎，到處是布條的標語，真的是舉國歡騰。日本陸軍軍官准許他們的手下進行六個星期的瘋狂殺人。實際數目是不明確的，但數萬，也許數十萬（中國人說三十萬）的中國軍人、許多從其他城鎮逃難到此地的平民被殺。而數千名的女人，年紀從九歲到七十五歲被強姦、被切斷肢體，而且通常都遭到殺害。

可是數字並不能傳達發生在南京，以及在其他中國的村莊、鄉鎮、城市的野蠻行為。而且他們也沒有解釋為何准許這種事情發生。是否那是個故意的政策，用來恐嚇中國人，使之順從？軍官的共謀行為，讓人聯想起某些事與此有關。不過，也許那也是一種支付薪資給日本軍隊的方式，因為在嚴冬既沒有正規的薪資與口糧，卻拖著沈重的步伐走在中國的土地上。或者是大規模的農民軍失去了控制？或者正像許多人辯護的、只是不可避免的戰爭的自然結果？

有人給過我一本叫《南京暴行》的日文小冊子。雖然它是用日文寫的，卻將英文的「atrocity」改寫成 aturoshitees 作為書名，就好像日文當中沒有相對應的字眼可用的樣子。其實，有許多日文可以用來表達殘忍、暴力、謀殺或屠殺等意義，可是，「atrocity」這個字眼，傳達了比戰爭所不可避免的殘酷還更多的意義。它是一種蓄意的、非人道的野蠻行為，是一種違反法律以及任何人類適當的行為規則的行動。日本人並非缺乏類似的行為規則或者在道德上不能了解這些概念。可是，就像「人權」一樣，「暴行」是來自西方的現代專有名詞，還有其他的「女權主義」，或者「戰爭罪行」亦如此。對右翼的民族主義者來說，已經有了帶著破壞性，幾乎是反日本的左翼團體。

這本小冊子，是由一群曾經訪問過南京以便了解更多真相的高中老師所編輯與發行的。內容包含了中國證人的陳述、主要行刑地點的地圖、一些在南京的紀念館所展出的照片。日本人沒有為他們的暴行留下豐富的、可見的紀錄，即使他們是熱心的攝影者。審查雖是嚴格的，但已有足夠的相關照片與電影膠捲（絕大多數是西方的傳教士拍攝的）讓人留下深刻印象。有些由日本攝影師、某些由中國人或外國目擊者所拍攝的照片中，中國男人被用於做刺刀練習、許多人被機關槍掃進廣闊的地洞內、受驚嚇的女人裸著身子擁擠在水田中試圖遮掩她們的私處、日本兵用他們的長刀砍斷人頭、如山的屍體堆積在長江的堤岸上以及陰道中插著竹桿死去的女人。

部分這些影像，取自新聞短片，被用於貝納多·貝托魯奇一九八七年的電影《末代皇帝》裡。當這部電影在在日本放映的時候，日本的供應商松竹富士公司決定消除這些畫面而不讓導演知道。當貝托魯奇發現之後，供應商宣稱說，這部電影的英國製片人曾經要求刪節——似尚可信的，所以，供應商也就這麼認為，因為他推測影片「對日本人的口味而言會太過可怕」。貝托魯奇和他的英國製片人怒不可遏，刪節的部分被接回去，而且松竹富士公司為「巨大的誤解」而道歉。

沒有證據顯示，這個供應商受到來自政府或任何人的壓力而做出刪節的舉動。對於他們的行為，最像實話的解釋是，他們想避免任何一個負面的宣傳。例如極右翼團體就可能做出恐嚇的事情。而且既然在日本，爭論通常是令人困窘的，有時甚至是危險的，所以，鑽研一個可能會引起注意的爭論點，是需要一定的勇氣的。

南京大屠殺就是這樣的一個爭論點。它變成了在亞洲戰爭期間日本野蠻行為的主要象徵。在東京戰爭犯罪審理期間，南京所產生的共鳴和在紐倫堡的奧斯威茲是相同的。而且作為一個象徵，南京大屠殺像奧斯威茲及廣島一樣，對於神話與竄改，是很脆弱的。

在日本的學校裡，爭論正式地被沉默所扼殺。在高中標準教科書裡的統一說法是：「十二月

〔一九三七〕日本軍隊佔領南京。」有個註腳解釋說：「在那時有報告指出，日本軍隊曾殺了許多中國人，包括平民，因此日本成為國際指責的目標。」就這樣而已。但即使只是這樣，對某些保守的官僚與政客來說，仍然太多，他們希望將這些段落一併消除。

因此，當他們的老師、《南京大屠殺》小冊子的編者之一的森正孝，播放有關大屠殺的紀錄錄影帶給他們看的時候，無怪乎中學生感到震驚。他要求他們寫下觀後感。反應非常的相似。例如以下是一個十三歲名叫律子的女孩寫的：「我總是將戰爭與廣島和長崎連結在一起，但原爆發生在一九四〇年以後。在那以前，日本做的事情甚至更糟。看了錄影帶，它看起來幾乎不是真的。在這以前，我只能認為日本是戰爭失敗者，可是我們日本人必須知道一九四〇年以前發生了什麼。看了這個錄影帶，讓我印象比什麼都深刻的是，當日本士兵笑著看中國人被殺的畫面。他們怎能這樣做呢？我無法了解日本人在那時的感覺……。」

第一次讓學生知道日本人是侵略者。這是個蓄意的震撼效果。森如同加入和平教育的大多數老師一樣——如果不是全部的話——也都帶著些左翼人士的觀點。雖然他能夠指望在一度強有力的日本教職員組合的群眾裡，找到許多支持者，但是像他一樣積極參與的，卻只有少數人而已。他告訴我說，他的同事保持中立但不太反對他。多數人羞於爭辯。他將有關戰時歷史的錄影帶與小冊子，[33]私底下提供給一個志同道合的教師小網路，作為那個呈現在學校教科書中、經文部省審查過的、官方的、規避的、簡短的歷史解釋的替換品。

他們反映了一個需要被簡化的政治觀點。日本人是「侵略者」，他們「入侵」中國，他們的行為既是「犯罪又殘忍」。中國人全都是「勇敢的抵抗者」或「無辜的受害者」。在他的許多短論之一，是有關森的訪問南京。在那裡他「感到痛苦的逼迫，而必須從侵略者的觀點重新審視歷史。」因此，這是學生被要求做的：以侵略者的觀點取代他們的日本是受害者的感覺。

這是十四歲（一九九一年）的安子所寫：「我們經常聽到納粹用恐怖的方法謀害他們的受害者。可是日本人也相當壞。當日本人砍掉中國人的頭，而卻掛著悚然的笑容，這又如何？當他們殺人時怎還笑得出來？我覺得想移開我的眼睛，當我看到那些放置在桿子上切斷的人頭……」

這部影片的重點，主要不在歷史上。很明顯地，因好戰、種族歧視的「天皇系統」的沙文主義而引起的戰爭與暴行，雖然受到了譴責，但是那些悚然的笑容，讓森的學生留下深刻的印象。官方對過去所發生的事情的規避，遭到了挑戰，因為目擊了「那時的日本人」——他們的父親及祖父——犯了「微笑」這樣的惡行。經由思考「南京的地獄」，藉著透過認同之眼（侵略者的認同）觀察歷史，以他們老師的說法，他們能夠「創造明天的歷史和連結亞洲人的手」。

正如我說的，這是個政治的觀點，但森的態度也引起了對露絲．潘乃德區別基督教的「罪文化」與孔子的「恥文化」的懷疑。在《菊花與劍》一書中，她做了這樣的區別，[34]該書寫於戰爭期間，目的是想幫助美國情報官員了解日本人的想法。根據她的意見，一個「社會反覆灌輸絕對的道德標準，同時信任人類發展出來的一種良心，在定義上這是罪文化……」，但是在「一個文化中，當羞恥是主要的道德約束力時，那些我們期待大眾會感到罪惡感的行為，使得人們非常煩惱。」無論如何，這個「煩惱不可能像罪行一樣，藉著告解與贖罪而解消……」一個「人即使將他的錯公開向神父告解，也無法體驗所謂的解脫。只要一天他的不良行為『不傳到世界上』，他就不會有麻煩，對他而言，告解顯然只會為他惹來麻煩。」

這是人類行為的機械論之觀點，也是典型的社會人類學家的觀點。它不完全錯，然而它充其量只是個有限度的解釋：有著太多的例外，有太多的德國人連最輕微的告解願望也沒有，而且有太多的日本人像森一樣，努力地公開他們國家的「罪惡」，無疑地，這意味著一種贖罪的表示。這也是為什麼他們旅行到中國和東南亞向前受害者致歉。無論如何，罪與恥並不像露絲．潘乃德所提出的那麼容易區別。一部分德國人的誇張的親猶太主義，是出於個人的罪惡感，或者國民的羞恥？這和日本年長的觀光客到中國旅行時，對每個中國人的寒暄方式，就像多年不見的老友有何不同？米切利希夫婦沒有在《無力哀悼》一書中議論說，「否認的過程，以同樣的方式擴大到罪、哀痛和恥的事務上」嗎？如果記憶全然獲得承認，米切利希夫婦在一九五〇年代所寫有關德國人的文章說，「那只是為了平衡自己的罪惡與他人的罪惡而已。有人宣稱，許多恐怖之事不可避免，因為它們受到對手所犯的罪行的影響。」這正是許多日本人所宣稱的，而且至今依然如此。為什麼森堅持要他的學生用侵略者的觀點審視過去發生的事情，原因也在此。

明顯地，學生極度震驚。極端暴力的遊戲，總是特別令人震驚。黨衛隊隊員很愉快地將他們定期在集中營的囚人身上所做的私行，稱為「運動」。命令老、病的人，去做謀殺性的肉體工作，也叫做「運動」。讓猶太祭司相互騎在肩上或背上，然後把他們打到死為止，這也是「運動」。當受害者必須遭到羞辱及毀壞，嬉戲便進入殺戮事件裡頭。在私刑和謀殺中，別出心裁本身，就變成一種運動的形式。因此，最惡名昭彰的南京大屠殺也是一種運動的動作，這大概不會是巧合吧。它不是最惡劣的暴行故事，但它擁有所有想像的要素，所以，容易引起人們的想像。它是一個全能與英雄氣概的邪惡故事。這事件發生的四十餘年之後，在日本，它變成強烈「爭論」的話題。兩位年輕的軍官N中尉與M中尉在前往南京的途中，決定要測試他們的劍術：誰先砍掉一百個中國人的頭，誰就是贏家。於是他們在中國兵裡砍殺，以真正的武士方式割取頭皮。M中尉獲得一〇六片，N中尉取得一〇五張。

這個故事在東京一家主要報紙上製造出一則活潑的頭條[35]：「誰將先馳得點！兩個中尉宣稱已達八十片了。」在南京紀念館中是一張這兩位朋友的新聞照片，洋溢著年輕人的生氣蓬勃。在報導中，N中尉自誇說，連砍了五十六條頸子，祖傳的武士刀刀口還是鋒利依舊。下一個報導中則有這樣的頭條：「快投前進！」[36]這是以往像棒球術語一樣，被政府審查員所禁止的危險美國文獻。

後來，回到日本，M中尉開始修正他的故事。在他以前就讀的高中演講時，他說，事實上在實際的戰鬥中他只砍了四五人頭而已。至於其餘的……「在我們佔領這個城市之後，我站著面對一條水溝，我告訴中國戰俘向前進。由於中國兵很笨，他們曳足而行，一個接一個，所以我乾淨俐落地砍掉他們的頭。」[37]不過，甚至這也是個錯誤的吹牛。有個參與南京戰鬥的日本老兵告訴我說，這是個捏造的平庸故事，或者至少是日本記者渲染的，因為他們奉命以英雄主義的故事娛樂國內的戰線。

無論如何，百人斬的故事，在日本很快就被遺忘了。但是在中國它卻變成戰時口頭傳說的一部分。有名的《朝日新聞》記者本田勝一，在南京被告知這個故事。他寫成一系列的文章，[38]後來集結成冊，書名《中國之旅》，出版於一九八一年。這本書鼓舞森正孝對日本戰爭產生更深一層的興趣。它也在右翼的圈子裡引起騷動。山本七平，因為在他的書中比較日本人和猶太人而出名，寫了一系列的論文攻擊本田的報導。這個攻擊加入了其他的知識分子，每當民族的顏面需要保衛時，經常這些人都會挺身而出，而這整件事情擴大為「南京大虐殺論爭」。一九八四年，一本反本田的書出版，[39]作者是田中正明，書名《南京虐殺之虛構》。

這些民族主義的知識分子被他們的評論者稱為「御用學者」。這是一個不容易翻譯的名詞，但是暗示的意思是「官方的學者」，他們聽命於政府。這些人（幾乎都是男性）也許沒有受到學術機構高度的尊敬，特別是在歷史學者之間，同時有許多人還是熱心的馬克思主義者，但他們對於大眾的意見卻有相當大的影響力，就像電視評論員、講師、流行雜誌的撰稿人一般。他們幾乎沒有一人是專業的歷史學家。像田中便是個退休的新聞記者。

事實上，歷史的論爭差不多完全被日本大學之外的新聞記者、業餘的歷史學者、政論專欄作家、市民權力活動者等所引導。這意味著，類似田中正明這種較為滑稽的理論，從來沒有受到專業歷史學家嚴正的反駁。有一個原因是，在日本只有很少的現代歷史學者。一直到戰後，一個批判性的學者寫有關現代歷史，那將會帶有危險與破壞性，甚至是褻瀆的。天皇的系統，無論如何，是神聖的。另一個原因是，現代歷史還未受到學術性的尊重。它太容易變動、太政治、太引起爭議的。直到一九五五年，東京大學還沒有一位現代歷史學者。歷史停在約十九世紀的中葉。即使現在，年長的歷史學者認為，最好將現代史留給新聞記者。

針對南京大屠殺的爭論，並非很複雜的。田中和其他的人指出，在體力上一個人無法用一把刀砍掉一百個人的頭，同樣的理由，日本的軍隊不可能在幾個星期內殺掉多過十萬以上的人。此外，田中寫道，在那時沒有一家日本報社報導任何大屠殺，因此為什麼它突然在東京戰犯法庭中被提出？他承認有少數無辜的人死於兩軍交火之中，但這種死亡是偶然發生的。無疑地一些士兵有點粗魯，但那是基於「戰爭心理」。「不像在歐洲或中國，」田中寫說：「你在整個日本歷史中，找不到一個有計畫、有系統之謀殺的例子。」這是因為日本人有著與中國人或西方人「不同的價值觀」。

暫且將更細緻的日本價值觀放一旁，田中關於有系統之謀殺的論點，是值得注意的。既然作為暴行象徵的南京大屠殺，被一些人看做是日本的滅絕行動，那麼把這件事弄清楚，就變得很重要了。然而說它並非有系統的這個論點，也是被官方學者的左派反對者製造出來的。例如，歷史學者家永三郎沒有否認南京大屠殺的規模與恐怖，[40]他寫南京大屠殺「也許在上海戰役之後，對於中國強烈抵抗的一種反應」。家永的說法雖然好像是對正統派保守觀點的猛烈批判，但卻是超乎責備的——這些對於他的學術生涯是沒有幫助的。不過，他甚至也辯護過一個所有的辯護者也都辯護過的爭論：「在戰場上，人面對人類生存的最高點，生與死。極端的行為，即使在道德上仍是不容許的，在心理上或許是難免的。無論如何，暴行若非因戰場危險與緊急狀況而引起，反而根據計畫來實施的話，這便是邪惡的野蠻行為。我們的德國『盟友』的奧斯威茲毒氣室，以及我們的敵人美國的原爆都是典型的、有計畫的暴行。」

某些馬克思主義者，不光是在日本，甚至將這個爭論推往更深一層。海納．穆勒陳述道[41]——與他的短評相同，認為奧斯威茲是「啟蒙運動的最後舞台」——原爆是「最後審判的科學性替代品」。在穆勒的看法中，這個答案是將戰爭人性化，將人對人的戰爭以科學的殺戮來取代，因為「戰爭是接觸，戰爭是對話，戰爭是自由的時間。」

表達這個說法的另一種方式是，戰爭是運動。如果對南京大屠殺而言，百人斬的競賽是一種隱喻，使得它較有人情一些，或者說至少比起毒氣室與原爆是較有人性的暴行。嗯，也許吧。南京不是一個超自然的啟示，或者是消滅整個種族的部分嘗試。然而剩下的問題是，數千名婦女遭強姦與殺害，以及在連續六個星期內，屠殺數千乃至數十萬非武裝的民眾，是否還可以稱為戰事沸騰中的極端行為？這個問題是一針見血的，特別是當這樣的極端暴力被一個意識型態——教導侵略者殺戮較差的種族，乃是合乎他們神聖的天皇之意志——證明為正確之時。

最後這個重點，是右翼民族主義者尤其不情願承認的，而偏偏是左翼的老師、活動者和學者特別想強調的。森的錄影帶一開始，運用了皇室的菊花形象與軍靴行進的聲音。對於左翼人士或自由主義者都一樣，南京大屠殺是受到天皇崇拜（帝國主義者）所支持的日本軍國主義的主要象徵，這就是為何它是戰後和平主義的主旨。因此，憲法第九條是有必要的，以避免另一次的南京大屠殺。然而，右派民族主義者採取了相反的觀點，為了恢復真正的日本認同，天皇必須被當做國家的宗教領袖一般地復職，同時，第九條必須重新修正，讓日本再度擁有合法的軍事力量。基於這個原因，南京大屠殺或者其他極端的日本侵略事例，必須被忽視、弱化，或者否認。

在象徵後面的陰謀，是如此地分離與如此地強固確立，因而阻礙了有關一九三七年真正發生了什麼事情的理性與歷史性質的討論。一方愈是堅持日本的罪行，另一方愈是堅持否認它。南京論爭中的誇張言辭，尤其在修正主義者這一方，既不理性又非歷史的。在《南京虐殺之虛構》一書中，田中正明指責本田勝一和他的自由主義散播「敵人的宣傳」。另一位著名的修正主義者渡邊昇一，為田中的書寫了一篇序。正像田中，他不是個歷史學者，而是英國文學的教授。渡邊攻擊本田的宣傳「東京審判的歷史觀點」，它私自添加罪行在「不僅那時的軍官與人們，而且還在所有日本人，事實上在我們還未出生的小孩」身上。

儘管他們多少處於第二流知識分子的地位，但身為南京大屠殺的修正者，卻像令人討厭的怪人一樣，無法被打發走，因為他們不像那些辯稱大屠殺從未發生過的人，所以不被限制在極端主義者的邊緣。他們有一大群聽眾而且也受到有力的右翼政客支持。在名氣大又能言善道的前閣僚石原慎太郎，在與渡邊昇一合著的《日本可以說「不」》書中，否認有任何異常的事情曾經發生在南京。當石原接受《花花公子》雜誌訪問，被問到對南京大屠殺的看法時，他說：「據說在那裡製造了大屠殺，但那不是真的。那是中國人編造出來的。它曾污染了日本的形象，但那是個謊話。」

左派自由主義者當然很生氣，而且活躍者當中的少數人企圖製造混亂。此時，有個新團體成立名為「不會容忍石原聲明的京都市民協會」。他們發行了一本小冊子，內容包含石原對社會批判的回應。他試圖調解：那是真的，他寫道，那些被迫來日本工作而死於原爆的台灣人和韓國人，是無辜的受害者。但他看不出有必要修正對南京大屠殺所做的聲明。他說，日本人應該透過他們自己的眼睛去看自己的歷史，因為「如果我們信賴外國人和外國的資料，而他們又利用歷史作為宣傳時，那麼，我們會陷入喪失我們自己的歷史感的危險中。」這是另一種透過認同之眼去看歷史的變體。

石原慎太郎的意見，是我為什麼在一九九一的夏天之間，坐在窒悶的飯店房間的原因。飯店座落在一條兩旁有行道樹的忙碌街上，這個區域過去有許多西方的大使館和醫院——一九三七年時以安全地區出名，實際上卻從來沒有真正安全過。日本部隊會進入這個地方，並且把中國男人集中在一起，以找出隱藏的士兵。那些手上有胼胝的，便讓他們走，因為他們被認為是農人或工人。其他的人則歸類為士兵，同時送去槍決。他們的屍體則被丟棄河中。

我們是個混雜的團體，聚集在這家飯店是為了參加有關南京大屠殺的會議。兩位主要的組織者是華裔美國人。一個是生意人，另一個是住在紐約的牙醫。牙醫在戰後出生，而生意人在一九三七年已是個小孩。他們說他們的介入不是因為愛國主義。其他出席者，包括來自中華人民共和國各地的中國人。在他們之中，有一位學校教師、一位律師、幾位大學教授，還有，令人好奇的是，一位穿便衣的警察。也有一位年長的美國人，他的父親在日本戰爭期間是一位記者。他拿著一個大厚紙板圍著他，上面貼了許多日本暴行的舊新聞照片。他始終把臉望來望去，如果他認為你值得，就會揭開寶藏讓你看。最後，有各色各樣的日本團體，男女都有，許多是學校的教師。其中有一位是森正孝。

這應該是個有更多代表的大型會議，也應該在南京大學內合適的大廳舉行，可是中國政府在最後關頭拒絕給予許可，或者這只是兩位華裔美國人單方面的說法。想當然爾的理由是，因為日本首相突然來北京訪問，而且中國正想向日本要求一個條件較好的貸款條件，所以，一個關於日本戰爭罪行的會議，顯然是不合時宜的。不過，某些熱心人士的非正式集會，看起來倒是許可的。其實，給予日本的良心一點小刺痛，或許不是全然不合時宜的吧。我們喝茶，同時等待一些大屠殺的倖存者到來，他們答應給我們他們的個人報告。日本人幫我們照相，也相互照了像。他們大多四十來歲。有些男人蓄長髮。多數的女性穿牛仔褲。沒有人說英語或普通話。華裔美籍牙醫擔任翻譯，他曾在日本唸過書。

延遲了一段時間，倖存者到達，共有一女三男。他們有著那種終其一生在戶外從事勞動的、黝黑得像皮革的皮膚。他們穿著簡單的藍色服裝。男人戴著毛主席帽。其中一人經常微笑，露出一張幾乎沒有牙齒的嘴巴。他說了第一個故事。他說，日本人將手榴彈擲進河裡，然後命令他去拾回死魚，以此作為消遣。接著用火炬靠近他的皮膚來使他「乾燥」。後來他被機關槍掃進河裡，但總算勉強活下來。他說，日本政府有責任付他補償金。

接著輪到女人說話。她捲起一條褲管，露出一道長長的棕色疤痕，有些日本人靠近來照相。這個女人當時只有兩歲。她說，日本人用刺刀刺她。由於記憶太痛苦，他再也說不下去了，但她仍要強調的是，日本政府應該支付賠償金。

輪到一個短小精悍的男人說話。一九三七年他十七歲，從他家被強拉去一家鋸木廠，還連同其他的人，光著身體，被迫跪在地上。中國人一個接著一個遭斧頭猛擊。脖子嚴重受傷，但總算設法逃脫，回到家裡一看，已經全部燒毀了。他讓我看了他的疤痕，並且說日本人應該賠償。

森開始提出問題。他很有興趣想聽多一點細節。包括這些事情發生的正確日期？在幾點？在哪裡？他出示了一張地圖。天氣像什麼樣子？這些問題也許衝擊了某些人，因為它的孟浪，或者太急切。但是，我羨慕他的堅持。對他而言，真相比情緒的顯示更為重要。

第四位倖存者告訴我們他是如何與其他約五千人一起被帶到河裡去。他的聲音聽起來是厭倦的，似乎同樣的事情已經說了太多次了。他的眼睛沒有聚焦。然而他給了一個令人驚駭的報告。他說，坐在馬背上的日本軍官命令所有人排成一列。然後開始射擊。那是來自河堤上的機關槍。他牽著弟弟的手，父親站在他們後面。父親和弟弟死了，就像所有其他人一樣。日本人藉著用刺刀插入任何仍在活動的身體，以確定死活。這個人假裝已經死了而存活下來。往後的三小時他靜靜地躺在仍在淌血的屍堆中。當日本人灑汽油在他和其他屍體上的時候，他設法爬了出來，只差一點就被火燒著。

有一小段的沈寂。有個日本女人用粉紅色的手帕輕拭她的眼睛。一位日本教師代表——根據他的名片——「反映亞太地區戰爭受害者並銘刻於我心的論壇」，站起來用日語致辭，經翻譯成中文，他說：「我們要表明，過去發生的事情不能只歸罪於軍國主義。今天我們自己承擔責任。這是為什麼我們決定每年八月十五日到南京訪問，因為我們覺得，如果我們受到受害者靈魂的鼓舞，我們只能談論有關和平。聽了你們的報告，我覺得在中國人和日本人之間，能夠建立起友誼。由於聽了你們的故事，我們能夠朝世界和平去做。」

一位來自南京的醫生，閉起眼睛，唱一首歌，一邊手還打著拍子。證人微笑，而其他中國人也加入歌唱。它是一首老歌，追念一九三一年的九一八事變，當年日本開始它的滿洲併吞主義。接著的是一個令人感動的演說。一位中國律師攻擊「日本軍國主義」並公開承認他的喜愛和平。他說，政客石原慎太郎攻擊中國人，尤其是南京人：「我們希望喜愛和平之人的支持，以抵抗日本軍國主義的復甦。」

這個破舊的房間，又熱又過度擁擠。空氣中充滿濃濃的煙霧。我覺得檢查倖存者熱心展示的疤痕，是苛求的。而且雖然我同意日本政府有義務釐清有關過去的事情，同時日本對於賠償也不慷慨，但是，在一個領導人才剛把軍隊朝向自己人民的國家裡，所談論的都是日本軍國主義復甦的、自以為是的老生常談之說，著實令我生氣。會議的氣氛，暗示軍國主義仍然是個繼續存在的、甚至是日本人與生俱來的問題。

我問了其中一位倖存者，他什麼開始向公眾述說他的戰時經驗。他說，一九八二年。為什麼從那時開始？他提到日本教科書的醜聞。當一九八二年新聞傳到中國，說日本文部省在學校教科書中做了改變，否認侵略戰爭中日本人的責任，因此，中國政府挑選了在南京的倖存者，讓他們站出來敘述他們的故事。還有一個倖存者所沒有提到的原因：南京曾經是蔣介石領導的國民黨政府首都，這段事情早從共產黨對抗日本法西斯主義的奮鬥中消除了。「也許，」這個人說：「雖然有政治的原因，但我們的感覺還是不變。」

一九八二年的教科書故事，根據日本新聞的報導，文部省將「入侵中國」的字眼，改為「前進中國」，而且南京大屠殺的參考資料也被取消。事實上，這個故事是錯誤的。這個改變在幾年前便已發生，在日本也引發爭論。但是，這個一九八二年教科書的故事，並無事實根據。保守的《產經新聞》為了這個錯誤向讀者道歉。《朝日新聞》卻沒有。不過，對中國政府來說，爭論來的正是時候。鄧小平遭到軍方和共產黨內部的對手批評，因為他對美國和台灣態度過於溫和。而且就在日本首相計畫訪問北京之前，一個日本貿易代表團到台北訪問。因此，讓日本難堪對鄧小平有利，可以把國內的矛頭稍稍轉向。

教科書問題提供了一個有利的機會，可以提出南京大屠殺。中國政府決定藉著建築一座特別的紀念館來追念它。那是一個位於郊外、黯淡又維修不良的地方。圍繞現場四周的村莊，打從日本人在那裡的時候，至今幾乎沒有改變：低矮的磚頭與泥土房子，狹窄的巷子內，小孩子在塵土中嬉戲，有人騎著腳踏車前往市場，把雞脖子掛在車把上，雞還發出咯咯的叫聲。據說大屠殺發生在這個地方。有人告訴我，地底下埋有許多人骨。

紀念館是一棟水泥建築，四周圍繞著巨大的石頭公園。石頭有各種不同形狀和大小，上面題著大屠殺現場的名字以及遭屠殺的人數。前往紀念館的主要入口上面，是個巨大的中英文銘刻：「受害者：三十萬。」在建築物內兩側的走廊，有兩個被玻璃保護的長形沙箱，據稱是中國受害者遺物的骨頭和頭顱，被擺在沙裡面。滿佈灰塵的布簾和蜘蛛網從陰濕的天花板垂下來。在主廳內有個標示解釋說，建築這個紀念館是「為了追念在反日本戰爭中，中國民眾的勝利。」它的目的是，「為了教育民眾，鼓勵他們加倍努力以強化中國，並且支持中國的和平與獨立的外交政策，同時加強中日人民的友誼，以及為世界和平而努力。」

最有趣的展覽品是，事件發生地的指揮官所分派的日本陸軍正式的文件。文字所洩露的比遭塗污的暴行照片還多。大量殺戮最普通的表現字眼是「整理」與「處理」，就像「特別處理」這樣的用法。有人給我看了一捲以前已經看過的記錄片錄影帶：屍體被丟進深坑，肚破腸流的婦女，大笑的行刑之人。影片最後的旁白是，「南京受了很大的災難，同時在對抗法西斯主義的奮鬥上，對世界有著重要的貢獻。」

當我走出紀念館，我看到其中一個年輕日本教師，換上僧袍並數著念珠為死去的人士祈禱。另一位教師則替他拍照。同一個團體的年輕女士交給我一本小冊子。它是份有趣的文件，因為其中包含了參加先前重大活動而訪問南京的團體成員的報告。又一次，他們的情感經常與「恥文化」與「罪文化」全然不一

致。甚至在那種使用「はずかしい」[42]這個字眼的地方，它的意義不可能從西方的罪惡觀念中區別出來。

「我知道那將會很困難，」一位日本的訪問者寫道：「但是在我們到達目的地後，我覺得自己被承受如此難以言喻的暴行之中國人的悲哀和憤怒附身。待我知道我是那些日本人的後代，我幾乎崩潰了。我感到混亂，但無論如何，我一直思考著，死人應該說話！南京的受害者應該起來並攻擊我們日本人！對於活在戰後的我們，卻沒來清潔自己的過去，若不來體驗羞恥，我們將不能形成一個新的歷史觀點。」

我在南京最後停留的地點叫做雨花台，這裡曾經激戰三天。有一個醜陋的紀念物標明此地是最嚴重的大屠殺地點之一。它是一個陰莖狀的巨塔，有樹木從中間將無產階級主義中國英雄對抗法西斯主義的紀念雕像與之分開。這裡也是M與N中尉在接受中國戰犯法庭審理他們殘酷的劍術遊戲後，接受極刑之地。

M中尉的女兒寫了一紙長篇論文，發表在某一個永遠攻擊「歷史的東京審判觀點」的民族主義的雜誌中。她認為本田勝一破壞她父親的名譽，是件無恥的事情。他對於遺族成員完全沒有一點敏感性嗎？沒有什麼比她父親更希望的，便是中日之間的和平與和諧。當謊言到處傳播時，他如何能安息？在和她父親的靈魂交談後，她的導遊叫她，說遊覽車正等著，該往下一站出發了。「後來，」她說：「我挖起一些紅色的泥土，把它包在我的手帕裡。我覺得彷彿這些泥土吸收了我父親的味道。」

一九八〇年代的後期，就在教科書事件與昭和天皇逝世之間，在日本發生某件有趣的事。少數的日本皇軍老兵開始談他們的戰時經驗。他們的陳述被錄影下來，並在私人組織的展覽會中展示，像在東京的天主教堂舉行的「為和平而戰展示會」便是一例。這些老兵已七、八十歲。多數是普通士兵或中級軍官。也許因他們曾接近死亡，使得他們願意談談，或者因為他們多數的上級長官已經不在人世；讓他們保持沈默的壓力較少，要顧及的面子也少些。而同樣的事情發生在昭和天皇死後；似乎許多禁忌突然間可以公開了。就像一個年輕的歷史學者告訴我的，天皇是所有人的最高長官。

其中有一位老兵，是來自京都府的生意人，叫做東史郎。他是第一個在一九八七年公開講話的人，而且引起極大的轟動。電視採訪人員和新聞記者親臨他所居住的、靠近海岸的小鎮，錄製他的證言。右翼的愛國者威脅要殺他。他遭到退伍軍人協會投反對票不讓他加入。然而他已無法保持緘默。事實上，他說了又說，彷彿他的餘生就靠這個支撐了。東史郎一九三七年的冬天在南京。

一九九二年，當東先生到位於京都東邊小鎮的車站來接我時，已八十一歲。方臉、矮胖，頭髮染成帶紫色調的黑色，看起來比實際年輕，因此，他感到自傲。他幾次要我猜他的年紀。我說，大概六十五歲。當開車離開車站往他家的路上，通過了為群山包圍、景色很美的水稻田，他打開車內置物箱，拿出一個指環銅套。他邊說：「萬一右翼人士企圖不軌。」一邊戴在他手上。

東先生的房子，以傳統日本風格建造，有榻榻米和紙拉門，裡面充滿了中國藝術品。牆上掛著有捲軸的中國畫，紙拉門上裝飾著中國風景，是一個北京畫家的作品。東先生說，有些是一個中國共產黨老幹部送的禮物。因為這個人的兒子在日本讀書時，東先生曾經照顧過他。

東先生的妻子為我們泡茶。他開始聊他的妻子。東先生出生在這靠海岸的小鎮，他的父親在這裡經營生意很成功。他是個被寵壞的小孩，導致他有個放蕩的學生生活，甚至還把零用錢花在地方的妓院。當一九三七年，他被抽中進入陸軍服役時，正為性病所苦。

軍旅生活是嚴格的，但是他從來不問為何而戰。這是天皇的意志，而且勝利會以各種方法被證明是正當的。無論如何，他怨恨他的上級長官。他說，他們是『懦夫』。對他而言，再沒有比說人懦夫更嚴重的了。他的排長，一個畢業於軍校名叫森的年輕人，便是個懦夫。他喜歡裝腔作勢，卻沒有膽量從事戰鬥。其實，東先生不覺得他和其他任何的一位同伴有很大差別，除了一位叫樋口的技術生。樋口是唯一在戰場上還會讀書的人，而且不會「有泥土在他的靴子上」。有個晚上他死在中國，因為在慌亂中遭自家人誤殺。東先生掩護他的朋友，而被腦漿濺到大腿上面。

東先生始終喜愛書籍。他說，樋口離開之後，他成為排中唯一讀書的人。我問他在中國時讀什麼書？他說，賽珍珠的《大地》和希特勒的《我的奮鬥》。兩本書都令他賞心。也有《我的奮鬥》？他說，是的。他崇拜希特勒。令他特別印象深刻的是，聽說德國士兵不准強暴外國女性，以免污染日耳曼種族的純潔。他說，這種事情對於在中國的日本部隊不會造成困擾。

「性慾是人性，」他說：「既然我苦於性病，我從來沒有真正和中國女人做那檔事。不過，我偷窺她們的私處。我們總是命令她們脫掉長褲。如你所知，他們一向不穿內褲。但其他的人則與任何一個橫過我們的道路的女人做那檔事。事情本身不是太差，可是，之後他們把她們殺掉。瞧，強暴是違反軍事規則的，所以我們必須破壞證據。當女人被迫性交時，她們還被視為人類，但當我們殺她們的時候，她們不過是條豬而已。對此我們不覺得有什麼羞恥，沒有犯罪感。如果有，我們不可能做得出來。」

「任何時候我們想進入一個村莊，我們的第一件是就是偷取食物，然後抓女人來強姦，最後將所有的男人、女人、小孩全部殺死，因為我們必須確定沒有人逃走去向中國軍隊報告我們的行蹤。否則，我們將無法在晚上睡覺。」

因此，很明顯的，南京大屠殺是積聚無數的小規模屠殺而成的大屠殺，但它是個沒有滅種意識型態的大數量謀殺。它是野蠻的，但對於東先生和他的同袍來說，野蠻行為是戰爭的一部分。這是一個甚至在戰爭期間讓許多日本小說家深思的題目：正常人變形為野蠻殺手。石川達三目擊了南京大屠殺並且在一九三八年寫了一篇短篇小說，名為「活著的士兵」。文中包含了這樣的句子：「殺戮敵人的士兵，是為了笠原下士，那與殺條鯉魚完全相同。」【43】

東先生再繼續他的故事：「最糟糕的一次，而且讓我永生難忘的，是殺一個老人和他的孫子。這個孩子遭刺刀刺殺，祖父開始吸吮這孩子的血，好像這樣可以使孫子的生命延長些。我們看了一下，然後把兩個都殺了。再次，我不覺得罪惡，但是這種事造成我的困擾。我覺得混亂。所以我決定寫日記。我想或許它可以幫助我理清頭緒。」

南京本身——雖然他後來談到它稱為「地獄劇院」——對東先生並沒有特別重要。他說，他耗費許多時間在牌戲上。偶而他們這一排必須去搜捕隱藏的中國士兵，但他從來沒有參加過處刑。我問他為什麼不，我想知道何以有些日本人參與大量捕捉以及殺戮，而有些卻沒有。他說，這個決定權在排長。他的排長森，是個懦夫。他的意思是，處死刑讓森太容易嘔吐嗎？這當然是件好事。東先生發出咕嚕之聲說：「嗯，也許是吧……」

無論如何，他的確有朋友參加殺戮行動。有個人叫做松田六輔，用他的機關槍在長江邊殺了五百人。一九八〇年代晚期，東先生在他臨死前到醫院訪問他。松田擔心他會去地獄。東先生試圖使他安心而說，那只是奉命行事而已。可是，松田依然相信他即將去地獄。

就在他輪調到南京後不久，東先生患病而被遣送回國。他設法隨身帶著這本日記，即使這樣的日記也經常被憲兵充公。在他待在日本的期間裡，把他的摘記改寫成較為前後連貫的報告，希望將它留給未來的孩子。他依舊不懷疑戰爭是正義的，因此為了勝利必須付出所有代價，但是，他想留下記錄：一個普通的人能夠變得多麼暴力。

這個報告被包裹起來而且貯放在一個小櫥內，一直放到一九八七年。事實上他有五個孩子，但沒有任何一個人對他們的父親的戰爭經驗，表示出最輕微的興趣。東先生說：「它從來沒有被討論過。」他是有個兄弟，也曾在中國服過役，可是就在我與東先生見面前一個禮拜，於前往喝酒途中車毀人亡。他的兄弟也從未談到戰爭。他的老戰友如何？我問，他們怎麼討論戰爭？

「喔，」東先生說：「我們不太談到它。當我談到它，我們使它正當化。中國抵抗我們，所以我們必須做如同我們所做的。我們沒有一人感到任何的良心不安。而且包括我自己。」

東先生給我看了一些他的退伍軍人協會的照片。那些是年度郊遊在鄉村旅館攝取的照片。所有的人按照嚴格的階級順序或站或坐。毛利，一個矮小、臉孔細緻的人，坐在前排的正中央。最早的照片攝於一九四〇年代後期。大家看起來都年輕，帶著他們粗略的特徵，剪短的頭髮，緊繃的軍人表情，相當有威脅效果。最新的一張，拍攝於一九八四年。某些人的臉垂了下來。這些還活著的人看起來像是退休的銀行經理。

東先生的記憶、他的日記、每一件有關他的過去，如果沒有計畫要在京都建造一所新的戰爭紀念館的話，無疑地將會被遺忘。位於立命館大學的新紀念館館長在尋找戰時日記，有人告訴他有關東先生的事。這本日記從小櫥中移出來，撣去灰塵，送到大學去。這些資料讓紀念館的工作人員印象十分深刻，他們要求東先生舉行記者會。他答應，這件事改變了他的生活。在他家舉行的記者會，不是一種告解的形式——沒有證據顯示東先生懼怕地獄的景物，也沒有包含政治的訊息——東先生不是個和平主義者。他只是說出戰爭期間在中國所看到與所做的事情。

對上述事件外界的反應很迅速。由於受到傷害舊屬部隊之榮譽的指控，他的退伍軍人協會給了他帶著「懲罰」的威脅。匿名信或簽著「愛國者」之名的信件紛紛到來，並以死威脅他。不過也有來自個別的市民信件，表示支持之意。他受到支持者的鼓舞，但也被威脅者激怒。「我總是相信那是個正義之戰。可是威脅者、辱罵的電話、信件，它們讓我震怒。我只是實話實說。可是他們要我住嘴。如果我不能說出真相，我永受天譴！」

東先生開始兇暴地寫有關戰爭、有關軍事教育、有關天皇的責任，有關東京戰犯法庭的文章。他說，審判是件好事，但日本人應該舉辦自己的審判；天皇是懦夫，懦夫之中最大的懦夫，因為他逃避責任。當記錄於一九四六年，有名的文件〈天皇的獨白〉出版於一九九一年之時，東先生顯得特別地生氣。它顯示了天皇確實是心知肚明的、好戰的、利己的。東先生說：「我們為他而戰，我的朋友為他而死，可是，他甚至從來不道歉。」

天色漸晚。我們坐在榻榻米上用晚餐。外面的風景——松林、水稻田、遠山——蒙上一層昏暗。東先生倒熱酒進我杯中。他變得越來越激動。「他們將天皇變成一個活神祇，一個錯誤的偶像，就像伊朗的何梅尼或者金日成。因為我們相信神聖的天皇，我們準備好去做任何事情，所有的事情，殺戮、強暴，任何事情。不過。我知道他每天肏他老婆，就像我們所做的一樣……」

他暫停，降低聲調。「但是你是知道的，在日本我們不能說這些，甚至今天。在這個國家，說真話是不可能的。」

又一次，他告訴我他朋友樋口的故事。他忘了他已經告訴我一次了。他描述當朋友死去，腦漿噴出來時他的感受。東先生用他的手背擦擦眼睛。「那個混帳天皇……！」他說。

我們回到我預定住宿的小旅館。那是一棟靠近小港灣的傳統鄉村小旅館。我們都喝到不能再喝，蹣跚地走進旅館。高大、表情相當哀傷的旅館經營者，領著我們到我房間，但首先他要給我們看樣東西。他的小舅子剛完成隔間牆的粉刷工作。我們恭敬不如從命。因此，身體晃來晃去的我們，站在一個大日式房間的中央，四面都是當地風景的日本畫。有個港口，有山群，有岩石在港灣中，上面長著松樹。

「現在讓我給你們看個有趣的東西，」經營者說：「看到岩石了嗎？」我們點點頭。「看起來很大，對吧？」我們又點點頭。「現在走到房間相反的角落——繼續走……」我們照做了。「現在突然看起來變小了，不是嗎？」他說：「這叫做觀點。」

注釋

[1]「過去就在我們的骨頭之中」：Christian Meier, *Vierzig Jahre nach Auschwitz: Deutsche Geschichtserinnerung heute*（Munich: Deutscher Kunstverlag, 1987）, pp. 75, 63.

[2]「人們開始了解」：George Steiner, *Language and Silence: Essays 1958-1966*（London: Faber & Faber, 1967; New York: Atheneum, 1967）, p. 137.

[3]「這些箴言」：Stephen Spehder, *European Witness*, p. 7.

[4]「殘餘的基本原理」：Hans-Jürgen Syberberg, *Hitler: A Film for Germany*, trans. Joachim Neugroschel（New York: Farrar, Strus and Giroux, 1982）, p. 9.

[5]「彼得．魏斯……訪問奧斯威茲」：Amos Elon 在他的書 *Journey Through Darkness*（London: Andre Deutsch, 1967）裡，描述了同樣的訪問。

[6]「經歷了無數次的黑暗」：Peter Demetz, *After the Fires: Writing in the Germanies, Austria, and Switzerland*（New York: Harcourt Brace Jovanovich, 1986）, p. 47.

[7]「魏斯……寫了一齣戲劇」：前揭書，頁五五。

[8]「精神勞動（spiritual labor）」：Quoted in A. Söllner, *Peter Weiss und die Deutschen*（Wiesbaden: Westdeutscher Verlag, 1988）, p. 184.

[9]「霍希胡特的少數」：Marcel Reich-Ranicki, *Die Zeit*, March 6, 1964.

[10]「沒有任何一方面」：Demetz, *After the Fires*, p. 29.

[11]「沒有人能夠真正描寫它」：Elon, *Journey Through a Haunted Land*, p. 244.

[12] 譯註：也稱為「猶太人問題的最終解決」，指的是第二次世界大戰中，納粹對於歐洲猶太人組織性地大屠殺的計畫。

[13] 譯註：原文作 anus mundi，指的是奧斯威茲。

[14]「身為故事的敘事者」：見 A. Goes 著，*Das Brandopfer*（Frankfurt: S. Fischer Verlag, 1954）。新的前言寫於一九六五年。

[15]「把他的故事告訴」：Wolfgang Koeppen, *Jacob Littners Aufzeichnungenn aus einem Erdloch*（Frankfurt: Jüdischer Verlag, 1992）.

【16】「一個……美國電視劇系列」：Anton Kaes, *From Hitler to Heimat: The Return of History as film*（Cambridge: Harvard University Press, 1989）, p. 31.

【17】「美國人……竊取我們的歷史」：前揭書，頁一八四。

【18】「最後舞台」：Heiner Müller, 一九九〇年七月接受 *Transalantik* 訪問。

【19】「在觀賞《猶太人大屠殺》之後」：*Briefe an den WDR*, edited by Heiner Lichtenstein and Michael Schmid Ospach（Wuppertal: Peter hammer, 1982）.

【20】「他不必想」：Martin Walser, *Über Deutschland reden*（Frankfurt: Suhrkamp, 1989）, p.25.

【21】「廣島應該留下廢墟的原狀」：宇野正美，《ドルが紙になる日》（東京：文藝春秋，一九八七年），頁二三四。

【22】「更為古怪的書之一」：高知晃，《広島の空にひらいて落下傘》（東京：大和書房，一九八五年）。

【23】「這個歷史的、記憶中的一段空白」：*Die Tageszeitung*, January 18, 1991.

【24】「即使已經到了一九四九年」：Kyoko Hirano（平野共余子）, *Mr. Smith Goes to Japan: Japanese Cinema Under the American Occupation 1945-1952*（Washington D.C.: Smithsonian Institution Press, 1992）, p. 62.

【25】「一九八三年出版……摘要」：《日本原爆文學》（東京：ほるぷ，一九八三年）。

【26】「電影《廣島》」：Donald Richie and Joseph L. Anderson, *The Japanese Film*（New York: Grove Press, 1960）, p. 219.

【27】「發生……事情」：*From Hiroshima: Three Witness*, ed. and trans. Richard Minnear（Princeton: Princeton University Press, 1990）.

【28】「所有……準宗教要素」：小田実，《爆彈》翻譯者 D. H. Whittaker（東京：講談社インターナショナル，一九九〇年）。

【29】譯註：萊尼．里芬斯塔爾（Berta Helene Amalie "Leni" Riefenstahl, 1902-2003），德國演員、導演兼電影製作人，以其電影美學與對電影技巧的深刻掌握著稱。里芬斯塔爾最著名的作品乃是為德國納粹黨拍攝的宣傳性紀錄片《意志的勝利》（*Triumph des Willens*），該片在第二次世界大戰後受影業排斥。

【30】「再次感到厭惡」：《朝日新聞》，一九九二年七月二十日。

【31】「只有一個英國的作家」：Alan Booth, *Asahi Evening News*, July 20, 1992.

【32】「少數文學傑作之一」：Ibuse Masuji（井伏鱒二）, *Black Rain*, trans. John Bester（東京：講談社インターナショナル，1969）, p. 283.

【33】「戰時歷史的錄影帶與小冊子」：錄影帶的名稱是：「侵略：不可議論的戰爭」；小冊子的名稱是：「所以我們全部走向戰爭」。

【34】「她做了這樣的區別」：Ruth Benedict, *The Chrysanthemum and the Sword: Patterns of Japanese Culture*（London: Routledge & Kegan Paul, 1967; New York: Houghton Mifflin, 1989; 一九四六年第一次發行。）

【35】「這個故事……製造出一則活潑的頭條」：《東京日日新聞》，一九三七年十一月三十日。

【36】譯註：原文作 Fast Pitching Progress。

【37】「在我們佔領……之後」：引自本田勝一，《南京への道》（東京：朝日文庫，一九八九年）。

【38】「他寫成一系列的文章」：本田勝一，《中国の旅》（東京：朝日文庫，一九八一年）。

【39】「一九八四年，一本反本田的書」：田中正明，《「南京虐殺」の虚構》（東京：京文社，一九八四年）。

【40】「例如……家永三郎」：Ienaga Saburo（家永三郎）, *The Pacific War*, 1931-1945（New York: Pantheon, 1978）, p. 187.

【41】「海納．穆勒陳述道」：Heiner Müller，一九九〇年七月接受 *Transalantik* 訪問。

【42】譯註：或做恥かしい（hazukashii），形容詞，意思是羞恥、害羞、慚愧、不好意思……等。

【43】「殺戮敵人的士兵」：石川達三的小說《生きている兵隊》，被引用在 Donald Keene, *Dawn to the West*（New York: Holt, Rinehart and Winston）, p. 913.

第三部

審判的歷史

斯圖加特

在約瑟夫．史旺柏格的身體和外表上，沒有任何東西可以顯示他像個大屠殺者。他有著過長時間待在室內的老男人——或許是年老的公寓管理人——那種蒼白、佈滿老人斑的皮膚。他穿褐色長褲和米色的休閒夾克。曳足而行，彷彿穿著一雙舊拖鞋。他的眼睛是晦暗的灰色調。一九九二年春天，當被判終身監禁時，他八十歲。

約瑟夫．史旺柏格的審判，在斯圖加特的州法院進行，這可能是在德國舉辦的最後一次納粹審判。史旺柏格遭指控必須為謀殺至少三千名猶太人一事負責。可是，倖存的證人很少，而且證據經常是不確知的，所以，他以個人殺死二十五人以及謀殺至少六百四十一人的從犯罪而被判刑確定。

在波昂的以色列大使訪問了法庭，並趁此機會提醒德國人，對於過去發生的事情他們所應負的集體性責任。他告訴德國新聞界說，人們無法將歌德、席勒、巴哈和貝多芬的文化傳承，從納粹政權的恐怖中分離出來。換言之，史旺柏格是民族傳承的一部分，也是德國認同的拼花圖案中的另一塊石頭。然而新納粹青年在法庭外舉行示威，宣稱所有德國的戰爭罪行，都是猶太人的謊言。

史旺柏格的納粹生涯，可以被描述為適度的成功。一九一二年生於南提洛，一九三三年加入納粹黨，與其說他是個早期的信仰者，不如將他歸於投機者一類。一九三九年以黨衛隊的低階軍官身分，被派往今日波蘭的克拉科夫，他成為奴工營的指揮官，該營在一九四二年關閉。倖存下來的兩百名奴工悉數槍斃。他被晉升為資深隊長階級，並成為普熱梅希爾猶太區的統治者，這裡的居民在固定的時段裡，被送往奧斯威茲及貝烏熱茨。他的殘忍與趣味感，對於他這種職位的人並不希罕：用他最喜歡的德國狼犬「王子」來攻擊猶太囚犯，同時他喜歡殺人，而且喜歡在被害人的家族眼前動手。

像他這樣的人，他的戰後生活也沒什麼代表性：他獲得天主教神父們的幫助逃往阿根廷，在那裡他過著平靜的生活，把時間奉獻於飼養蜜蜂。在一九九〇年他單獨被帶回德國；他的審判在隨後幾年展開。

史旺柏格在法庭出現像奇妙地曇花一現；他在那兒，但又似乎不在那兒。每個人——法官、律師、證人、公眾——談論著他，但他保持絕對的安靜。偶而他會像蜥蜴一樣動動嘴巴。他幾乎完全不說話。很難說他是否甚至聽不到什麼。甚至，當有一位八十一歲的老人向法庭說，他自己和其他幾個人在試圖逃出猶太區之後所受的待遇；他們被命令躺在地上，張開嘴巴，讓烏克蘭的守衛小便在口中的時候，他有著薄唇的臉孔，依舊毫無表情。證人說，史旺柏格喜歡這種恐怖的娛樂。

另一男性證人叫做努斯鮑姆，來自美國堪薩斯城，由他的兒子和孫子陪同出席。努斯鮑姆曾是個水管匠。他修理史旺柏格在猶太區的房子。在某種意義上，史旺柏格救過他一命，把他從前往奧斯威茲的群眾中拉出來；因為某個人必須拴住家畜運送車的車門，那個某人就是努斯鮑姆。他後來才了解家畜運送車之一，是用來裝載他家族的。

努斯鮑姆一直在等這一天。他總是保住這個記憶不洩露。甚至他的兒子也不知道這些。「庭上，」他以很重的波蘭腔說：「有太多的故事，我可以告訴您……」例如，有個故事關於猶太祭司在一九四二年贖罪日堅持祈禱而不做重勞動工作；史旺柏格命令大家看著他槍擊祭司的頭部。

努斯鮑姆的記憶看起來是清楚的，而且他的態度是活潑的。他在法庭外面告訴我們說，史旺柏格是隻禽獸。「不，比禽獸還糟糕。禽獸為了裹腹而殺戮。他，他，他，我沒有適當的字眼形容，他是冷血殺手。如果我可以，我會撕下他的右臂，但不殺死他，請注意，只是拿掉他的右手，因為他總是用這隻手射擊，然後把它放在他的左手中。」

法官和律師去普熱梅希爾一探究竟。他們測量了從指揮官以前的房子到他所宣稱的眾多謀殺之一的現場之間的距離。他們有必要在法庭上測試證人的記憶能力。因此，當努斯鮑姆指出舊路標的時候，每個人擁擠在猶太區地圖的四周。他仍然記得每件事。甚至史旺柏格也無法按耐他的好奇心而走過來，越過他以前的水管匠的肩頭窺探一下。

在他再度曳足而行地回到原地，法官問史旺柏格是否記得證人。史旺柏格動了動嘴巴。法官要他說出來。只聽到一個輕柔的「不」。法官顯出不耐煩的徵兆。法官問他說，怎麼可能把所有的證人都忘了，而他們卻可以記住他，即使是細節部分。史旺柏格喃喃地說，五萬人也許記得他，但他不可能記得住五萬人。法官說，他只是單純地嘗試建立起某些與被告的關連。「我正設法讓你說些事情。某些證人對你知道不少。為什麼，其中之一還幫你的狗修毛。」第一次，史旺柏格活了起來。以一種刺耳的聲音，這暗示了很久以前這個人一度習慣於下命令，說道：「讓我把我的狗交給陌生人照顧，這是非常不合邏輯的！」

這個出乎意料的小爆發，把史旺柏格的律師嚇了一跳。他說他的委託人太疲倦不能再繼續了，而且心臟衰弱，需要休息。法官轉了轉眼睛，並宣布休庭擇日再開。

我親眼目睹的這齣迷你劇的設置，是非戲劇的。法庭是現代的、機能性的、幾乎沒有傳統司法權威的裝飾——例如我們在英國法庭中所見到的假髮與其他壯觀的東西。沒有關於訴訟程序的戲劇，沒有儀式。

文件、測量、地圖受到重視，而不是演說術。在訴訟程序中的聽眾們，全部由德國高中學生組成。他們直接來自靠近海德堡的溫泉小鎮巴德溫普芬，還有他們的歷史老師，一個蓄鬍子的「六八學運世代」叫做貝恩德．威茲卡。

在法庭外，努斯鮑姆先生對美國記者說了話。學生們擁擠在被告的律師四周，律師的年齡和他們的歷史老師差不多。他們感到困惑的是，他對開釋的抗辯。他們問他是否真的相信史旺柏格的無辜。「相信，」這個律師回答說：「是屬於教會的權力。我的責任是要確定我的委託人受到公平的審判，以及證人是可信的。」他解釋道，這是很複雜的，因為所謂的罪行，發生在這麼長的時間以前。他說，比起在他的委託人之前宣布有罪，法官需要更大的勇氣在輿論之前宣判無罪。

這些十幾歲的孩子看起來很嚴肅並點點頭。威茲卡發出憤怒的哼聲，說：「對，在過去，我們的法官已顯示了這樣的勇氣了，不是嗎？還有納粹法官又如何，戰後他們從來沒有被整肅……？」

學生之一的一個留著龐克頭的女生問說，有沒有可能證人現在宣稱他所見到的，其實只是聽來的。這位律師正開始要回答，但是威茲卡又發出哼聲並且說，這些證言已經細緻到無法令人相信會是那樣的。

在這裡，有跡象顯示出世代之間的不同。這位老師感到生氣，他覺得個人牽涉其中，所以幾乎沒有空間可以容納懷疑的論調。後來他告訴我說，他的雙親都是納粹黨員。他經常和他們爭論有關過去發生的事情。他們仍然堅持並非所有事情都是不好的，堅持他們是理想主義者，堅持有關猶太人的故事都是誇張的。他聽過所有的藉口，可是他們依舊讓他生氣。他的學生較少介入情感。在訴訟過程中，他們的問題顯示了一種理智上的關注。同時，史旺柏格不可能會是「他們的」父親。

威茲卡告訴我說，這次的法庭訪問，對他的學生有很大的意義。他們已經參觀了兩個前集中營，納茨維勒－斯特魯托夫以及達考，但史旺柏格案件卻留下最深刻的印象。他說，納粹時期的歷史，已經離他們很遙遠，那只是從書本上讀來的，可是，這個審判使得那些遠離的事件活了過來。幾個月以後，其中一個學生寫了篇報導刊在學校的雜誌上：「在聆聽證人敘述有關他所做的殘酷之事的細節後，就比較容易了解這個判決了。」

無疑是這樣的。無庸置疑對於努斯鮑姆先生而言，這個審判也是有益的。他記憶的痛苦，被解除了。那也許是種個人的宣洩吧。能夠見到至少一位倖存者在德國的法庭上面對他的施刑者，這是非常令人感動的，但不是所有的證人都像努斯鮑姆一樣堅強。有個人死於心臟病，證明這種經驗對他是太沈重了。儘管補償的要求，即使只像邪惡之洋中的小小水濺聲，也令人感到滿足。或許如同西蒙．維森塔爾的希望，它會扮演一個警告的角色。無論如何，為史旺柏格感到遺憾是很難的，雖然這狀態令人感到可憐。

然而我覺得坐在斯圖嘉特的法庭並不輕鬆。我特別感到不安的是，那些充滿公眾大廳、穿著五彩繽紛的連帽外套的學生。我的第一個反應是向西德教育鼓掌。事情從一九六八年開始，已有一段時間了。從一九六三年到一九六五年，紐倫堡大審，沒有學校班級參加，甚至在法蘭克福舉行的奧斯威茲審判也沒有。我想，讓他們聽到發生了什麼事，這對老師是比較好。可是，我開始有諸多懷疑。就像相信歸於教堂，歷史教育當然歸於學校。當法庭被用做歷史學習時，那麼表演式的審判的風險，也不會離得太遠。也許表演式的審判是一個不錯的政治手段——雖然我對此也有懷疑，但好的政治手段未必能提供真相。

史旺柏格審判的前四十四年，在紐倫堡另一位非常高階的德國人接受了審判。當德國幾乎佔領整個歐洲之時，恩斯特．馮．魏茲賽克擔任外交部次長。從一九四三年起，他成為駐梵諦岡大使——一個相當重要的職位，因為德國人想確定教皇是否將對「最終解決」保持沉默。不知是否因為魏茲賽克的外交手段高明，教皇並沒有讓他們失望。恩斯特．馮．魏茲賽克的兒子理夏德成為後來的總統，在談論有關德國罪行的負擔上，沒有其他政客談得比他多。

有一個關於年輕理夏德的故事，那時他人在紐倫堡，而審判也正在舉行。據說，他以最佳的德國陸軍軍官的風範，求助一個朋友，並且述說道，他們應該衝進法庭釋放囚犯。這個朋友相當驚愕地問，到底為什麼要他們這樣做。「這樣我們就可以自己來審判他們」這是魏茲賽克所聲稱的回答。就在幾年之後，當德國法庭起訴了太小號的人物時，他的願望得以實現。同時，被選為他父親的辯護團隊的資淺成員。

恩斯特．馮．魏茲賽克被控以共犯身分共同計畫從事侵略戰爭以及從不同佔領的國家驅逐猶太人。第一審宣告無罪，但後來的審判，卻獲判有罪。他簽署了一份文件，文中宣稱外交部長並未反對有計畫地驅逐猶太人。他的主要辯護律師赫爾穆特．貝克辯稱，魏茲賽克是個老派的愛國者，他在極為困難的狀況下，盡其所能阻止納粹做出最嚴重的事情。由於他沒有做到這些，魏茲賽克在上帝的眼中，承認自己的罪行，但不是根據同盟國在紐倫堡所寫下的法律。

一九五〇年，貝克寫道，「在德國，阻礙真正的歷史自覺上，只有少數幾件事所做的比戰犯審判還來得多。」[1]他堅持這個信念。貝克一定很嚴肅地看待這件事，因為對於納粹的過去，他不是個右翼的辯護者，而是個聞名的自由主義者。我到柏林的辦公室訪問他。有一面牆裝飾著細緻的軍事印刷物。另一面牆則是以色列的日曆。

貝克不反對舉行這樣的審判，但是他相信，現行的德國法律應該修正，有關違反和平的罪行（預備、計畫、從事一個侵略戰爭），不該再用追溯的法律。他提到一個事實，亦即在紐倫堡法庭上，史達林的法官希望，特別是除了納粹的侵略以外，大致上應先分辨清楚哪些不該被定罪為侵略戰爭。例如，蘇聯佔領波羅的海三小國或者部分的波蘭，不算是違反和平的罪行。同時「彼此彼此」原則[2]明白地被禁用在任何戰爭罪行的討論上：譬如說，德雷斯登轟炸，或者一九四五年從東歐及中歐驅逐使用德語的平民，一般認為是與審判不相關的。

為了避免法律過程戲劇化，因此，英國喜愛採用不經審判直接處死納粹頭子的方式。英國方面害怕冗長的審判，也許會改變輿論。根據一位英國外交官的說法，這個審判或許被視為一個「預謀的工作」。此外，另有顧慮的是，國際法可能不能適用於許多被宣判的罪行上。如果報復是重點，為什麼要拖法律下水？為什麼不採取政治的決定而後施予懲罰？這是貝克在他辦公室所說的義大利式解決：「你盡你所能地在開始的六星期殺了許多人，然後你忘了它：不太合法，如果不是為了淨化的目的，那麼……」在希特勒與戈培爾自殺以後，一九四五年五月，英國才放棄他們的立場。從那之後英國才同意審判剩餘的納粹頭子。

適法程序或報復，古希臘悲劇作家曾經非常專注在這個問題上面。為了打破深仇大恨的循環，奧雷斯蒂斯必須因為謀殺母親而受到雅典法庭的審判。如果沒有一個正式的審判，充滿復仇心的復仇三女神會繼續糾纏著人類。

至於報復方面，也許避免由德國法官來舉行審判。此事有個先例，但結果並不愉快。第一次世界大戰之後，德國法庭曾准許審判所謂的戰犯。儘管有強烈的證據對他們不利，大部分的人仍獲判無罪，而且外國的代表遭到地方民眾的嚴苛對待。此外，威茲卡是對的：德國法官曾經與納粹帝國合作過；若要期待他們公正不阿，近乎不可能。因此把審判留給勝利者，看看正義如何伸張。

問題是，如何達成正義而又不曲解法律，如何由勝利者對失敗者執行審判而不歪曲歷史。經由軍事法庭審判先前的敵人，有可能讓勝利者的正義得以確定。這樣將避免過多的虛偽，而且在平民生活中，對於法律的適法程序做出較少的破壞。然而，如果這個企圖是想教導德國人歷史的教訓，那麼軍事法庭會與平民法庭遇上相同的問題，而且從當時所做的陳述來判斷，無疑地，歷史教育是戰爭罪行審判的目的之一。

魏茲賽克審判中的德裔美籍檢察官羅勃·M·坎普納寫道：「有著鉅細靡遺蒐集而來的德國文件作為輔佐的審判，是世界歷史中從未舉行過的、最棒的歷史會議。」勞倫斯爵士裁判官這位英國法官問紐倫堡審判的美國主任檢察官羅勃·H·傑克森，[3]他認為審判的目的應該是什麼，傑克森回答說，向全世界證明德國的戰爭行為是錯誤的，而且是法律所不容許的，另一方面是讓德國人知道，這種行為應該受到嚴厲的懲罰，而且正在為他們的接受做準備。

紐倫堡大審成了一個歷史教訓，因此，也成為對德國人象徵性的懲罰——一個被隱藏在所有正式且合乎法律程序外表下的道德性質的歷史教訓。在人類或者至少屬於戰勝國的人所能執行的神聖正義之中，它們算是最接近的。這當然是某些德國作家所感覺到的。有些人則以類似虔誠的罪人在前往告解途中之時的那種熱情來歡迎它。他們是一九六八年的「感同身受」世代[4]的先驅。所有的人都屬於左派。有些則是共產黨員。

例如，小說家艾瑞克·雷格爾寫道：「紐倫堡大審所穿的成文法的袍子越少，越會真實地呈現出越多的政治因素。那麼在歷史面前的審判，就會更偉大，更有教育性。而且審判將不會發生在一種已計畫好的象徵意義的氛圍中，而是在一個道德力量之中，透過它可以克服邪惡。」[5]

《南德雜誌》的記者W·E·徐四金，就我所知，不是個共產黨員，描寫這個審判像個「Ur-

Prozess」——「在地球上從來沒有見過的審判，因此是個真正歷史性的時刻。」[6]

從這一類的言語中，法律、政治變得清楚明白，而宗教卻變得混淆：紐倫堡大審成為一齣道德劇，在戲中戈林、卡爾滕布魯納、凱特爾以及其他人分別飾演主角。它是一齣宣稱為了傳遞正義、真相以及征服邪惡的戲劇。而文件、證言、事件的高嚴肅性，意味了承認真相。關於這一點，將審判重新改編搬上舞台的劇作家，便使用得極為有效。

羅夫·施奈德，一個住在德意志民主共和國的左翼作家，寫了一部所謂記錄戲劇《紐倫堡審判》。他藉著編輯證言和交叉質問，重新創造這些事件。在前言中，他寫道，這個記錄戲劇是德語戲劇的新發明：「它起源於歷史的記憶與對眼前的不滿，那還包括了現在對過去的歷史的描寫。」他又寫道：「將審判改編成舞台劇的原因之一，單純只是資料而已：最重要的是，因為這次審判是往後在紐倫堡、耶路撒冷、法蘭克福……類似審判的模範。」

的確有許多資料在裡邊。戈林、沙赫特與凱特爾的交叉質詢，令人傾倒。但是，這個意圖，並未竭盡所能地客觀呈現出歷史的真相。因為這齣戲就像審判本身一樣充滿政治性，雖然有各自不同的扭曲解釋。施奈德夠聰明，他把自己大多數的政治觀點，藉著英國、美國的檢察官之口說出。例如，英國檢察官的話被引用變為，「德國工業家是有罪的，在程度上」與政治及軍事被告「完全相同」。這當然是典型德意志民主共和國的路線：法西斯主義等同資本主義的最後保衛者。

接著，實際上他安排美國檢察官協助由恩斯特·羅門與格雷格爾·史佳瑟領導的納粹左翼辯護。戈林說他們對希特勒不忠，所以必須被摧毀。在戲劇中，美國檢察官說：「這些人呈現出社會的目標。正因為它，所以他們帶給你支持者。但當你與德國的大工業相互提攜時，你就不顧所有這些支持者的社會目標了。」

因此，這個解決了無產階級擁護納粹運動時不易處理的問題。它不是一個全然錯誤的事實呈現，但卻帶著偏見。以這種方式來呈現審判，政治目的就變得很明白。一旦把合法性借給反法西斯主義的共產國家，資本主義者和工業家就必須被視為操縱法西斯惡棍的人。本劇以美國檢察官對於違反和平的罪行（非違反人道的罪行，所謂人道是指關懷種族迫害與滅絕，而且它從來不曾與官方的反法西斯主義意識型態如此地密合）之陳述作為結束。現在我們有這條法律在我們的書上，檢察官說：「這一次它將被用來反對德國侵略者，但是，代表二十三個國家主導這一次審判的英美法蘇四強，他們知道這項法律，並且宣稱：明天，在歷史之前，我們將被我們今天用於審判被告的同樣尺度所審判。」

又，這句話並非不合理。的確，那是後來羅勃．傑克森看事情的方式。導致這項結局主要的理由是什麼？這齣戲寫於一九六八年，正值越戰的高潮。在這個時期，東西德的知識分子寫了像這樣的句子（克里斯提安．蓋斯勒所寫）：「在國際法庭的背後，四位階級最高的檢察官之一，那時以美國的名義提出他的案件。對於當時純樸的我們，這意味著，他正以正義、自由、人權的名義宣判他的案件。」[7]

「我們看穿了納粹的非道德，而且希望我們能擺脫它。我們想學習合理的政治思考，就得從美國起訴的道德嚴肅性開始。

「我們的確學到了。

「而且我們准許自己採用這樣的思考方式，直到現在。例如，現在我們會利用它而全部地、逐字地採取那些美國檢察官的道德標準。**歐哈杜村與利迪策——今天它們是在南越的城市**。」[8]

局勢被簡單地扭轉過來。「彼此彼此」的爭論——不管在這個案子中多不適當——終於被拿來使用了。我們全都有罪。一個劇作家，或任何寫有關這件事情的作家，當然完全有權這樣做。可是，如果說記錄戲劇只提供了資料而已，則是不直率的，就像政治審判是適合於道德的歷史教訓這樣的主意一樣，是不直率或不足取的。因為此種審判是無法平息復仇三女神的。

從紐倫堡審判開始算起二十年後，在法蘭克福的德國法庭，以違反人道的罪行，審判一些奧斯威茲的軍官和守衛。有關這一類的德國審判，它並非真正的第一次。在一九五七年，就有個黨衛隊軍官被控以在立陶宛國界領導一個謀殺小組，但這是個例外。紐倫堡法官對於滅絕與種族迫害，採用新的法律，而且只針對戰爭進行期間所犯的罪行，而大屠殺彷彿是另一種戰爭罪行。在法國首席檢察官弗朗索瓦．孟松所提出案件中，幾乎一點也沒提到猶太人。

總之，在紐倫堡審判之後，多數的德國人對於戰爭罪行已感到厭倦。直到一九五〇年代中期，德國法庭奉命只准處理德國人加諸於另一德國人的罪行。在耶路撒冷舉行的艾希曼審判，這種令人緊張的例子，動搖了德國人的安心感——事實上一九四六年以前所犯的罪行，在一九六五年之後就不再接受起訴了。（在《大屠殺》電視連續劇播出之後，一九七九年決定取消對違反人道罪行的限制法令。）

紐倫堡審判的規模較大，而且被告的地位也較高，可是奧斯威茲及麥達內克審判（後者從一九七五年到一九八一年在杜塞道夫舉行）對於多數德國人的影響，反而大了很多。這個問題，部分出在時間點上。當一九四五年，多數德國人是飢餓的與被動的。到了一九六四年，新的世代在相對的繁榮中長大了。而且它有部分是犯罪的性質。如果以傳統的戰爭罪行來審判戰敗者，那將不具說服力，因為勝利者也可以遭到同樣的控訴。當德雷斯登與蘇聯大屠殺的記憶，仍然新鮮的時候，「彼此彼此」如果不在紐倫堡法庭上，在私底下也可能被喚醒。不過，奧斯威茲的意義不同。那是另一種戰爭的一部分，或者更好一點，它根本不是真正的戰爭；它只是單純的大謀殺，不是為了戰略或戰術的原因，而只是因為意識型態。

現代史的諷刺之一，是這些罪行——那不是紐倫堡法庭的（或者，應該說不是同盟國的戰爭所致力的）主要工作，而且戰後絕大多數的德國人宣稱不在乎的——在法庭、在學校、在紀念物中成為（西）德歷史回憶的焦點。因為違反和平罪行的軍事活動退回了歷史，但是「最終解決」比以往更甚地糾纏著現在。不論你是個希望德國成為一個「正常的」國家的保守派，或者是一個在「哀悼的苦工」中合併的自由派／左派，然而二次大戰的關鍵事件，是奧斯威茲，並非閃電戰，亦非德雷斯登，甚至不是在東方的戰線上。這是紐倫堡審判所堅持的一個歷史教訓。即使赫爾穆特．貝克對紐倫堡抱持懷疑，但如他所說：「最重要的是，德國人民知道曾經發生過違反人道的罪行，而經過審判後，它是如何發生的，也就清楚了。」

我想這是正確的。但是這個教訓或許沒那麼具有說服力，因為審判不是由德國法庭所舉行。當英國法庭在一九四五年審判貝爾根－貝爾森集中營的指揮官和守衛，效果絕不相同。斯蒂芬．史班德在那個時候偶然遇到在德國的朋友，[9]這個人告訴他關於訪問「一個迷人又和諧的家庭，而且幾乎都是年輕人。他們全都說，貝爾森審判是個宣傳，同時所謂克拉瑪等罪行，在人道上是不可能的……絕大多數的德國人相信，這些審判是個被安排好的工作，而且它們之所以被延長，因為被控訴的人這一方有太多的事情需要被譴責……」

然而在德國，甚至最大的死亡集中營之審判，也不能消除人們對於將審判當做歷史教訓，所表現出來的疑慮。審判，以其本質來說，是將犯罪的責任限制在特定的個人之上；在紐倫堡的案件中，則限制於領導者之上。在卡爾．雅斯培有關德國人罪行的著名散文〈德國的戰爭罪過〉裡，他將罪惡區別為四類：犯法的罪惡，有關破壞法律；政治的罪惡，有關犯罪的政治系統的一部分；道德的罪惡，有關個人的犯罪習性的行為；玄妙抽象的罪惡，有關在維持文明的人道標準上，未盡到個人的責任。很明顯的，這些分類有相互重疊的部分，但雅斯培將它釐清的是，整個民族不能承擔所有法律上、道德上或玄學上的責任。（政治責任是另一個問題）在他的看法中，戰爭罪行審判的最大好處是，它本身的限制。經由准許被控訴之人為自己辯護，經由設定適當程序的規則，勝利者限制了它們自身的權力。又寫道：「對我們德國人而言，這個審判的好處是，它區分了領導者之間的特殊罪行，而且它沒有宣告德國人的集體犯罪。」[10]

雅斯培沒有提到選擇正確被告的問題；在紐倫堡審判中有些人似乎不應該出現在那裡（沙赫特、弗里切），而有些人則當然應該出現（阿佛列德．克虜伯），不過那是另外的問題。無論如何，審判甚至使得德國人民距離他們以前的領導者們更遠。這是個舒適的距離，而且也很少有人想跨越它。或許這就是為什麼在德國戲劇、電影、小說中，幾乎不曾有以納粹領導者為號召的作品。可以肯定的是，不論是出名或不出名的歷史圖片，一向都很難成為虛構文學作品的一部分。強加上有名的事實；歷史會變得太沉重。不過，這一點並沒有解釋為什麼有關納粹頭子的傳記也不多。由於歷史學者不願面對他們，所以，具有權威的希特勒傳記是由尤阿亨．費斯特與維爾納．馬澤爾兩位新聞記者所寫。戈林和希姆勒的傳記，事實上都是外國人的作品。這種對傳記，不論是虛構或者記錄形式的恐懼，可能源於一九六〇年代及一九七〇年代的普遍想法——解釋過去的，是結構與制度，而不是人類。但是，它也與認同的恐懼有關；德國人稱之為Berührungsangst，按字面的意思是，恐懼於產生聯繫。

如果對於領導者，這是成立的，至於那些較不為人知的醫生、管理人、毒氣室操作員以及其他執行他們命令的小惡人又當如何？是否和他們認同比較容易些？彼得．魏斯在他關於奧斯威茲的戲劇中，以有趣的方式來認同他們。[11]在審判中以證人身分發言的前受害者，是匿名的，但他們的施刑者卻有名字：博格，他的專長是將受害者懸吊起來，在擺動中，擊打至死為止；或者，凱普修斯醫生，這位死亡集中營的藥劑師，他忘記所有關於他的發明之中含有齊克隆B這樣的事實；或者，盧卡斯醫生，這位虔誠的天主教徒宣稱，他小心地躲在火車貨運堆置場上以逃避他的責任。魏斯的企圖當然不是想讓觀眾認同這些角色，毋寧說，重點在於奧斯威茲乃是工業剝削、資本主義走上癲狂之路的極端象徵。而受害者，就像是被不知足的機器劇烈攪拌的無產階級之中的無名氏。這樣的過程繼續著，甚至從納粹帝國溶入德意志聯邦共和國。該戲的最後幾句話由集中營的副官慕卡說出：

我們只是盡我們的責任，我們每個人，
即使它總是困難的
我們也不放棄
今天
既然我們的民族再次
以它的方式達成領先的地位
我們應該讓自己忙碌於其他事情
而不是那些確實已過去很久的控訴案件。

在那個時候的德國，這態度並不罕見，事實上還相當主流。認真的保守主義知識分子，例如赫曼·盧貝議論道，太多的控訴會阻礙西德走上一個安定繁榮社會之路。盧貝並不是納粹帝國的辯護者。遠非如此：按照他的意見，聯邦共和國的正當性，建立在它對於納粹國家的完全拒絕上。問題是，如何將數百萬前納粹支持者，轉變為自由民主的忠誠公民。盧貝議論道，如果對過去沒有某些明辨力，便做不到這件事情。無論如何，博格們、慕卡們以及凱普修斯醫生們被起訴，即使在戰後二十年，他們的反應通常是憤慨。「為什麼是我？」他們會說。「我只是盡我的責任。我只是像其他規矩的德國人一樣遵從命令。為什麼我必須被處罰？」

在德國電視紀錄片中，麥達內克審判中的被告一再重複說。「為什麼是我？」的確，為什麼？有句對話一直留在我心中。它是由特別凶猛的女性守衛「血腥的布麗姬塔」說的。「你知道，」她向採訪者解釋說：「所有這些以前的囚人都抱怨過去有多麼辛苦。當然，在集中營內是令人痛苦的。但是你必須了解一件事情：如果你給這些人一隻指頭，他們會取走你整隻手。」這些是一個愚笨的學校女舍監、一個海關檢察員、一個無足輕重的剪票員，突然獲得絕對的權力去管理數千名奴隸時，所說出的話語。

然而，即使這些人毫無價值的平庸和他們陳腔濫調的聲明，在在證明了對他們的行徑的認同是幾乎不可能的。他們的罪行之粗鄙以及他們的謀殺之規模，給予審判極恐怖的氣氛，因為每天在報紙上刊載了最新揭發的事情。馬丁．瓦爾澤在奧斯威茲審判的那一年寫道，[12]博格變成了黑暗王子，被新聞界視為「野獸」或「怪物」的、可怕的名人。但丁的名字不斷地被引用在死亡集中營鬆散的報告中。難以想像的事情，被壓縮成引人注意的頭條：「女人活活地被驅趕入大火中」，或「奧斯威茲的酷刑鞦韆」。瓦爾澤寫說：「有關奧斯威茲的口號越是恐怖，等於宣告我們與它的距離愈遠。」

審判只能被用於個人的罪行。在法蘭克福和杜塞道夫接受審判的「怪物們」及「屠夫們」，犯了恐怖的罪行。那麼是否有許多人從來沒有被找去做說明。「但是，」瓦爾澤說：「這些犯人與在一九一八到一九四五年之間的任何時間點上的我們，非常相像，因此我們是可以互換的，由於那個特殊的環境，使得他們採取不同的路線，而導致這個審判的產生，不過，這些問題無法在法庭上徹底討論。」個人的恐怖行動，從他們的歷史背景中被提升起來，而歷史卻被降為犯罪的病理與法律的辯論，結果所遺留下來的，只有恐怖與蠱惑。這倒不是說審判是錯的，但它們不能做得像是歷史教訓，同時它們也不能將我們帶得更接近瓦爾澤所尋找的、難以捉摸的事——德國人的認同。

離史旺柏格受審的法庭不遠，幾乎在斯圖加特的外緣，有個屬於路德維希堡的斯瓦比亞老鎮。這裡有符騰堡公爵的居所。席勒生在此地（他的房子現在是維也納森林餐廳連鎖店的支店所在，就在麥當勞隔壁）。在十八世紀時，公爵的財務顧問，猶太人蘇斯被吊死在那裡，後來在納粹的宣傳中，他被誇張的手法描繪成邪惡猶太人的原型。在公爵的宮殿大門外面立著一個牌子，上面寫道：「這個城市呈現一張興高采烈又開心的臉。它活潑自由的氣氛，在今天依舊是明顯的，倘若您準備好要花一段時間到處參觀，請不要只注意它的公園和宮殿。」

我到「揭發納粹罪行中央辦公室」訪問。它位於前女子監獄之內。隔壁是一座十七世紀巨大要塞，到一九九〇年為止之前一直是監獄（德國最老的一座），現在是刑罰博物館。讓我進去的年輕人，笑得很有禮貌，而且列舉了這個房子的寶貝：一個使用到一九四〇年代後期的斷頭臺、夾指刑具、制服、用來吊死囚犯的繩索與皮帶、一間重建的死囚室、一把劊子手的斧頭、行刑畫面的彩色印刷品以及猶太人蘇斯最後一餐的菜單：肉湯、燉小牛肉、豆子、白麵包。

從車站載我到「揭發納粹罪行（納粹罪行，注意，不是戰爭罪行）中央辦公室」的計程車司機，對這段車程很不高興。首先他假裝不知道這個地方，後來他仔細地告訴我，為什麼他認為應該廢除這個辦公室：這是一個我們忘掉所有舊納粹的東西的好時機，好像也沒有更重要的事情需要處理，而且有關兩德統一與一千事項，好像共產黨員也不全是壞的，諸如此類。

這個組織的負責人阿佛列德．史特萊姆告訴我說，這類事情過去還更普遍。一九五八年當決定設立這個中心時，路德維希堡的人抗議，擲燃燒彈，而且連集會地點也很難找。但現在，史特萊姆說，比較年輕的世代出現之後，狀況變得好多了。

因為歸檔在個人和地名之下的龐大文件，這個中央辦公室可以說是以往納粹官僚政治的記憶之所在。任何時候，一旦控訴前納粹人員的案件發生，這裡就是檢察官轉而搜求文件證據的地方。當史特萊姆的同事帶著我參觀建築物四周時，有人趕上來索求像「施密特，達浩，一九四三年」的案件。通常我的導覽人員，也是個律師，一如史特萊姆，都可以憑記憶回答。如果答不出來，他會打開鋼製的、整整齊齊塞滿貼著「奧斯威茲」或「布痕瓦爾德」或「達浩」標籤的文件檔案櫃，迅速地抽出所需要的資料。

史特萊姆不是個活潑的人。他的皮膚看起來灰灰的，像他西裝上巴伐利亞樣式的角質鈕釦的顏色。當他還是學生的時候，住在漢堡，因為轟炸而離開家。他被疏散到捷克，在戰爭結束後他必須走路回漢堡。他說，今日的年輕人不可能了解他們那個世代在什麼樣的壓力下成長。例如，希特勒青年團、轟炸、審查人員，還有其他各種壓力。史特萊姆的父親是納粹黨員，受雇於鐵路公司：「他經常說，有關猶太人的事情不是真的。」史特萊姆會和他爭辯，但是他父親否認事實，甚至在戰後還是一樣。「我父親的世代非常天真，」史特萊姆說：「在我讓他看文件之後，他才改變他的想法。」

這間中央辦公室蒐集了一四〇萬份文件：證人的證詞、案件歷史、蓋世太保的文件、法庭記錄等等。一九八六年聯合國提供了有關三萬人的文件。更多的資料來自波蘭、蘇聯、法國、羅馬尼亞、匈牙利、荷蘭，事實上，來自於歐洲的每個地方。但有一處例外：德意志民主共和國。唯有國家安全部，把所有的資料保留給自己。

德意志民主共和國有自己的處理方法，也就是利用法庭來處理納粹的過去。他們在許多方面採取與西德相反的方式，而目標是傾向於西德的法律制裁所忽視的每個人。徹底的清洗，發生在司法部、官僚系統以及工業界內。約有二十萬人——五分之四的納粹法官和檢察官——丟了差事。戰犯審判也曾舉行；蘇聯進行到一九四七年為止，以後改在德國法庭。

這些審判很快速。與其藉著准許被告為自己辯護來限制國家（或勝利者）的權力，共產黨法庭採取相反的方式。一九五〇年，在聲名狼籍的瓦爾德海默審判中，指派的法官與檢察官均被告知，既然被告的罪行很明顯，那麼證人、辯護律師或文件證據，就沒有必要了。這也是在德意志民主共和國所舉行的納粹最後審判之一。在一九五七年之前，還有兩件，以後就沒有了。最重要的是，有三萬人接受審判，有五百人處死。在聯邦共和國的數目約九萬一千人，沒有人被處死，因為一九四九年憲法廢除死刑。

反法西斯的德國民主共和國，在清除納粹巨大影響力的工作上，表現得比聯邦共和國好。但是，仍有很少的納粹分子遭置之不顧，只要他們是個順從的共產黨員。東德的方法既無情又有利於自己，而且對於整個過程，官方的結論是，德意志民主共和國不必再承受罪惡的重擔。因為國家的宣傳不斷指出，所有的罪惡都在西德，因為在那裡，法西斯主義者依然擔任法官，也經營著造成經濟奇蹟的工業。一九六〇年，在以色列總理大衛·本·古里昂宣布逮捕艾希曼之後不久，東德新聞界揭露漢斯·格洛布克是阿登納政府的一位州務卿，他曾協助寫出一九三五年〈紐倫堡種族法〉。「格洛布克是波昂的艾希曼」是德意志民主共和國國家報紙《新德意志報》的頭條。

當共產主義國家不存在之後，德意志民主共和國這種特殊的清白狀況，造成了特殊的問題。例如社會民主黨的政客古斯塔夫．尤斯特，在統一之後，政治生涯開始起飛。七十歲時，他成為布蘭登堡州議會的資深議長和議會憲法委員會主席，但是在他登上這樣的高位不久之後，他的生涯發生了令人不愉快的墜落：一九九二年三月，一家報紙揭露尤斯特在一九四一年志願從軍後，槍殺六個烏克蘭猶太人。他的第一個反應是，他只是單純地遵守命令而已。他的第二個反應是，在眾多壓力之下辭去職務。

尤斯特只是許多人之一，而且那種狀況也不是非常醒目的。他的案件有趣之處是，他在一九五七年已經遭到德意志民主共和國起訴，罪名是反革命活動，並且獲判入獄服刑四年，因為他曾編輯過一份批評還算溫和的週刊。他的案件屬於示範性的審判，目的是要嚇唬其他脫離史達林路線的知識分子。審判期間，事實上，法官宣讀了部分尤斯特的戰時日記，內容描述在烏克蘭的槍殺事件。不過這件事沒有被「製造」出其他的事情。根據尤斯特的說法，他受到威脅說，如果他對當權者再表示不滿，將被以戰犯的身分起訴。「國家安全部，」他說：「最擅長戰爭罪行。」

人們也許會認為，示範性審判的經驗以及歷史記憶的政治性墮落，將使得東德人在一九九〇年之後，對於政治的審判與整肅會謹慎些，可是，事實並非如此。在前德意志民主共和國裡，還相當熱中於把共產黨領導人送去審判，同時嚴厲地整肅國家安全部工作人員與告密者。在東德相當於路德維希堡中央辦公室的組織，是一個在柏林，由基督新教牧師尤阿亨．高克所管理的組織。他的辦公室是，國家安全部所有活動的文件資料的保管處及診所。或許診所是個正確的字眼，因為高克用一種相當於醫療的措辭來看待他的工作：他是道德衛生學的配藥者；他的檔案就是醫藥，應該可以治癒一個腐敗的社會。雖然某些批評他的人，多數是前東西德的老左派人士，稱他為大審訊者，少數人則懷疑牧師的良好意圖。他為審判所做的辯解，是道德的、司法的與歷史的。在一本名為《國家安全部文件》的書中，他陳述了他的觀點。[13]他對較早期的過去之共鳴，幾乎響徹了每一頁書。

「我們能夠安全地預測，」高克寫道：「就像在前聯邦共和國審判納粹罪犯的案件一樣，個人審判也許仍繼續一段長時間，不過有些罪行，也許連時間也耗盡了。我們不能允許給予東德安全部官員全體的特赦，除非是為了他們的受害者，同時可以確定的是，這樣的事件將削弱人民對法治的信心。」

如此多的法律教訓。針對歷史，他說了以下的話：「西德人士已經比德意志民主共和國的公民更清楚，留下那邪惡的過去，讓下一代去面對，將會有多痛苦。他們已經燒傷他們的手指一次，因此，不用期待他們會准許這個德國的過失，變成一個不良傳統。理夏德．馮．魏茲賽克於終戰四十週年紀念的一九八五年五月八日，在他著名的演說裡，談到在形塑現在與未來的過程中，記憶的重要性。現在我們面對我們自己的過去的方式，提供了一個絕佳的機會，去反對成見——德國人經常逃避他們的過去，而且『無力哀悼』。」

無力哀悼的引用，顯示了亞歷山大與瑪格莉特的教訓滲透得有多深。這一次我們必須做對。我們不能允許第二次的過去，像第一次一樣地糾纏我們。它是個論點，或者，或許更精確地說，也是種對許多西德人而言具有吸引力的情感。或者人們可能應該說，特別是對於西德人士，因為正是他們——或至少他們的一部分——對於忍受納粹人士處在他們之間而感到罪惡感。雖然報紙專欄作家、神職人員、學術界人士與德國一般的輿論製造者不斷指出，在兩個尚未被消化的過去之間的區別，以及在納粹的德國與秘密警察的德國之間的差異，有種被弄模糊的傾向。不只這樣，在魏斯的作品中，有些「資本主義必勝」主義的氛圍，而再度激起對勝利者的正義的控訴；僅有這一次，不是西方與蘇維埃同盟，而是西德人坐上勝利者寶座。

這是一個充滿諷刺的狀況：有罪惡感的德國、因他們自己的「無力哀悼」而感同身受的人、演出奧斯威茲和麥達內克審判的國家，「那樣的」德國現在被告知參與對另一個德國——舊反法西斯主義者的德國；受苦於兩個獨裁政權下的德國；著制服行軍、踢正步的軍事操練、遠遠超過蓋世太保想像範圍的秘密警察網路的德國——的審判。由於最後一位納粹戰犯在斯圖加特遭到判刑，數千名國家安全局人員和共產黨員的惡漢，正等著在司法的歷史教訓第二回合中，演出他們的角色

東京

在一個缺乏穩固性的城市裡，紐倫堡的法庭看起來很堅固——幾乎是難以破壞的。舊鎮中心重現了中古的風味，給予這個城市一種做作的氣氛，彷彿紐倫堡只不過是個歷史幻想下的背景布幕而已。在紐倫堡的另一座堅固的建築物是，阿爾伯特·施佩爾所留下的唯一作品：齊柏林運動場。在這裡，每年舉行納粹黨的年度遊行。因為它太大以致於無法炸毀——光是男廁所就像一般的電影院一樣大——但是並沒有被妥善維護與保養。茂密的野草，從石質大看台碎裂的縫中長了出來。

我問一個賣紀念品（啤酒杯、旗子、刀子）的老人，法庭建築物在哪裡。「你意思是說吊死我們軍官的地方？」是的，我說，就是那個地方。他指點我方向，但我迷了路。所以我必須在旅館中再問一次。詢問台後面的小姐毫無概念。她的主管，一個金髮已變白的五十多歲的女人，走過來問我要做什麼。我重複我的問題。她的嘴唇蠕動。「你要去那裡做什麼？」她突然冒出話來說：「沒有什麼有趣的可看。為什麼

你不參觀我們的『舊城』……」我說些有關歷史的事。她轉頭離開。「外國人」，她喃喃細語。

這座建築，如我所說，堅固，屬於德意志帝國時代，刻意設計得讓人印象深刻。它在形式上像施佩爾的運動場一樣華麗。以前的法官站在他們的石基座上，像個冷峻的神祇俯視著菲爾特街。在主要入口處上方有條大的橫飾帶，顯示各種不同的權威象徵：刻著用羅馬數字標明的十誡的匾額、一本兩側有樹枝打開的法律書籍、一支從一束樺樹桿伸出的斧頭，這是羅馬刑罰權力的象徵，後來為法西斯主義者採用。

雖然日本人也沈迷於德意志帝國的壯麗（也許多數在殖民地而不在日本本土），但是在東京並沒有任何建築像紐倫堡的法庭。計有超過兩千件戰犯審判，由同盟國法庭在日本、東南亞以及其他亞太地區舉行。從一九四六到一九四八年，審判了二十八位日本戰時領導人物，亦即所謂的甲級戰犯的遠東國際軍事法庭，它所在的建築物是前軍事學院，在戰爭結束前，被用作日本陸軍總部。禮堂倉促地被改造為以木面板裝飾的法庭，而照明則採用好萊塢攝影棚內那種令人目眩的強烈弧光燈，這些東西使我想起首席檢察官約瑟夫．基南。後來，為了蓋一個新的城鎮會堂，於是把這個建築拆毀了。

無論如何，還有另一個與審判有關、更令人感到痛苦的建築物：巢鴨監獄。在這裡的「死亡之屋」內，就在東京法庭的同盟國法官宣判他們有罪之後，於一九四八年十二月中旬的某夜，六位將軍和一位平民被吊死。巢鴨監獄乃模仿十九世紀的歐洲監獄而建造，一九七〇年代拆毀。在這塊土地上——不顧占星家及風水師認為不祥——建起一座白色、表面光滑的亞洲最高摩天樓之一的「陽光六十」，它屬於陽光城市的一部分，是個大型休閒中心、辦公室與購物拱廊的綜合體。

我不想敘述太多兩地有關建築方面不同的旨趣。無疑地，日本人很高興消除了巢鴨監獄，就像在我下榻的紐倫堡飯店裡的招待員一樣，寧可不要再有法庭，或者齊柏林運動場，讓人們經常來訪問。但我從來不認為在日本有什麼建築物非常像紐倫堡法庭。這個法庭與它本身的裝飾，一向就不是——例如不像車站或政府部門——現代日本國家的一個重要機構。法律，不是個保護人民免於不合理統治的工具；倒不如說，它是一種讓國家練習把更多的控制，加在人民身上的方法。即使到今天，日本的律師人數也相對地少。在法庭上為一個被控訴的人辯護，幾乎是一種顛覆的形式，因此，諸如認為在法律上政治和軍事的領導人必須為他們的行動負責之類的看法，比起德國，在日本而言會倍感奇怪。此外，東京審判所遺留給日本的陰影，比起德國紐倫堡審判所造成的，乃是既長又深遠的。

國家主義的修正主義者談到有關「東京審判的歷史觀點」時，彷彿審判的結論就只是狂熱的反日本宣傳而已。人們稱這個審判為「動私刑的暴徒」，然而日本的左翼人士卻因為他們將東京審判的歷史觀點，放在學校教科書與自由主義的出版物裡加以傳播，暗中傷害了日本後裔的士氣，而遭到譴責。東京審判的歷史觀點，扼要地說，就是指日本從一九三一年起密謀和進行在亞洲的侵略性戰爭，是有罪的。但是修正主義者辯論說，事實上，為了從西方的殖民主義者手中爭取民族的生存與亞洲的自由，這場戰爭是悲劇的，是真正高貴的奮鬥。只要英國和美國在亞洲繼續扮演壓迫者角色，生於一九四五年的修正主義歷史學家長谷川美智子寫道：「與日本對抗是不可避免的。[14]我們不是只為日本而戰。我們的目標是打一個更大的東亞戰爭。基於這個原因，在日本與中國之間的戰爭，以及日本對韓國的壓迫，都更是深深的遺憾。它們是難以形容的悲劇事件。」

修正主義者擔心日本後裔受到東京審判，一個可以說是被誇大的審判的洗腦。因為日本學校教科書是多方妥協下的產物，所以它們幾乎沒有反映出任何的意見。在日本，對於引起爭議的問題，越是痛苦的，越少被提起。在發行於一九八〇年代的中學標準歷史教科書之中，[15]提到東京審判的敘述，僅佔不到半頁。全部所說的只是，審判發生了，而且「被批評為勝利者凌駕戰敗者之上的一面倒的審判。」

比較起來，西德教科書在描述紐倫堡審判方面，[16]就詳細得太多了。而且它們清楚地區分出有關違反和平罪行的追溯法以及有關違反人道罪行的另外的新法律。前者「顯露了檢察官以及國際法庭本身的主要問題：違反和平的罪行以國際禁止的攻擊性戰爭為前提，而這個並不存在。」這個爭論重點的形成，因為不願考慮戰爭期間他們自己的行為，所以同盟國的法官創造出雙重標準。但教科書繼續說，有關可追溯的違反人道的罪行，「對國際法進一步發展有貢獻」。在西德與日本教科書之間的差異，不只限於細節這種事；它顯示了理解上的不一致。對日本人來說，雖然違反人道的罪行不會和「滅絕」聯想成相同的東西，但可以聯想成發生在任何戰爭中軍事的過度行為。經過廣島與長崎的震驚之後，就戰爭罪行的立場來說，日本人發覺，回過身，然後說「彼此彼此」，是比較容易的。

當赫爾穆特·貝克說，少數的德國人希望可以批評紐倫堡的審判過程，因為被告的犯罪顯而易見，這時，他說的是有關違反人道的罪行——更精確地說，是關於滅絕。它是在紐倫堡審判之後，由德國法庭所判決的滅絕罪。

日本從來沒有過任何的戰犯審判，也從來沒有出現過一個日本版的路德維希堡。部分原因是，沒有確實與滅絕等同的東西。儘管日本軍隊的行為通常是野蠻的，加上國家神道教與天皇崇拜所造成的心理影響，屢屢表現得像納粹主義一樣的歇斯底里，然而日本的暴行，是軍事活動的一部分，而不是一個將該國所有國民囊括在內的計畫性的民族大屠殺。此外，那些戰爭的景象是最可憎的，卻又最不像真正的戰鬥，例如在滿洲的七三一部隊把人當白老鼠所做的醫療實驗這件事，在東京審判時就被略過了。七三一部隊軍醫收集的資料——特別是冷凍實驗、致命疾病的注射、活體實驗——在一九四五年美國人認為是非常有價值的，因此，為了交換這些數據，而免除了醫生應負的責任。戰後，某些醫生因醫學的建立而晉升至很高的職位。吉村壽人博士利用他在極端溫度方面的專長，提供給日本南極探險隊寶貴的建議。而進行過許多實驗性手術的北野政次，則成為日本最大血液處理機構綠十字的領導人。

七三一部隊的故事，[17]在日本並非絲毫不為人知，因為曾經出現一本以蘇聯審判該部隊某些幹部的紀錄做為藍本的書，而且在一九七六年電視也曾播出一部紀錄片。不過，第一次讓多數日本人知道它的，[18]是在一九八二年，當推理小說作家森村誠一推出他有關這個主題的三部曲的第一本書《惡魔的飽食》之時。雖然森村的研究很徹底，書名也反映了本書的調性，但是它並未吸引學界的注意。無論如何，在商業上是成功的，同時他的作品也激勵了其他人去研究這個主題。當然，他也招來極右翼人士的威脅。

有些日本人建議說，他們應該主導他們自己的戰犯審判。歷史學者秦郁彥認為，不論軍事法庭或一般法庭，都應該根據日本現行的法律來審判日本領導人。[19]他相信，日本的法官也許會比在東京的同盟國法庭更為嚴厲，而且結果也會更健康。如果判決有罪，則被告的靈魂就不能入祀靖國神社。他說，東京審判淨化了被起訴者的「罪行」，並將他們轉變為烈士。如果他們在國內法庭接受審判，就有好機會將真正的罪犯消除掉。

有道理，但是日本法庭要用什麼樣的基礎，來起訴他們自己以前的領導人物？秦的回答是：「開啟一個他們明知道將會失敗的戰爭。」秦引用了在打敗福克蘭群島戰爭後，阿根廷的加爾鐵里將軍與他的同事，做為例子。簡單地說，他們將會因打敗仗，還有他們強加在自己同胞身上的極端苦痛而受審。這就彷彿在一九一八年德國法庭將興登堡將軍或魯登道夫將軍送上審判一樣。這是個引人注意的概念，不過，我應該說，它再次顯示出，在記憶中與事實上的日本戰爭與德國經驗之間的基本差異。德國人也發動戰爭，但為此他們審判自己的同胞，例如博格們與史旺柏格們，那是場不能敗北的戰爭，除非敗北意味著仍有些敵人倖存了下來。

舉凡與戰爭的過去有關連的幾乎每件事，日本左派人士對於東京審判的看法，都與修正主義右派的人不同。這可以拿來和德國左派人士對紐倫堡審判的看法相比較。這一點在出品於一九八三年絕不是一個為日本戰爭辯護的人。他最有名的電影，發行於一九五九年的《人間的條件》，對戰爭採取高度批判的觀點。本片主角是個叫做加地的溫和年輕人，他像小林自己一樣，以一個在中國的小兵身分，被迫去目睹戰爭的恐怖。

《東京裁判》，前後延續四年半，始於廣島和長崎的原爆，結束於越南裸體小女孩在恐懼中逃避汽油彈攻擊的有名畫面。在影片中，沒有什麼東西會讓人聯想到，在原則上小林反對這個審判或不同意它的結論，但是，在審判的畫面中，卻遭比基尼環礁核子試爆的影像所中斷。同時日本南京大屠殺的影片——很少在日本看得夠——則緊接在另一個廣島上空蕈狀雲的畫面之後。就紐倫堡來說，正如同德國左翼人士所做的一樣，小林利用這個審判來反對法官，可是，並不意味想要減輕日本的罪行。倒不如說，顯示勝利者如何地背叛他們自己曾經強加在日本身上的和平主義，這才是他真正的意圖。

在日本還有其他的看法，介於修正主義辯護者與「彼此彼此」原則之間的某一點上。然而在日本，沒有人在記得東京審判時不感到矛盾的。比起與審判本質的關係，這一點和缺乏法的傳統或者和國家主義者的嗜殺心態較少關係。一九七〇年，日本最優異的劇作家之一木下順二寫了一齣戲劇，將東京審判轉變為一個令人沮喪的鬧劇。[20]而有關審判，最廣為人知的書，[21]出版於一九七四年，而後也成為電視連續的主題，內容有關吊死在巢鴨監獄的平民、令人同情的紀錄：《戰犯：廣田弘毅的生與死》，作者是城山三郎。

木下與城山沒有一位是右翼的修正主義者，而一九六〇年代新左派的哲學家吉本隆明也不是。可是，他在一九八六年寫道，「從我們身為當時的人與目擊者的觀點看來，[22]從一開始，審判的一部分就是預先密謀好的。那是一個在屠宰做為犧牲的羔羊之前，所舉行的荒謬儀式。」從所有的紀錄看來，這正是多數日本人對它的看法，即使他們對於這些「羔羊」有著那麼一點同情。一九四八年，也就是美國的佔領、審查、積極支持的三年後，人們帶著悲傷的心情與有如宿命論者一般無奈地聳聳肩膀，聽收音機廣播審判的結果：這是你可以預期的，當你戰敗的時候。

不過，吉本繼續說了些沒有修正主義者願意說的事情：「當我第一次邂逅歐洲的法律概念時，它與我們亞洲法庭立即判決的審判方式，顯得極為不同，至今我還記得那份新鮮的震驚之感。它非但不會未經妥當的審判就砍掉你的腦袋，而且還讓被告有機會為自己辯護，同時謹慎的裁判顯然是按照一個公開的程序進行。」

吉本的記憶是正確且具有破壞性的，因為它直接指出了審判失敗的原因。政治審判的操縱——「荒謬的儀式」——減弱了歐洲法律概念的價值。以約瑟夫．基南的話來說，有關審判最重大的事情是，「歷史上頭一遭，個人被帶到法庭的圍欄內，讓他們親自回答當他們像個國家元首似地執行任務時，所犯下的過失。」——一個不幸的失言，因為元首只有一位，也就是天皇，而且他在訴訟程序中缺席。東京審判的唯一範本，就是紐倫堡審判。這個審判未必始終進行得很公平：被告方面的證據有時候被拒絕，而起訴的證人受到偏愛。但，就像在紐倫堡，有另外更公開的審判目標：灌輸日本人，同時擴大到全世界，一個歷史教訓。

檢察官之一的佛列德里克・密格濃故意做作地說了一件瑣事：「一般說來，在日本和在東方，[23]審判是最重要的佔領過程之一。它在日本的新聞界受到廣泛的報導，而且第一次向數百萬的日本人揭發那些心懷陰謀、表裡不一、圖利自己、黷武好戰的領導人對權力貪得無饜的慾望，而且撰寫了一部非常必要的、重大事件的歷史，通常它是不會被寫下來的。」

它的確是非常必要的，因為為人所知的事情，是這麼地少。那時仍是個學生的政治學家石田雄「不會忘記聽到有關日本皇軍在佔領南京後，立刻犯下大屠殺的那份震驚。」[24]有些資料甚至讓被告吃驚。形象特別殘忍的板垣征四郎將軍，他負責東南亞的戰俘營，麾下的部隊屠殺了無數的中國平民，他曾在日記中寫道：「我知道了許多我不曾知道的，而且回憶起許多我曾經忘記的事情。」審判結束之後，《日本時報》指出這個審判的瑕疵，但又加上「日本人民必須深思，為什麼他們所想的，與那些其餘的世界所接受的、幾乎是普通常識的東西，竟然是這樣的不一致。這就是日本帶給自己的悲劇的本質。」

這樣的不一致，直到今天依然存在。但是，從後見之明中，人們只能推斷，這場審判非但沒有幫助日本人了解和接受他們的過去，反而留給他們一種犬儒哲學及憤恨的態度。事實上，政治性的審判產生政治化的歷史，這就是當修正主義者談到東京審判的歷史觀點之時，所指明的。他們是對的，縱使他們的結論是錯的。譴責審判，但不必否認日本人的罪行，這正是木下那齣卓越的戲劇之主題。

《神人之間》由兩部分組成。第一部的名稱是〈審判〉，有關東京審判，而且使用真正的法院記錄。當需要慎重處理的問題，例如廣島原爆，或者過期的蘇聯宣戰（原爆後兩天）被介紹出來之後，同盟國困惑的場面，是非常有趣的。政治的困窘，在荒謬的法律用語中被掩蓋了。就戲劇而言，這一部分的傳統性解讀，是把它看成另一個藉著說「彼此彼此」來沖淡日本人罪行的企圖。而且有如木下所做的一樣，經由強調法庭的偽善，他看起來並不承認審判的結論。不過，還有其他可能的詮釋。坐在聽眾之間的日本被告，雖然聽不到他們說什麼，卻可以看到他們。所以，事實上，不只是這二十八人，還有（日本的）聽眾也坐在被告席內。明顯地，對於這齣戲劇，有比訴求於審判程序更多的東西。因此，聽眾沒那麼容易就逃脫得了責任的。

第二部的名稱是「南海的羅曼史」，無疑地，這是個典型又有堅實背景的故事，內容是有關某男子因為別人所犯的罪而被吊死。犯罪的故事是由一位音樂廳的歌手說出來的。怪異地模仿東京審判，再加上好幾隻含糊亂說的猴子當證人的這齣荒誕的審判，乃是在一系列的夢想中，重新創造出來的東西。當這個噩夢一結束，每個人都希望忘記它，就像從來沒發生過一樣。唯有這個音樂廳歌手不願意忘掉，同時她也是唯一拒絕對不公平的審判表示抱怨的人：「如果審判全部都依賴簡單的事實，它就是一個荒謬，那麼誰可以從它找出任何的意義？」

木下的戲劇，看起來是為日本的罪行道歉，事實上，它進入罪行與賞罰的問題，比起有關審判的兩齣德國戲劇，顯得更深入些。然而諷刺的是，它所呈現出的基督教的影響（木下曾經是基督徒）也比兩個歐洲的作品來得大。彼得．魏斯和羅夫．施奈德寫了有關納粹罪行的陰謀。魏斯試圖顯示，是什麼產生出像博格這樣的拷問者。兩人都不懷疑這些審判的有效性，可是，木下的重點卻不同。他的戲劇表現出戰犯審判並不適用於處理集體責任與真相。任何表達方式根本上就是錯的，甚至音樂廳裡做作的戲弄，反而還更適當些。然而它不足以稱為「勝利者的正義」，因為那對於人們在與他們的過去取得妥協上，不會有幫助。它只是另一種逃避而已。況且在東京的這二十八人，或者數千個階級較低的戰犯，有罪抑或無罪，也不是問題真正的所在。真正的問題是，身為觀眾的我們，必須是自己罪行的裁判官。

東京審判仿效紐倫堡審判，而且在亞洲的日本戰爭，多少就像是希特勒戰爭一樣，不過，甚至法官也了解日本的被告們，並不等於東方的納粹。東京審判的主席威廉・韋伯爵士認為，「比起那些日本被告，德國被告的罪行是極為可憎的、多樣的、廣泛的。」以另一種方式來說，幾乎所有在紐倫堡審判中遭宣判為違反和平罪行的被告，也都在違反人道的罪行上獲判有罪，但是，半數的日本被告，卻只因政治性的罪行而被宣判死刑。

起訴的律師之一的法蘭克・鐵文納說：「這些人並非惡漢，[25]他們是在紐倫堡接受審判的團體中的有力分子，他們是犯罪環境下的渣滓，曾徹底地接受犯罪方式的教育，而且除了那些罪行以外，其他什麼方法也不知道。這些人理應是國家的菁英，是誠實而且值得信任的領導人物，也是被大膽託付整個國家命運的人……。」

然而在日本，責任的歸屬問題總是一件不可靠的事情，而且在此地，形式上的責任比實際的罪惡更容易獲得認同。不僅是許多人，就像木下戲劇中的主角，他為他的上級所做的事而受到責備——日本的一般常例，發生在犯罪集團，也發生在政壇或商界——可是在上位的人，通常完全不控制他們不顧是非的部屬。因此，由一群對日本方式毫無概念的人，匆匆地在亞洲各地舉行集體審判，是很難將日本的權力鍊結中的責任歸屬問題釐清的，事實上，這一點也不意外。結果，造成了許多人以錯誤的理由遭到錯誤的起訴。這就是為什麼在日本對於那些遭到外國人貼上戰犯標籤的人，竟然獲得這麼多的同情，特別是所謂的乙級與丙級戰犯，他們只是遵照命令，或者被授以較低的權柄：戰場指揮官、戰俘營守衛……等。

一九五三年，有個活動要求釋放所有的日本戰犯，總計超過了一千五百萬個簽名。有件來自東京的西德大使館，送給在波昂的聯邦司法部門的公文報告說：「日本人的意見是，從來不理解戰犯審判的真正目標，因為審判結果是由勝利者單獨達成的，而且帶有報復的性質。〔日本的〕戰犯沒有意識到自己犯罪，因為他把他出於愛國心的行動視為戰爭的行為。」[26]

一九五三這一年也是電影豐收的時期，譬如《太平洋之鷹》把戰時的領導人描繪成烈士或者愛好和平的英雄。在太平洋的老鷹，是指攻擊珍珠港的計畫人和執行者海軍上將山本五十六，他在許多方面的確是溫和又令人仰慕的對象。較不溫和，但的確是私設法庭的受害者，則是山下奉文。他也是英雄崇拜的電影的對象，例如電影《山下奉文》。在菲律賓，日軍在他指揮下犯下恐怖的暴行。一九四五年的馬來西亞包圍戰中，其殘酷程度與南京大屠殺相差無幾。因此，在電影中把他描寫成一位溫和的紳士，而把在馬尼拉的美國檢察官塑造成主要的惡棍之一，這似乎是在觀察過去上一個不尋常的方式。

但它也並非完全錯誤，因為這個審判**是**受到操縱的。[27]山下無疑是個強悍的軍人，但在這個案件中，他被遠遠地調離那個在馬來西亞胡作非為的部隊，因此，他難以知道到底發生什麼事。然而美國檢察官公開談到有關他想吊死「日本鬼子」的事，而且麥克阿瑟將軍矢志對失去菲律賓做出報復，所以他加快審判速度，甚至就在來自高等法院的兩個反對意見到達之前，決定吊死山下。持異議的法官稱它是個「沒有適當法律程序的司法私刑。」山下的死刑，宣判於珍珠港事件的週年紀念。有了這樣的先例，少數的日本人，甚至那些發覺將所有問題都歸罪於「軍國主義者」是相當方便的人，也有了胃口去執行他們的戰犯審判工作。

政治理論家丸山真男，把戰前的日本政府稱為「無責任的系統」。[28]他區分了三種型態的政治性格：可移動的「神龕」、官員、不馴服的人。「神龕」階級是最高位的。它是權威的最高象徵，由官員扛在肩上（就像慶典上的神龕一樣）。「神龕」是偶像，但那些扛著它的官員，才握有真正的權力。不過，官員——官僚、政客、艦隊總司令、將軍——通常遭到最低階層不馴服之人的操縱，例如，軍中不服從的人、戰場上性急的軍官、瘋狂的國家主義者，以及其他的暴力代理人。這個無責任系統的結果之一是，政治的因果從眼前消失。而歷史會看起來像是一條既成事實的、無盡頭的繩索，像是沈悶寂靜的時期，遭到暴風雨打斷，然而風雨的來源往往又是神秘的：外國的惡魔、自然，或者，以日本修正主義之父林房雄的話來說的「歷史的冷漠」。

在東京的被告席中的甲級戰犯，除了「神龕」之外，還有官員。他們是肩上扛著所有之中最高之「神龕」——天皇——的官員；但是他們依次被那些在階級制度中地位極低的人舉在空中，並受到不馴服之人操縱。政治責任的移動，像永不停息的汽車，轉呀轉呀，上上下下，從來不停在任何一點上。當這個系統旋轉到失控，就像在一九三〇年代，事件受到來自不馴服者的壓力，而反抗的則是緊張的官員們，而赦免的是「神龕」的神聖地位。在這裡我們遇上了東京審判所拒絕處理的問題之癥結，亦即「神龕」的角色，在他的名下，犯下每一項戰爭罪行，而他正是天皇裕仁，也是我們一般所熟知的昭和天皇。

一九九〇年夏天，在我訪問南京之後，我遇到佐伯裕子，四十出頭年紀，風韻猶存，撰寫傳統日本詩歌。她的詩，屬於短歌形式，是極簡主義的輓歌，有關一個不名譽的家庭：

父親大醉有如石榴樹
在祖父處死的隔天
我們都在一起，一個家族

子。

佐伯女士是以「滿洲的勞倫斯」為人所知的土肥原賢二的孫女。一九四八年土肥原吊死在巢鴨監獄，理由是違反人道罪行、違反和平罪行、傳統戰爭罪行。他的形象多采多姿，雖然階級高，卻是典型的不馴服者，牽涉了恐怖主義、毒品運輸、管理集中營。身為滿洲關東軍的指揮官，他是推動對中國戰爭的一分子。

佐伯女士的父親因為是土肥原的兒子而承受極大壓力；他無法保住工作，因為飲酒過量，年紀輕輕就死了。佐伯女士本身在她小學時遭到霸凌（在她唸的菁英高中倒沒有）。她曾希望天皇會來拯救她，既然她被教導說他是「我們所有人的父親」。可是她的雙親告訴她，不能再期待天皇的幫助了，因為日本戰敗了。「我們現在必須靠自己」，她的母親說。無論如何，他的肖像一直掛在她家的牆上，直到一九五〇年代她進高中為止。只是後來它被詹姆士．狄恩的海報取代了。

佐伯女士覺得自己是悲劇家庭的一部分。正如同所發生的事情的結果，她對於權力的無常也感到哀傷。她對天皇始終抱著非常複雜的情感。她說，天皇准許在東京審判中規避罪行的問題：「被告是他的孩子。在日本人之間，對於像我祖父這樣的甲級戰犯，沒有太多的同情，這是真的，可是乙級與丙級戰犯卻被視為受害者。他們只不過是執行天皇的命令而已。」現在佐伯女士感覺比較不生氣，因為天皇去世了。

她並不以土肥原的孫女而感到光榮。確實，她不喜歡她的童年，但是，她十來歲的兒子有不同的觀點。他因曾祖父和每一件與戰爭有關的事情而傾倒。佐伯女士說，他聰明但是非常國家主義。他拒絕東京審判的觀點。當他和朋友觀賞小林的《東京裁判》時，他自豪是土肥原的曾孫。佐伯女士說，這件事讓她了解到時代的變化有多大。

裕仁天皇不是希特勒；希特勒不只是「神龕」而已。但是在東京審判期間，基於無責任的天皇崇拜系統所產生的致命後果，真正地浮現了出來。藉著一個既不含「最終解決」偏又類似希特勒的國家社會主義之種族主義的意識型態，將日本軍隊粗魯殘酷的行為正當化，因為日本人是從神祇繁衍下來，是亞洲的支配種族。歷史學者家永三郎說一個故事，[29]是有關一九三〇年代某個日本小學生，由於必須解剖一隻活青蛙而感到噁心，他的老師用他的手指關節又快又用力地打在學生頭上，說：「為什麼你為一隻差勁的青蛙哭泣？當你長大之後，你必須殺一百、兩百個清客。[30]」

一個到過中國戰場的老兵在電視訪問時說，他能夠殺中國人而不感到內疚，只因為他沒把他們看做人類。甚至殺戮之中，還有宗教的功過，因為它是「聖戰」的一部分。巢鴨監獄的隨營牧師法蘭西斯．P．史考特詢問戰俘營的指揮官有關他們虐待戰俘的理由。以下是他整理出來的他們的答案：「他們有個信仰，凡是天皇的敵人就不可能是對的，所以對待他們的俘虜越殘暴，越表示對他們的天皇忠誠。」[31]

裕仁天皇，這個模糊的形象，在戰後脫下海軍軍裝換上灰色西裝，在個人方面無法與希特勒比較，但是在心理的角色上兩者卻出奇地相似。米切里希夫婦將希特勒描寫成「德國人倚賴的對象，他們把責任轉移到這個對象上，因此他是個內在的對象。」[32]所以，他代表與重振了自襁褓之年起，我們自己就堅信的那個全能的心像。日本的天皇制度也是如此，無論是殘忍的戰犯或溫和的海洋生物學者，誰坐在御座上都一樣。

無論如何，麥克阿瑟將軍選擇在一九四五年以後保留住這個權威的象徵、這個最神聖的「神龕」，乃是個正確的舉動。順便一提，這正是日本人所要求的投降條件，但同盟國拒絕這個要求，而後藉著破壞廣島和長崎來逼迫日本無條件投降。一九四五年以後的恐懼是，沒有天皇，日本是不可能被統治的。事實上，麥克阿瑟的舉止就像傳統的日本強人（許多日本人讚嘆他的做法），利用天皇的象徵增強他自己的力量。結果，他傷害了造成日本民主政治的機會，同時嚴重地扭曲了歷史。為了適當地保住天皇（他至少可以被迫退位），裕仁的過去就必須沒有任何瑕疵；也就是說，這個象徵必須除去以它的名義所做出來的污垢。

這或許可能也或許不可能使得日本變得較易於統治，但它的確也引起許多不好的感覺。一九八七年，原一男製作了一部優異的紀錄片，內容有關一個名叫奧崎謙三的退伍日本皇軍。影片的名稱是《前進，神軍》。奧崎過去是一個在新幾內亞的普通士兵。在戰爭末期，當奧崎已經回到日本之時，有兩個與他同一排的年輕士兵，在不確知的狀況下，遭到自己的指揮官槍殺。此事對奧崎造成的困擾越來越大；他「必須」找出究竟發生什麼事。因此他決定追蹤所有的生還者。

至少可以這麼說，奧崎是個怪人。他在監獄裡耗費許多時間玩彈珠遊戲以射擊天皇，並分派小冊子，內容是天皇的色情卡通。他開著一輛輕便貨車在日本國內到處逛，車上掛著布條與標語，要求天皇向那些被他送上戰場而死的數百萬青年道歉。研究真相的目的，根據他的說明是，「安慰那些為天皇犧牲生命的靈魂。」

奧崎既不是基督教徒，也不是任何佛教教派或神道的成員。他相信某個他稱為「奧崎教」的東西，它結合了自然律與無政府主義。閃進我腦海中的文學典型，不是日本的，而是德國克萊斯特的《米高·寇哈斯》小說，書中的主角是來自布蘭登堡的馬匹商人，他對正義的熱中，導致謀殺與重傷害罪。

原一直手提著照相機跟隨奧崎，按照他的要求，拍攝心血來潮的勇敢的影像。你從來不知道下一步會發生什麼。行動永遠在混亂的邊緣。在一個鏡頭中，奧崎踢一個不願吐實的生病老同志。另一個是他把以前的軍官摔在地上。當警察企圖介入，奧崎要他們少管閒事。從一開始就很明顯，他厭惡權威，任何的權威。他說警察就像戰爭中的士兵；他們所能做的，只是服從命令罷了。雖然是無盡的謊言與藉口，但一個令人不愉快的故事慢慢開始浮現出來。這兩位年輕人並非如同人們所想的，因擅離職守而遭處死，反而是排長下命令殺掉他們，這樣他們就可以被吃掉。吃食日本士兵，不是常例。事實上，雖然土著與敵人的士兵，比較受到喜愛，但這些人不是隨手可得的，況且這兩個士兵不受他們的指揮官喜歡，所以就被殺了。當然，指揮官自己從來不承認這回事，因此，真相必須借助其他人的報告，方得以拼湊出來。

不過，光是發現真相是不夠的。奧崎要他的指揮官承認它。因為撒謊令他大怒。這位指揮官是個居住在大宅邸的一個肥胖老人，生活相當富裕。奧崎粗暴地抓著他並且大叫說，他應該洗清並負起他所做過的事情的責任。這個人說他看法不同，在那個時候，人們必須體認當時的狀況。他像其他日本士兵一樣，只是奉命行事而已。奧崎大吼：「那就是你們所必須說的全部！我認為人類最高的無責任象徵便是天皇，而且有像你一樣忠心的軍官追隨著……」在結尾，奧崎試圖槍殺他，但失敗了。他槍殺指揮官的兒子作為替代。當他被宣判終身監禁時，他說，這是上帝的正義。

裕仁天皇不只逃避了東京審判的起訴；他甚至不能被稱為是個證人。有個交易被敲定，也就是說讓這個最高「神龕」置身事外。阿里斯提得斯．喬治．拉撒路是受審的將軍之一的辯護律師，他被邀求安排「軍方被告，以及他們的證人，在他們的證詞中，以他們自己的方式表達出，在討論軍事活動或計畫的會議中，裕仁只是個仁慈之人，而且按禮節他必須參加會議這樣的事實。」[33]無疑地，其他的律師也受到相似的指示。

在審判中，只有一回，這個遊戲計畫差點出錯。在首席檢察官基南對東條英機的交叉詢問裡，將軍同意「沒有一個日本國民敢違背天皇的意志。」【34】這完全不在麥克阿瑟仔細安排的劇本中，因此，基南被迫在審判中說服另外一位被告木戶侯爵——天皇私用印章保管者與戰爭期間最親近的顧問——試著去改正東條的說詞。一向是忠心的國民的東條，一星期之後照做了。他說：「由於忠告來自最高統帥，天皇雖然不願意但勉強同意戰爭。」他又說，無論如何，天皇的「愛與對和平的渴望維持不變，一直到當敵意產生的那一刻開始，而且甚至在戰爭期間他的情感仍然保持不變。」

在此，重點不在於多數日本人喜歡見到天皇被吊死，或接受審判，但是天皇的罪行問題，遠遠超過只是歷史性的利益。因為天皇制度，直到戰爭結束為止，一向被用來撲滅自由的言論與政治上應負的責任。如果不檢查它在歷史中的角色，「無責任系統」就不能被正確地揭發出來，如此一來，會使得它能夠以這個或那個形式，繼續存在下去。

早期對天皇制度的批判，已體認到這一點。【35】一九四六年的左翼電影製作人龜井文夫拍了一部電影《日本的悲劇》，片中高度批判天皇在戰時的角色。起初，美國的審查人員看不出把新聞短片、相片、報紙的報導等等東西拼湊在一起有什麼不對勁，可是經過首相吉田茂個人審查之後，他向軍事情報組組長查爾斯．威勒比將軍抱怨說，這部電影具有破壞性。威勒比贊成，因此電影被禁。一九八四年，龜井與電影史學者平野共余子參加《日本的悲劇》的審查。有人告訴她說，差不多是時候，將這部電影禁演，因為日本人已停止熱烈討論有關裕仁天皇的戰爭責任問題。這會使得更多人覺得滿意，而且不只是日本和美國的高層而已。只要裕仁活著，日本人就會有困難而不能誠實地面對過去。因為他曾經在形式上為所有事情負起責任，同時藉著保住他而讓他不用負起任何責任，同時也解決每個人的問題，當然除了某些軍人和平民的代罪羔羊、軍官與不馴服的人，他們覺得自己是「勝利者之正義的受害者」之外。……

教科書抗爭

德國

在《美國海藻》中，野坂昭如描寫一九四五年日本小學生的模樣。戰爭期間學習英語是沒有用的[36]。你所需要知道的只是「Yes」與「No」而已，歷史老師這樣說。「是與否？」是一九四一年山下將軍在新加坡對著珀西瓦爾將軍吼叫，要求英軍無條件投降時所用的字眼。但是，現在戰爭結束了，該是學習說「謝謝」與「抱歉」的時候了。

歷史老師一向說珀西瓦爾將軍是個典型的白人：高，但是膝蓋弱。當作戰的時候，任何日本人能夠打敗白人，因為日本人有強壯的大腿。這是因為白人柔弱而且坐在椅子上，而日本坐在地板上鍛鍊他們的肌肉。可是當戰爭結束後，歷史——突然重新被命名為「社會研究」——老師說：「『看看美國人。他們的平均身高五呎十吋，而我們只有五呎三吋。這七吋的差異表現在每一件事上，因此我相信這就是我們戰敗的原因。肉體力量方面的基本差別，一律顯示在國力之上。』」學生不太清楚為何老師舉出這樣的理由，「但他是何等高明，讓你覺察不出此事對他有多嚴重。可能這只是他用來掩蓋他情感的方式，因為突然間繼神聖的日本之後，必須用充滿審查人員黑色污點的教科書來教導學生民主的日本，讓他覺得很困窘。」

結果，再也沒有人相信老師所說的任何一個字。昨天還是神聖的種族，準備和盎格魯／亞美利堅的惡魔，戰至最後一個男人、女人、小孩，今天卻變成了桑克斯（謝謝）、梭里（抱歉）、德謨克拉西（民主」。

當我準備出發去面會兩位來自東柏林市郊的高中歷史老師之時，我想起野坂的短篇小說。此事發生在，過去情如兄弟一般地與蘇維埃社會主義共和國聯盟，堅定結合在一起的反法西斯工農兵共和政體，加入了與美國同盟、資本主義的德意志聯邦共和國之後兩年。作為許許多多政治支柱的歷史，不得不變得很怪異。那麼，老師如何解釋這個現象？任何一個「她們的」學生如何還會相信他們？

萊因女士與拿斯女士看起來在四十歲以上。拿斯女士是校長，曾經加入共產黨。萊因女士不曾入黨，這是她從未擔任校長的原因。兩個女人都有副聰明的臉孔，頭髮整齊地從蒼白的額頭往後梳。兩人均穿著得體：堅實的鞋子、厚毛線衣。學校建築因長期疏於照顧而顯得陳舊。污穢顏色的牆壁顯出帶水氣的裂縫。我們在一間飄散著高麗菜味道、陰冷的房間裡見面。

我告訴她們野坂的故事。她們聳聳肩互相望了望對方。身為資深教師的拿斯率先說話。她說，一九四五年在她們這一邊的德國，沒有像這樣的問題。在蘇維埃地區，百分之九十的教師遭到解雇。而那些留下到一九四九年以後的，自然是反法西斯的人。相對地，到一九九〇年，她們的學校遭遇了點問題，因為——說到這裡她們兩人都有力地點點頭——這已經是相當民主的學校了。

她繼續說，當然人們不能提到歷史的某些部分。在卡廷的波蘭軍官大屠殺，就是一個最好避免談到的話題，還有〈莫洛托夫—李本特洛普密約〉也是一樣。「我們不知道這些事情，」拿斯女士說：「我們沒有說那是不對的，你必須體諒。我們只是跳過某些議題而已。」

從舊德意志民主共和國教科書來判斷，這種說法並不是非常正確的。一九三九年八月的〈莫洛托夫—李本特洛普密約〉，使得納粹德國與蘇聯得以瓜分波蘭，此事被提起過，但是被賦予了特殊的解釋。我在萊因女士親自送我的教科書中查閱此事。在第一百四十五頁寫道：「在蘇維埃社會主義共和國聯盟與德國的互不侵犯協定中[37]……犧牲蘇聯，以解決帝國主義系統之內在矛盾的計畫失敗了。蘇維埃社會主義共和國聯盟，不但阻撓建立一個強力反蘇維埃聯盟的目標，而且限制了德國在東歐的侵略行動。這個協定保證了蘇聯兩年的和平，在這段期間它可以建立起自己的防衛力量。」蘇聯入侵波蘭，意不在土地，而是「為了保護烏克蘭與白俄羅斯人民的生命與自由，以免遭法西斯蹂躪。」

這本教科書的年輕讀者被要求回答兩個問題，這些問題印刷在書頁邊的空白上：「德蘇互不侵犯條約的意義是什麼？」以及「為什麼在今天仍然受到帝國主義理論家的貶抑？」教導學生們政治正確的回答，一度是萊因女士及拿斯女士的工作。

「當然，」拿斯女士說：「我們必須告訴孩子，目前我們真的不知道某些我們所教他們的東西。他們接受這樣的說法。他們了解。甚至在以前，他們知道我們不相信每一件我們必須告訴他們的事。這是柏林，我們都觀看西方電視節目。我們都知道這些。我們只是不談它們而已。」我想到所有在東德看過《猶太大屠殺》但卻不能討論它的人，因為他們一開始就不應該看。

「在此地，罪行是無庸置疑的，」萊因女士說：「我必須告訴我的學生要小心注意他們的舉止，當學校旅行到波蘭與捷克的時候。我必須向人們解釋，因為我們仍然是發動戰爭的人。你知道，所有關於兄弟情誼一般堅固的事，全是胡說。他們仍然恨我們。但是我的學生覺得很難了解。他們就是不知道。其中有一人穿著德國黑紅黃三色的百慕達短褲在華沙逛。結果，他被痛打一頓。」

現在呢？我問。現在學生能接受不同的歷史詮釋嗎？兩個女人都轉轉她們的眼珠。

「他們變得非常順從」，萊因女士說。「他們不再問我們任何問題了，」拿斯女士說：「他們不批評。他們只看錄影帶。」萊因女士說：「是的，而且年紀較大的小孩，他們只聳聳肩膀，懷疑為什麼他們應該受到任何一件事情的煩擾。『所有這些是為了什麼？』他們問。」

至於從西方來的新學校教科書，萊因女士及拿斯女士有怎樣的看法？

「嗯，」拿斯女士說：「他們看起來好些，可是內容，嗯……。」

「不全都好，」萊因女士說：「非常膚淺。」

我要求她們更具體些。

「對於戰爭的分析不夠，例如，為什麼發生等等。有許多關於猶太人的資料——但都是些表面的事件，沒有架構，沒有背景……」

我疑惑她們期待什麼樣的背景。難道她們忽略了，獨佔資本乃是希特勒的法西斯主義的根本這類的馬克思主義式解釋嗎？

「喔，」兩人同時說：「我們仍然相信『那個』。從它獲得利益的人從事戰爭。那是很明顯的。我們仍然教導我們的學生『那個』。可是你知道問題是：我們的學生非常敏感地區分來自舊德意志民主共和國與新聯邦共和國的資料。問題是，我們必須把它留給他們，讓他們自己去做決定。」

二次大戰對東德歷史的最主要衝擊，可以簡述為兩小段，兩者都來自萊因女士的教科書。其中之一歸因於一九三五年的布魯塞爾共產黨會議：「因為希特勒政權是個獨裁政權，它包含了來自大資產階級分子最大份量的反動與侵略要素，在客觀上，它和所有階級的主要利益相矛盾。因此，對抗希特勒獨裁，必須有反法西斯的民主原則作為目標。在這樣的目標上，所有的民主與愛好和平的力量，都有其利益，然而這個為了廣大的盟友所做的規劃，乃是由德國共產黨所提出的。」

第二個，歸因於一次大戰之後的德國共產黨的計畫：「甚至當反希特勒聯盟的軍隊，已經從東到西逼近德國的邊界時，不論反抗中的、在集中營內的或遭放逐的共產黨員，為了民主的、愛好和平的德國的基礎而準備，以備一旦法西斯政權垮台之需。」

萊因女士與拿斯女士的學生怎可能覺得有罪惡感？既然他們出生在這民主、愛好和平的德國。他們是反抗分子的孩子。他們其中較年長者，曾經為抵抗希特勒政權而奮鬥（從不是德國或甚至是納粹德國；好的德國一直存在著，在地下、在放逐中、在共產黨員之間）。在漫長和問題重重的日耳曼歷史潮流中，納粹帝國的故事，並未被呈現得像是樁悲劇性的錯誤，也沒有被呈現得像是日耳曼理想主義之中較不為人知的特性，所帶來的必然結果：的確，某些最為沙文主義的德國理想主義者，像《告德意志國民書》的作者約翰．戈特利普．費希特，或者德國體操之父弗里德里希．楊，是在民主共和國內受到尊敬的名人。相反地，它像是一個遵循著歷史的完整法則的連續性故事。「希特勒政權」正是最後又最暴力的中產階級資本主義的舞台。像一位東柏林的喜劇演員一度觀察的：過去屬於西方世界，未來屬於我們。

在德意志民主共和國教科書的插圖選擇上，也支持這個論題。有共產反抗英雄的肖像，例如統治德意志民主共和國差不多二十年的埃里希．昂納克，以及一九四一年在處死之前喊出「共產黨萬歲」的海因茲．卡佩勒。有一張照片，是俄國的黨羽鄭亞．柯斯摩德明斯瑰亞，在靠近莫斯科的地方，被吊死前喊出「同志們，繼續奮鬥不必畏懼！」。此外還有被工業界的首領包圍的希特勒本人的照片，以顯示反抗的目的是為了什麼。有關戰爭的照片很少，除了一兩張蘇維埃士兵在東方前線作戰的而已。有些集中營的照片：幾乎都拍攝於卜亨瓦爾德集中營，因為許多共產黨員拘禁在此地。不過，有一張照片是蘇維埃士兵與一個穿著條狀集中營服裝的囚犯握手的照片。這一張不可能是在卜亨瓦爾德拍的，因為是美國人第一個到達那個地方的。

在這本教科書中，暴行與滅絕的證據，比蘇維埃解放者與共產黨反抗者的英雄主義來得少。德意志民主共和國的孩子，並未被邀求補償或譴責他們的父親與祖父所犯的罪行，因此，奧斯威茲沒有理由成為他們認同的一部分。他們被教導與英雄認同。

如同萊因女士與拿斯女士所說，西德教科書對於過去呈現出一個相當不同的畫面。那是一種令「真正不知道」的人震驚的畫面。聯邦共和國的教科書包含了少數反抗英雄的照片，但有許多大屠殺的相片。幾乎每本教科書都刊載了，在比克瑙火車貨運堆置場上，黨衛隊軍官腳穿閃亮的皮靴，站得直挺挺，正選擇他們的受害者並施以立即槍決的有名照片。納粹的文件被仔細地引用。我們找到集中營典型的紀律規定、一九三五年種族法、葛培爾或戈林的演講，以及迂腐的官僚處理海德里希有關一九三八年水晶之夜的報告。

帶學生出席史旺柏格審判的高中老師貝恩德．威茲卡告訴我說，在西德學校裡，每年平均有六十小時用於介紹納粹的歷史。威茲卡在茲瓦本，一個有著鋪鵝卵石的街道、中古城堡、數排十七世紀房屋的小鎮上教歷史。他指示我前往猶太人墓地的方向，要我去看兩兄弟的墳墓。一個死在法國，身分是，死於大戰中的德國軍官；另一個則死於二十五年後的「模範」集中營特萊西恩施塔特。

我和威茲卡，還有他擔任教師的德國女友一起喝茶。她大約三十出頭，比他少十歲左右。他們都說，他們的學生對納粹時期表現出極大的興趣。比對德意志民主共和國的興趣還大嗎？「絕對的，」威茲卡說：「因為我們不覺得德意志民主共和國——國家安全局和所有那些——是我們歷史的部分，然而納粹帝國當然是的。」

威茲卡的雙親是傳統人士。也就是說，他們曾經是短暫的納粹。他的父親服役於東方前線的武裝黨衛軍，而母親是熱心的希特勒婦女團團員。他的父親依然保留附著「卐」字的鐵十字勳章。因此，威茲卡發現他很難和父母談論過去。而且他的老師也沒教他太多。那些在戰爭期間還是小孩的人，覺得沒必要談起，而已經是成人的，卻不想談它。有個曾經在戰爭中受傷的老人，雖然是老師，但是令威茲卡特別討厭。他的態度是嚴厲的、權威主義的。可是有一天，當孩子們問他有關納粹帝國，突然間他再也忍不住哭了起來。「我們都有罪，」他說；「我們看到牆上的口號說猶太人去死，而我們袖手旁觀，什麼也沒做。我們都有罪。」

德意志聯邦共和國的教科書像德意志民主共和國一樣，不是由中央政府所遴選的學者所寫，因此，每一州的教科書都不相同。出版商將他們的教科書提交州政府許可，州政府則將它們交給指定的學校教師（由家長和學生推薦）委員會審查。原則上，審查是根據憲法，而不是以意識形態為標準。只要它們按照憲法與教育法規編寫，都通得過。教育法規之一強調說，教育的材料「不該妨礙學生去做自己的決定」。依照巴伐利亞的一本典型的高中歷史教科書來判斷，[38]這一點受到很嚴格地看待。在每一章所提出的問題，意不在測驗政治的正確程度，而注重的是鼓勵學生自發性的思考。譬如，有段來自法理學家卡爾·施密特寫於一九三三年的引文，內容是他對納粹黨的法律地位所下的定義。他論辯道，這個黨既不是私人的組織，也不是國家的；它單獨存在，而且不能服從於法庭的詳細審查。緊接在這個之後，是一篇黨衛隊學院的院長在一九三七年發表的演說。演說中，他告訴他的學生說，他們是新形式的希臘城邦中的優越人物，只須對希特勒的意志負責。在讀了這些引文之後，學生被要求「討論在建立於錯誤標準的狀態下，一個人如何展開他的行為的問題。」

像這樣的班級討論，效果的大小，受到老師的影響很大。在灌輸事實之外，威茲卡不完全確定該如何去探討納粹帝國，該如何賦予意義，不過，他的女友較喜歡後現代的探討方法。她會要求學生去讀希特勒的演說，然後解構它們，並且去分析他的聽眾是如何被操縱的。威茲卡由於是較年長的世代，所以一直想擺脫「特殊途徑理論」的羈絆。那是一種認為日耳曼歷史在一個特別的、命定的、帶有瑕疵的軌道上發展的想法。他發覺「很難說納粹主義是否是典型德國的。當一個特殊的小團體被絕大多數人輕視的時候，情勢會多迅速地變壞，也許這樣地教導學生比較好。」

可能這就是兩位東柏林教師所意味的缺少一個「架構」。事實上，無論如何，在西德的教科書中確實有個架構，它不同於共產國家宣傳的，而且還有一個重要的地方與前東德的教科書不同。在巴登—符騰堡的中學教師手冊裡，解釋教導孩子有關「國家社會主義的獨裁者」所要達到的目標：「學生應該學習有關希特勒的外交政策，以及獨裁者是如何建立起來的。他們也應該找出有關迫害與大屠殺的納粹系統的不人道之處。藉著掌握『納粹帝國』集權主義的性格，學生必須體認我們州政府的自由民主的法律，如何地保障我們的基本權力。」這本手冊極力推薦前往參觀集中營。

目標是培養尤爾根．哈伯瑪斯稱為憲法愛國主義的東西：憲法愛國主義是唯一的愛國主義，[39]能讓我們不自外於西方諸國。唉，唯有在奧斯威茲之後，以及藉著它的價值，一種深植於堅信、對普遍主義的憲法政體的原則之忠誠，才有可能被建立在文化的日耳曼民族當中。」

人們也許會稱它為，對歷史的社會科學之探討。雖然學生不再被要求認同旗子、歌曲、英雄，或者一個被小心建構起來的、歷史連續性的意義，但是，被要求認同自由民主的法律。它在形式上、本質上與東德社會主義的法律不同，因為社會主義國家不相信個人的基本權力，但是卻頗為相信個人為集體理想而犧牲，這犧牲甚至還包括舊政權的裝飾：旗幟、火炬遊行、偉大的領導人、軍事化的青年團體等等。崇拜共產黨的反抗領袖，多半也是他們建立起來的國家崇拜，而且某些案件還受支配。在哈伯瑪斯及西德教科書作者們構想下的憲政愛國主義，並非特別意味在製造一個國家崇拜。而且，在哈伯瑪斯的觀點裡，既然自由主義式的愛國主義「憑藉」著奧斯威茲而來，這便意味著與過去、與文化性國族（Kurturnation）的決裂。

它所缺少的是一種國族認同的象徵。這被批評為無趣味、抽象、膚淺。一九七五年聯邦共和國總統瓦爾特・謝爾說：「我們處於變成一個無歷史的國族的險境中。」十年之後，歷史學家米夏埃爾・施蒂默爾抱怨在西德呈現精神的真空與失去國族的定位。這是「歷史家爭論」的爭論點之一，始於一九八六年，起因是保守的歷史學者恩斯特・諾爾特在《法蘭克福廣訊報》刊出一篇論文名為〈不會離開的過去〉的論文。施蒂默爾和其他保守人士申論說，不應准許奧斯威茲將一枝楔子打入日耳曼歷史的連續性當中。因為歷史必須提供給國族一個認同——精神的、政治的、審美的。德國人必須能夠與國家的英雄認同，甚至，按照有名的歷史學者安德里阿斯・西爾格魯貝爾的意見，與一九四四年為保衛鄉土而抵抗共產游牧民族的那些德國士兵認同。哈伯瑪斯譴責保守人士，因為他們重振反動的歷史相對論，用來傳播反共產的德國國家主義。

事實上，西德教科書確實提供了一種同時具有國家與地區的認同的東西。有如在東德的教科書裡，它立基於反抗的信念；那是一種建立在反對納粹國家之上的認同。這種狀況使得德國在一九三三年到一九四五年沒有完全被納粹運動吸收，「似乎同盟國在戰爭期間也沒有體認到這點」。每本教科書都包含了對不同反抗團體的詳盡描寫，譬如共產黨員、神父、牧師、學生（白玫瑰）、社會民主政治論者，最後，當然是在一九四四年刺殺希特勒失敗的申克．馮．史陶芬堡公爵以及他大部分身為貴族的陸軍同僚。希特勒施行了恐怖的報復，數千名德國人慘遭謀殺。這些陰謀者吊死在普勒岑塞監獄，此地仍被保留作為哀傷的神龕。據說就在行刑之前，他高喊：「神聖德國萬歲！」而希特勒在巴伐利亞的山上避難所的被窩中，一看再看吊死他的影片。

因為史陶芬堡是「中產階級—軍人的」陰謀團體的一員，雖然他無疑是個英雄人物，但並沒有想建立起一個社會主義之國家的意圖，所以，東德教科書必須釐清，他不是東德的一分子之類的，可是又沒有真正地譴責他。同時我們也知道他周遭包括了有著「進步的政治概念」的人，他們都與共產黨有來往。可是在西德，他的名聲也並非毫無爭議。像「神聖德國萬歲！」就不是左派人士所喜歡的一句話。不管人們有多痛恨希特勒與他的酷吏，然而在右派人士的眼中，暗殺的企圖，依舊暗示著謀反。即使一九五五年柏林有條街以史陶芬堡命名，但只有在一九六七年，柏林參議院決定在他計畫政變之地，亦即前陸軍總部，建立一個紀念和資料中心。

宗教，在德國人的反抗中，扮演了一個角色，而且巴伐利亞的教科書更強調這一點。希特勒的政策，據教科書作者的觀察，顯然與史陶芬堡的宗教人道主義有很大的不同。但這是巴伐利亞，特別關心天主教會。例如，人們都知道，由於巴伐利亞人是天主教徒，所以，在一九三二年時並沒有投票給納粹黨。而且神父個人的英勇事蹟，好比慕尼黑的耶穌會士奧古斯丁．羅許就被挑選出來。這些都是非常正確的，但這並不等於說納粹不流行於巴伐利亞，實際上，正好顯示了天主教徒聽從神父的指示而投票——總之，天主教保守派，在一九三三年以後被迫解散。

然而這種特殊地區性的興趣，最後，替強烈的政治訊息或架構，開創出前進之路，如果人們寧願：「共產黨員、社會主義者、中產階級、宗教人士、軍隊以及貴族圈的代表，付出了他們的自由和他們的性命來反抗希特勒。但這個反抗納粹獨裁的聯盟，為戰後德國在憲政與社會的法律發展上，提供一個起始點……反抗運動與德國自由運動形成一種連結，而且容易使得人道的價值與法治的原則、民主制度、福利國家與聯邦主義，固定在德意志聯邦共和國的憲法中。」

因此，兩德，在他們的歷史教科書版本中，都被建立於反抗的傳統之上。這是個有吸引力的想法，而且如果認同歷史人物是受到鼓勵的話，那麼認同申克．馮．史陶芬堡公爵當然比認同，例如海因里希．希姆勒等人來得好。（在東德像這樣的英雄有恩斯特．台爾曼與埃里希．昂納克，雖然是較無吸引力的角色模範，但還是比希姆勒好。）

不過，結果並非全然地有利。在東德，強加的英雄崇拜，是集權主義的宣傳言論與歷史粗鄙的扭曲。當英雄碎裂在塵土中，同時宣傳言論失去它的力量之時，數百、也許數千個幻想破滅的青年，為了讓早期獨裁政權的英雄與象徵復活，乃起而反抗。他們在街上吼出：「勝利！」同時崇拜納粹領袖，彷彿他們渴望一個更英雄的時代，而他們的榮光，被老一輩、讓他們失敗的人壓抑住。

在西德，正式的反抗傳統遺留下許多「希特勒孩子」，在這些孩子的概念裡，任何對國家的反抗，不只被過去證明為正確，並且也是一種道德的命令。紅軍派（The Red Army Faction）不管他們的方法和目標有多荒誕，之所以能夠在六八世代人之間，期待獲得一些同情，只因為它敢去做大多數德國人所做不到的事，而且這些事情在三十年以前是很重要的。

不過，同一世代中較為冷靜的人，也了解西德的自由民主制度，必須依賴在一個對納粹的過去保持開放的批判態度之上。而且該是時候去打破慎重、沈默，以及被認為必須把數百萬前納粹轉變為共和國公民的逃避，而如果有時候，這個打破顯得太唐突、太粗魯、太自以為是，但是，它也使得論辯與智力挑戰的氣氛變得新鮮些。許多「希特勒小孩」，不會因厭惡或蔑視而離開政治，反而像以往的德國知識分子的習慣一樣地加入了它。而且當他們發現事情走偏了——不會始終沒有一丁點的歇斯底里——至少他們勇敢地面對。當惡棍玩弄納粹的標記，在一九九二年變成一個嚴重的威脅時，譬如放火燒庇護住宅和謀殺外國人之時，有數百萬德國人挺身抗議。半數以上的慕尼黑人口參加了燭光遊行，為他們的反對暴力性質的仇外而示威。至少，德國人象徵性地學到了異議的價值。

日本

家永三郎是個日本史的教授和前高中教師。在一九五二年，他為高中生寫了一本受到廣泛使用的歷史教科書，但四年以後，他的麻煩開始了。文部省決定家永的教科書裡有關日本在亞洲的戰爭太偏於「一側」——亦即，太負面。他經常被告知重寫他的稿本。可是在一九六四年，他受夠了，於是在接下來的一年，他控告日本政府的行為違反憲法。之後，在一九六七年和一九八四年還多了兩個訴訟。一九八〇年代，他被告知要消除掉有關日本兵犯下的罪行，尤其是，南京大屠殺、強暴以及在滿洲所做的日本醫學實驗的經過。家永宣稱，審查教科書違反了戰後保證言論自由的憲法。在多次被訴與反訴之後，一九九二年他依然在東京高等法院為他的案件而奮戰，當時他已七十九歲。

我注意到家永的第一點，是他的孱弱。他走路有點困難而且容易疲倦。他蒼白、像雞蛋的禿頭座落在小而脆弱的軀體上。他的眼鏡和其他部分比較起來，顯得太大。我懷疑，他從哪裡找到這些能量與動機，能夠陪伴他奮鬥二十七年。坐在位於東京近郊他的書房內，他藉著述說他的戰爭來回答我的問題：

「一九四一年十二月當我聽到日本攻擊美國的消息，我已知道我們將輸掉戰爭。當然，我不能這麼說。每一件事都被控制得太嚴緊。那時我在新潟的高中教歷史。文部省命令中學的老師教導天皇神話，以及有關日本種族的神聖祖先等等。」

他拿出一本當時的教科書。古代日本神祇與神話的天皇，被描寫為日本獨特之美德的承載者。神話像歷史一樣地被呈現出來。當家永翻著一頁頁易碎的書本，嘆氣說，他從不希望日本的孩子必須再讀這樣的書。

「教室是個讓人變節的地方，在那裡我們必須壓制自己的原則。對於教導國家所宣傳的歷史觀點，我竟然沒有做出反抗，感到很慚愧。我應該永遠感到慚愧。我要提醒你，我不是戰爭的宣傳者，可是我也沒有做任何事去阻止它的發生。」

當一九六五年他第一次為自己的案件辯護時，在法庭上，他曾說出他的羞恥感：「我只想到我自己的良心，但我犯了當列祖列宗的土地遭到破壞時，我卻袖手旁觀的罪。數百萬的同胞死於戰爭，而我夠幸運地活下來。我深感有罪，因為曾經是個不抵抗的目擊者，親眼見到我國成了廢墟……現在我只是個平庸的公民，但似乎我不能做太多事情，我希望我能補償我以前沒有提出任何反抗的罪。這就是為什麼我今天提出這個訴訟。」

這像是歌曲覆唱詞一樣，在他所有的寫作與演講中出現：日本的欠缺抵抗。在一九九二年十一月最後一次出庭之後，他又說了一次。在離高等法院建築物不遠的一間租來的大廳中，向他的支持者說：「納粹德國與它的軸心伙伴日本，最大不同之處，在於許多德國人反抗而且失去生命。在日本，幾乎沒有任何人反抗。我們是順從者之國。這就是為什麼現在最重要的，不是這個案件的輸贏，而是我們爭鬥的決心。」就在該離開時，當他曳足而行走出大廳，所有支持者站起來歡呼。他狹窄的肩膀彎曲著，彷彿背著極重的東西，而他的雙眼在像貓頭鷹的眼鏡後面閃爍著。

總之，敗訴是當然的。判決在一九九三年的三月十六日宣布。雖然家永心裡有數，但是對判決的卑鄙，仍十分吃驚。他開了一場血氣旺盛的記者會，說他不能忍受他的憤怒，而且這樣的判決帶給日本恥辱。一個月後我打電話給他，希望再去訪問他，但他說他筋疲力竭。他會再爭鬥嗎？「當然，當然。教科書審判是我活下去的理由。」根據他的觀察，地方的新聞界對他的支持，比大都會的報紙來得多，後者之編輯的態度是漠然的。他說：「你離開東京越遠，越有自由批評政府。」家永的案件，自然不是唯一足以說明這個事實的例子。

當戰爭結束時，似乎所有事情都有著承諾。日本投降之後，並未馬上有新的教科書，因此舊的仍然被拿來用，不過卻將軍事行動的經過以墨水塗掉。一九四六年，名為「我們國家的進展」的新教科書出版了，它是自從一八八一年以來的第一本歷史教科書，內容從石器時代開始描述，但不再談有關古代神祇與祂們的天皇子孫們的國家神話。一年之後，通過教育基本法，限制政府對教育材料的控制。教育的目標是，「教育人們愛真理與和平」以及建立一個「符合日本憲法」的「民主與文化的國家」。學校可以自由選擇它們自己所要的、由私人準備與發行的教科書。以往是學習科目之一的道德準則遭到廢除，而歷史卻成為社會研究課程的一部分。

這相當於一種革命。至少從一八九〇年天皇的教育諭令頒佈以來，日本的教育就一直在執行帝國的宣傳。那時的首相山縣有朋說：「教育，就像是軍隊，應該擁有天皇的訓令。」【40】他還說，在國家遭逢危機時，所有日本人應該被教導「勇敢地」奉獻自己給國家，「因而保衛與維持我們的天皇權力昌盛。」」甚至地理課程也被加上帝國的因素。在一本戰時的地理教科書裡，「日本的形狀」被描寫成「不是沒有意義的。我們顯然是亞洲的前鋒，勇敢地前進太平洋。同時，顯然我們已經準備好保衛亞洲大陸免於受到外部攻擊。」

道德準則的研究被認為極端重要。這是為什麼國民的美德，例如自我犧牲、軍事紀律、祖先祭祀、以及天皇崇拜等，能夠形成的原因。的確也是如此，在二十世紀的前半期，在多數的國家裡，軍事的英雄被當成人們追隨的主要模範。「君が代」，[41]本是祈求天皇君權永存的祈禱文，竟被唱成了國歌，太陽旗則飄揚在亞洲各地。至於熱心地注意神聖的天皇所提到的每一件事，是所有日本國民的責任。在每個日本的學校裡都有個神龕，內有天皇的肖像。肖像上的一點點塵土與不良的懸掛，都會是造成受嚴懲的原因。

一九四七年與一九四八年，所有這些都正式廢除，同時在參眾兩院也都註銷天皇的教育諭令的效力，而以憲政主義、和平主義（真理與愛）、民主，以及社會研究取而代之。當家永寫他第一本教科書時，它的出版沒有受到任何官方的干預，但差不多就在那個時候，亦即朝鮮戰爭爆發的一年以後，事情開始起了變化。有個政府的教育革新委員會提出一項報告，重點是：「由於採取國情不同的外國事物，做為我們自己的系統之根基，同時追隨的只是理想，所以，我們混合了許多不受歡迎的要素進入我們的系統中。」[42]

為了反對這些要素，教育理事會不再經由選舉，而由地方政府指定。同時，文部省再次擔起準備和出版學校教科書的責任。這使得政府與左翼教師聯盟進入長期的奮戰中，進一步更將兩個組織推向兩個極端狀態。教師聯盟懷疑政府意在從事軍國主義的復興運動，一方面，政府卻將這些左翼的教師，包括家永，看做是，說好聽的是危險的理想主義者，說難聽的是背叛者。由於這個遙遙無期的拉鋸戰，結果日本的歷史教科書難以滿足任何一方的要求。直到今天，左翼人士與自由主義者仍批評它們不誠實、規避與國家主義。而保守主義者及國家主義者，則看到太多「外國」的左翼意識型態的痕跡。沒有任何一方是完全錯誤的：妥協後的教科書是逃避問題的，而且自從戰爭以來，馬克思主義者控制著歷史的學識。

家永從來不掩飾他的政治傾向。在他一九六二年的教科書中，用了一張殘廢的日本陸軍退伍軍人的相片當做插圖。此人一隻殘廢的手放在一個皮革製的支架上，脖子附近掛著錢盒子。插圖的標題傳送著一個訊息：「這個悲劇的畫面，很有說服力地傳達給我們從緒言到憲法的警句：『……（我們）決意永遠不該經由政府的行動，再次面對戰爭的恐怖』那種錐心刺骨的意義。」[43]這句話完美地簡述了家永與教師聯盟的「憲政愛國主義」以及他們的和平主義的傾向。戰爭，任何戰爭，都不好，尤其是在亞洲大陸為「帝國主義」的權力而戰。家永解釋，日本之所以未能破壞中國的共產主義者，是「紅軍的民主力量」。[44]在中國的日本戰爭是「一個政治價值的奮鬥：中國的民主對日本軍國絕對主義」。很明顯地，二十年後，這也是他對越南戰爭的分析。

家永的左派和平主義與偏向支持中國人，正是日本保守主義者嘗試從教科書裡消除的事情。文部省要求將殘廢的士兵的照片與插圖的解說拿掉，因為它們傳達「極度負面的戰爭印象。」

家永也放入了學生赴戰場與年輕的女孩在軍事工廠工作的照片，並有插圖解說：「人民生活的毀滅。」然而，文部省對於這些照片有個較為正面的看法。它們是「顯示將自己奉獻給國家的學生，表情燦爛的照片。」

我看了一本發行於一九八四年的高中教科書[45]。整個日本都使用這本書。書中沒有殘廢的士兵或日本暴行的圖片，但有廢墟中的廣島、珍珠港沈沒中的亞利桑納號、當時新聞的頭條、轟炸中疏散的人們、防火訓練的人們的照片。最後一張照片的解說，保持了文部省的一貫精神：「鄰人協會在防火訓練中相互協助。穿著寬鬆長褲、包著頭巾的婦女，勤快地練習如何傳遞水桶。」

家永的教科書中有關在滿洲數千名囚人身上執行致命醫學實驗的七三一部隊的參考資料，都被刪掉了，因為在實驗的題目上，沒有可信的學術方面的研究（研究的確困難，因為大多數資料都在美國或蘇聯手中）。但到了一九八〇年代，有足夠的證據出現，證明家永的書中收入這件事情是正確的。在一九九二年他很有自信，日本未來版本的教科書將處理七三一部隊的問題。

一九六二年的教科書裡，家永也提到，在中國的軍事活動中，「許多日本軍官和士兵對中國女性施暴。」文部省決定也將這個刪掉。「對女性施暴，」文部省宣稱：「是發生在人類歷史上的每個時代、每個戰場上的事情。這不是個有必要被舉出來、尤其是有關日本軍隊的話題。」

事實上，皇軍的強暴行為到處瀰漫，將軍們開始擔心後果——激起中國人激烈的反抗，所以決定在靠近前線的地方，設置軍中妓院（慰安所）。慰安婦來自日本帝國轄下的鄉村、城鎮、戰俘營，包括了中國、韓國、東南亞以及少數歐洲女性。絕大多數的慰安婦死於疾病、謀殺與敵人的戰火。雖然家永在其《太平洋戰爭》一書中提起這件事，但其他的日本教科書中卻看不到。證據再一次顯現出來，證明家永所說的事情，在未來的歷史書中，將不得不包含它們。

證據以一種有趣的方式出現。直到一九八〇年代後期，南韓需要政府的特別准許，才能到外國旅行。由於南韓政府在一九六五年同意接受一筆錢，以平息日本戰爭的責任，所以韓國人不可以個人身分要求賠償。不管怎樣，慰安婦的歷史是令人困窘的，因為帶給倖存者的家庭極大的羞恥，而且過去還有許多的韓國通敵者。不消說，這件事沒有放入教科書中。但是，到了自由氣氛日漸濃厚的一九八〇年代晚期，南韓人可以到日本旅行時，同時在女性主義者的鼓勵下，到達一定人數的前慰安婦決定表達她們的要求。無論如何，日本政府否認它們的責任。爭執點在於，戰時的娼妓屬於私人機構，而且也沒官方介入的任何證據存在。

若不是歷史學者吉見義明在電視上見到這項否認，這件事也就停止下來了。他記起當他在日本防衛廳圖書館做研究時，看過一些文件，所以，他回到圖書館，幾天之後，他找到他所要的東西：建構慰安所的正式命令，並由日本皇家陸軍高級指揮官簽署。慰安婦的故事在日本的新聞界受到廣泛地報導。日本首相不得不向韓國人道歉。而且當ＢＢＣ記者問日本政府首席發言人，為什麼日本花了這麼長的時間才承認這件事，發言人說政府的研究人員不知道有這些文件。當記者很有禮貌地表示他對這件事感到驚訝，因為單獨一位學者只花了幾天就找到這些文件之時，接下來則是電視的一個偉大時刻：整整一分鐘，發言人保持沈默，咬著嘴唇，避開記者注視的眼光。最後他說那是「一個非常不公平的問題」。

家永使用「侵略」這個詞來形容日本在中國的戰爭。文部省指定的審查員做了以下的建議：侵略是個含有負面道德暗示的字眼。對於下個世代的國民教育，使用這種負面的含意來描寫我們自己的國家的行動，是不受歡迎的。因此應該使用像『軍事前進』之類的表示。」這個建議被適當地採納。中國政府在許許多多政治的或者適宜的機會，抗議這樣的字眼，然而此舉只使得日本國內政治的差異更形尖銳。侵略的歷史妨礙了日本軍事力量的使用，這就是為什麼右翼否認它，而左翼繼續把它端上台面，同時也是為什麼主流的保守人士完全不去談它的原因。只要自民黨保住權力，右翼人士的某些因戰爭而失德敗行的較年老的成員，他們就必須被壓制下來。一九八九年一個日本眾議院的共產黨員問首相竹下登，對於二次世界大戰的侵略，日本是否感到有罪？竹下回答說：這「應該留給未來的歷史學者去判斷。」

在一九七〇年，家永事實上是贏得訴訟的。東京地方法院的法官杉本良吉裁決，文部省所做的教科書審查，不應該超越印刷與事實的修正這樣的範圍。實質問題的審查，被視為違憲，這是在家永的案件中決定的。判決之後，法官告訴新聞界，老師的職務應該受到尊敬，而他們的自由也應該受到保護。右翼極端主義者以死威脅法官、辯護律師、以及家永本人。惡徒包圍家永的家，早晚都不讓他睡覺，有時喊著口號，有時像擊打戰鼓一樣地敲鍋打盆。東京地方法院充滿緊張氣氛，所以，家永和律師必須在警方保護下，從秘密通道進入建築物之內。

在文部省上訴之後，家永再沒有贏過他的案件，或者至少不是那麼明顯。一九七四年，另一位法官同意這個審查過程是「過分的」，但並不違憲。一九八〇年代，又有一位法官宣告所有的審查建議完全符合規定。一位服務家永最久的辯護律師小山宏宣稱一九七〇年代早期是「日本司法的黃金時代」。我問他有什麼不同。他說那是相當簡單的事情：反抗政府的法官，不會被挑選去坐在比較高等的法庭上。所以，如果你不在意有無一個成功的職業生涯，你大可從事公平的審判。顯然杉本法官的職業生涯並不順利。

無論如何，出乎每個人預料之外的是，一九九三年十月二十日，東京高等法院宣判，文部省在審查家永的教科書上，有幾處超越它的權限，包括他對南京大屠殺的描述。自民黨的選舉挫敗，或許對新的氣氛有所貢獻，但是，更為可能的理由是，年輕的日本歷史學者提供了大量日本暴行的證據。

當日本右翼民族主義者宣稱，他們的左翼對手，亦即以教書為職業的那些人，受到「外國的」概念影響，當然，他們的看法是對的。但這不等於說，本土主義者的概念才是純粹的，不過，他們顯得對傳統有較強烈的要求。正像德國的保守人士曾經譴責說，威瑪共和的憲法不是德國的，而是猶太人的，因此，不值得支持它。一方面，日本的右翼人士則非難戰後的日本憲法以及支持它的教育系統，有如舶來品，所以，並不適用。一位著名的比較文學學者入江隆則，實際地描繪出威瑪共和與戰後日本的比較。【46】他說，日本憲法是猶太人寫的，而此人「對國家有厭惡之心」。

德國的憲政愛國主義與戰後的憲法本身，是德國法理學家和思想家創造出來的，如果必要的話，這些人可以依靠歐洲的啟蒙、歌德的人道主義以及德國人反抗希特勒等精神，給他們自己一種一脈相承的感覺。日本人有段比較辛苦的時期，因為美國的佔領而促成的憲政與教育的改變，換句話說，美國人比日本人本身做得多。正如家永所說的，由於日本沒有反抗的傳統可以當做據點，所以取而代之的是馬克思主義，就像在西方一樣，它在日本有一段知性的歷史，而且對國家主義的神話，提供了一個現成的補救方法。

發行於一九八四年的高中學生教科書，述說了整個令人沮喪的、日本戰時的抵抗故事——或者相當缺乏——就在一頁的篇幅中：「一九三三年，日本共產黨的領袖，公開宣稱他們的政治信念。此事對社會主義者造成廣大宣傳的效果，多數人支持訴訟。甚至非常少數堅持社會主義的人，例如，日本無產黨的鈴木茂三郎在這樣的壓力下，於一九三七年中斷了他們的活動。」

美濃部達吉教授的複雜案件，簡要地被談到。美濃部是個憲法學者，在一九三五年想出天皇像是「國家的機關」的理論。根據他的意見，這個國家是獨立自主的，而天皇是它最高機關。此論一出，他立刻遭到批判為民族國家的敵人，因為天皇的統治權是絕對的。

這本教科書繼續說：「對美濃部的理論的辯論結果，不只馬克思主義，甚至連自由主義，也被譴責為反國家主義的思想形式。很快地，由激進的軍事派閥所計畫的國內改造構想，在大眾媒體上取得壓倒性的優勢。這種現象也可以在文化事件上見到。為了與官方的文化政策一致，軍國主義和復舊主義的傾向轉強，而無批判地仿效西方文明的想法，也獲得了重新考慮的機會。還有個逐漸增加的趨勢，正是對日本傳統文化的再評價。」[47]

至此與抵抗有關的，就是這些了，但絕不使用少數真正從事反抗的人——例如，美濃部——做為角色的模範，而且在上述的陳述中，有個明顯的矛盾。當然，軍國主義與思想的壓制行動，受到非難，但「無批判地仿效」西方文明，也不會是件好事。可是，有關「日本傳統文化」的再評價，有什麼很大的錯誤嗎？總之，用於直接描寫政府審查制度的字眼，像「重新考慮」以及「再評價的趨勢」，都是很奇怪的。

似乎沒有人公開支持軍國主義的復活，許多日本民族主義者覺得需要保護傳統日本文化，以對抗無批判地仿效西方。以政治的語言來說，這意味著保護日本君權，包括它從事戰爭的權力，以便對抗馬克思主義與和平主義的影響。根據宣傳，在長期努力下的「文化」，是個含糊不清的家族國家觀念，而它的古老價值，藉著恐怕沒有中斷的天皇世系而傳承下來。因為戰後的秩序，不是由繼承了反抗舊體制精神的日本人所安排，所以，對過去的感受，比起不論是東是西的德國，必定都更為矛盾。事實上，保護日本的認同，經常「是」在保護舊政權，這不只是對抗日本的左派，同時也對抗不論是東方或西方的外國人，因為他們對日本的批評，是基於它所做的以及它選擇記憶的方式。

這就是為什麼前文部大臣藤尾正行有一次告訴我說：「在日本現代史中，沒有見不得人的插曲。」他在一九八六年遭首相開除，理由是他攪亂與南韓的關係，因為他宣稱一九一〇年日本併吞韓國，韓國人也應該受到部分的責備。而有關東京審判，在一次訪問中，他說那是個「種族復仇」，意在「奪走日本的力量」。

藤尾說這些事情的目的，是因為他要「透過歷史與傳統，恢復日本精神。」

藤尾不是怪人，也不在戰後第一個說出這種思想的人。在一九七四年，很快捲入收賄醜聞的田中角榮首相，擔心在日本的教育中缺乏道德的發展，因此，他建議，以往的天皇教育諭令應予恢復，因為「多數內容表達了宇宙的道德原則」。但是，一九五七年文部大臣碰上問題的關鍵點。在有關家永三郎第一本教科書的調查報告中說，在他的「使人們熱心地思考過去」之中，[48]遠遠偏離了教導日本歷史的正確目標——去認識我們祖先的歷史成就、增進我們對身為日本人的警覺、對我們的同胞培養豐富的愛情。

一九九一年舊的帝國讚美詩「君が代」和太陽旗，就算有些激烈的抗議來自左翼人士與自由人士，但仍然被正式宣佈為日本的國家象徵。這個決定並未經過立法，而是文部省在核准修正後的教科書時，以指導方針的形式頒佈的，該教科書中還出現了自從戰後以來的第一次、對日本的軍事英雄有利的章節。至少有一個學校，日大松江高校，非正式地恢復天皇敕語。它的校長岡崎功堅持每天早上大聲將敕語唸出來，因為它是「造就你們日本人具有真正的日本精神的最佳教科書」。

一九九二年秋天，我和大約兩百五十人一起在東京高等法院外面等待。高等法院裡面的空間有限，因此，我們必須抽籤決定誰能夠參加家永三郎的最後出庭。許多人是家永後援會的成員。有許多人遠從北海道與琉球趕來。有男人、女人、老人、學生、老師、辦公人員、家庭主婦。情緒顯得很愉快，即使對於家永的案件根本不抱希望。有人分發小冊子，目的是為了宣傳人權討論，或言論自由，或前慰安婦以及日本軍國主義的其他犧牲者的賠償問題等的會議。有些歡呼是給予遠道而來的人，而更多的歡呼，是給予那些之前為家永審判做證的人。

然而最大的、像一種急迫的情感的歡呼，則給予家永本人，當他在他的律師之前走進建築物的時候。他脫帽致敬，同時在眼鏡後眨眨眼，看起來既脆弱又固執。

法庭很樸素，沒有視覺性的權力象徵，不論是世俗的或宗教的。法官們穿著屬於歐陸風格、簡單的黑色寬敞外袍。在他們後面的是蒼白的大理石牆壁。律師巧妙的辭令，以沉穩的、甚至無技巧的方式陳述。在家永的辯護律師群中，有一位女性，而文部省的則無。

我聆聽小山宏的陳述，他從一開始的一九六五年，就為家永的案件辯護。他談到穩定回歸戰前的教育方法、談到日本人權的最低標準、談到在面對過去的黑暗面上，與德國相較，日本的差勁記錄，在在都清晰又有條理。他引用孟德斯鳩有關法的精神，而且指出憲法的存在，是要保護人民以免國家獨佔真相。他說，這就是為什麼教科書的作者，必須自由表達他們的想法。因為沒有思想自由，就可能沒有民主。

法官們與幾個文部省的律師，深深埋在椅子裡，閉上眼睛，全神貫注，或者是假寐。也許他們感到無聊，因為他們以前全部聽過了。也許他們認為那只是個沒有意義的業務執行過程，而且他們早已知道這個案件會有什麼樣的結果了。但是，這並非無意義的業務執行，因為它是一個維持家永三郎生命長達二十七年的重要論辯。一個倔強的學校教師和幾百個支持者，在法庭中可能看起來不多，但是已經足夠顯示，這一次，某人正在反擊。

紀念物、博物館、紀念碑

站在威登堡，以前馬丁路德在此禱告的瑪麗安教堂的西南角，你會發現從教堂的牆壁凸出一個奇怪的雕刻，樣子像霤嘴，距離地面約有三十呎。那是隻哺乳著三隻小豬的母豬。她的後腿被一個戴著點狀帽子的小男人舉起來。從這頂帽子，可以辨識出這個男人是十五世紀的猶太人。在這猶太人與小豬的雕像的上方——這隻母豬，人們告訴我，代表著「撒旦的猶太教會」——是上帝的希伯萊名字。這個裝飾物被稱為「猶太人的豬」。有許多這樣的東西被用來裝飾德國的教堂，做為羞辱猶太人的表徵。至今仍有少數保存下來，雖然觀光導遊傾向於不去提到它們。

在這個頗為沒落、正式名稱為路德城威登堡的東德城鎮中，如果在教堂內的告示板，沒有讓我警覺到這個事實的存在，我根本不會去注意「猶太人的豬」這個字眼。這個告示張貼於一九八八年，就在教堂重新翻修之後。翻修從一九八三年開始，在這期間裡，路德派會眾的年輕成員決定對「猶太人的豬」做點事情；它不可能坐在那裡而不被注意到。因此，籌款打造紀念碑，以提醒人們這個雕刻的意義之所在。它將會是個「警告碑」。無論如何，這裡依舊是德意志民主共和國，反猶太主義還沒有正式被認為是個問題，而且也沒有市政府職員出來揭開序幕。

警告碑直接放置在「猶太人的豬」正下方的人行道上。它是銅製的。頗像形狀怪異的人孔蓋一樣的四塊方形板子，被伸出的銅製手指從下方稍稍舉起來。在一側是有如詩的一段文字：「在十字的記號下，上帝本身的名字——是如此神聖以致於在基督徒面前，猶太人無法說出——有如一種濫用的形式地被使用，六百萬猶太人因之而死。」銅製的手指讓人聯想起，從巨壙站立起來的反猶太犧牲者。它們也令人聯想起某些更抽象、或許更不輸於警告碑的東西：可恥的記憶，它們不能再被壓制，它們以它們的方式牽扯進入我們的意識中，彷彿一個不斷重複發生的夢魘。在德國，威登堡警告碑只是數千個類似警告碑之一，但卻是我所見過唯一涉及特殊事件較記憶本身為少的例子。

在第二次世界大戰之前，德國沒有警告碑。反之，有的是，送給像大理石基督一樣倒下的那些為祖國捐軀的軍人之戰爭紀念物。由於他們的犧牲，強化了國內民眾的團結。在第一次世界大戰紀念碑裡，戰爭是個不可思議的經驗，是個無畏、犧牲、重生的耶穌受難地。大歌德式的紀念堡壘，建造於德意志帝國內，為的是要從挫敗中取回榮譽，然而第二次世界大戰以後，沒有再出現類似的東西，取而代之的是，德國人建立了紀念碑，但不是歌頌而是警告；紀念物變成了警告碑。

像玫瑰經碑，散佈在西德大部分的地區內，這些紀念碑證明一種對記憶的不安、一種對健忘症的神經質恐懼、一種縈繞心頭，因此把過去鑄在石頭上。但事情也並非經常如此，在一九四〇年代後期與一九五〇年代，被迫遺忘的狀態增強了些，許多對過去的提醒物——不只是希特勒的過去——遭到毀壞、爆破、移走。集中營的現場，一度被蘇維埃諸國和西方同盟國用來囚禁德國籍犯人，可是，一旦有機會，它們就遭剷平或捨棄。納粹帝國有形地遺留物，是出於冷漠或不可抗力的理由才被留下來，正像先前提到過，難以破壞的施佩爾紐倫堡運動場，或者基於政治的原因，像在東德經常見到的例子。警告碑與紀念地，大部分是與趨勢相反的產物，它們設立於一九六〇年代，由戰後的世代所推展，正宛如他們的父母拼命想忘卻一樣地，他們渴望去警告與記憶。

警告碑呈現出多種形式。以前的集中營變成了紀念地，它結合了博物館、觀光景點、紀念的功能。有些像是東德的拉文斯布呂克，多少都還保持完好如初，而有些像是西德的貝爾根-貝爾森，只剩下個地名而已。

在柏林城外的萬塞別墅，原本是萊因哈德·海德里希在一九四二年一月二十日，喝著早餐後白蘭地，與同事官僚們討論「最終解決」的後勤工作之地，在五十週年紀念活動時，開幕作為紀念地。開幕式在下午舉行，同時舉行有關記憶與大屠殺的討論會，接著舉行香檳接待會。

在萬塞紀念館裡的博物館，看起來不是那麼新。在牆上，有關計畫「最終解決」的納粹官僚的照片，比受害者的照片少，而這些照片是讓他們痛苦的那一幫人非常熱心拍攝下來的。在那裡，他們全部再一次被凍結在悲哀裡：在華沙猶太人區的舉著手的男孩、透過封閉的送牛車門向外窺視的受驚的雙眼、在火車貨運堆置場的選擇、肩負重物的猶太祭司等等。我逐頁翻閱訪客名簿，並讀著對國恥的表白：「必須謙虛地稱自己為德國人，是很困窘與悲哀的。」「這怎麼可能發生在廣大的基督教徒之間？」「在這次訪問之後，我恥於做個德國人。」

有一個位於西柏林的中心警告碑，面對著某些最繁忙的百貨公司。每天千千百百人提著滿滿的購物袋經過，看到它，卻沒看見它。這是個標識，列舉了主要集中營的名稱，並告訴我們不要忘記他們。此外，還有許多其他的標識分散在城內各處。

生於一九四〇年的藝術家約亨·格爾茨提出了製造一種看不見的警告碑的想法。他批評傳統的紀念物和紀念碑，因為它們將歷史鑄入銅器裡而把過去美化了，好像因此將屬於個人的、有意義的記憶，轉變成集體的典禮。他論辯說，這只是另一種抑制過去的方式。歷史的陳述替代了記憶本身，尤其在證人死去之後；它阻礙個人的反省。問題是：你如何將記憶視覺化？格爾茨的答案是：你不能。

相反地，他所做的是，藉著尋找位於德國的猶太墓地的名字，追溯猶太人生活與文化的連續性。猶太人有個風俗，就是在參訪墳墓之後，都會留下石頭，於是格爾茨將它加以變化，他和學生在薩爾布呂肯的某條街道上，掘起鋪街石。這條街道位於一個以前內部有蓋世太保監獄的城堡的外面。每塊石頭上都刻上一個猶太墳墓的名字，以及它被格爾茨發現的日期，接著再放回原先在街上的位置，並確定不讓文字被壓在下面。用這種加以銘刻再放回原位的方式，格爾茨的團隊總共挖起一千九百二十六顆石頭。其次，另有一個標識指出這個「看不見的警告碑」的所在位置。

在一篇名為〈過去不可被正常化〉的散文中，尤爾根．哈伯瑪斯不改舊習地批評那個存在於德國保守人士之間的渴望，也就是說，將德國最近的過去，弄得看起來比已經確認的事實較不那麼突出、更為正常、更加處在歷史主流之中，並想藉此而卸下德國的負擔。他引述了對此種態度的描述（出自赫爾穆特．杜比爾）如下：「與國家過去有關的人們，就像他們對核能發電場所做的一樣，還沒有為它那些具有放射性的廢料，找到最終的埋藏地點。」[49]讀了這句話，使我想起瓦爾特．班雅明，他把歷史描寫成破石碎磚的累積。可是，甚至像某些（也許是許多，也許是絕大多數）德國人希望將這些具有放射性的破石碎磚埋藏起來，而其他的人則盡其所能地尋回每個石頭、每個爐渣，把他們保留在紀念碑和博物館裡面。

譬如，柏林前蓋世太保總部的原址，所剩下的只有石頭。希姆勒在柏林為了他的運營方便，選擇了一些最好的地點。蓋世太保總部座落於阿布雷希王子街上的前工藝美術學校之內，而海因里希掌管的安全部門，位於威廉街的阿布雷希王子宮。後者是一座細緻的巴洛克式宮殿，十九世紀早期弗里德利希．辛克爾重修過。這兩座建築形成了整個集中營與秘密警察組織的網路中心；在這裡訂定了大謀殺的步驟。而蓋世太保也在美術學校的地窖內設置了一個「住宅監獄」。[50]

如同柏林其餘的建築一般，這兩棟建築在空襲中受到破壞。雖然它們還可以修理好，但無論如何，正如許多足以讓人記起過去之物的命運相同，王子宮毀於一九四九年，而工藝美術學校從一九五三到一九六四年之間分階段遭到炸毀。然而，甚至沒有任何一個警告碑來紀念這個地方。除了堆積如山的破石碎磚，什麼也沒剩下，而且從來就沒有妥善地清除乾淨。

一九八三年，柏林政府決定做點事情，因而舉辦了競賽，想看看是否有適用於這個歷史現場的藝術概念浮現出來。雖然概念有了，但什麼也沒發生。六年之後，政府指定一個委員會調查設立一座博物館，或者一個資料中心，或者也許一個警告碑的可能性。仍然再度沒有什麼事情真正地發生，不過，當時在柏林有個團體叫做「法西斯與抵抗之行動博物館」，在人們認為過去是蓋世太保監獄的廢墟頂上，建立了一個暫時性的博物館。事實上，它們是一截公共盥洗室的牆壁。不過，殘忍的傳說，很容易從這些現場中產生出來。在街道另一側的旅館，曾經是黨衛隊中級軍官的住宿之地，後來被拆毀了。有個當地的居民，壓低嗓子告訴我說，有些旅館的家具來自蓋世太保的刑訊室。

住宅監獄的地基，在幾年以前的確被挖掘出來過，但是，州考古部門把它封閉起來。部長與負責歷史建築單位的高層人士，捲入了官僚之間的爭執中。傳統的高層人士要求將整個現地轉變為「黨衛隊的龐貝城」——借自柏林的首席考古學家阿爾弗瑞德．肯德埃爾從一九六八年以來的用語。肯德埃爾計畫繞著監獄建造一個紀念物，利用適當的植樹，指出牢房的輪廓。

到了一九九二年的中期，依然什麼也沒發生。叫做「恐怖的地誌」的暫時性博物館，仍舊在那個地方。肯德埃爾頗擔心刑訊室的地基狀況，而且博物館外面有小孩子騎登山腳踏車，在那堆破石碎磚上爬上爬下。總算對於這個地方有了新的構想，有個政客建議，或許可以將一大塊柏林圍牆放在這個廢墟的後面，然後在上面書寫適當的文字，例如「兩個獨裁政權的結束」。但是最後，到了年底，管理文化事物的參議員做了決定，預備擴大「恐怖的地誌」，同時建造一座「國際中心」，作為場地，以利舉辦和納粹過去有關之事物的討論會、集會、會議。

在這期間，另一個考古的爭論又同時爆發出來。一九九〇年六月，柏林人預備將舉行柏林圍牆拆除的搖滾演唱會，由平克．佛洛依德在希特勒舊辦事處的上方演出。這個地點，靠近布蘭登堡大門，是塊荒原，位於沿著柏林圍牆的東側，好像填滿地雷的砂質壕溝。脫逃者在這裡被射殺，而兔子在這裡狂野地奔跑。於圍牆拆掉不久前，在希特勒避難所頂上建築有灰色的公屋大廈。就在音樂會之前，工人在破石碎磚內挖掘，本來是想尋找尚未爆炸的地雷，卻撞擊到避難所的頂部——部分三合土的迷宮，被建來藏匿戰爭結束時的希特勒和隨從。得知消息的阿爾弗瑞德·肯德埃爾——主張「每一件在地底下的，都是我的領域」——匆匆地騎腳踏車到現場，發現有些事情非常值得注意。因為避難所內部從一九四五年以來沒有一樣東西被改變過。儘管火焰噴射器所留下奇怪的黑色污斑，顯示紅軍的確來過此地，但不知為什麼，他們忘了炸掉它。

裡面有供黨衛隊衛兵使用的雙層床，木桌上的空瓶子、刀和叉、瓷碗，積聚了數十年的灰塵。一位業餘畫家留下了壁畫。畫裡有個穿著緊身長褲，腳踏閃亮長統靴的黨衛隊人員，守護一個在德國橡樹林裡嬉戲的金髮德國小孩，另外，金髮垂在胸前的女人與喝著啤酒的金髮士兵，兩人手握著手放在鋪著格子布的桌上。基於搖滾製作人的風雅品味，平克·佛洛依德音樂會的促銷者乃略施小計，就在肯德埃爾封閉之前，站在那幅壁畫前面，讓人拍了張相片。音樂會恰如其份地演出。平克·佛洛依德歌曲內容是說，坐在牆壁後面的避難所內等待蟲兒來。不久之後，有關避難所的爭論就開始了。

這個不受歡迎的、讓人想起過去的東西，使得保守人士感到困窘，所以想將它摧毀。有些自由主義者及猶太社區的成員則擔心它會成為新納粹的神龕，因此也想將他清除掉。不過，肯德埃爾堅持應該將它保留下來，好做為重要的歷史遺跡。

肯德埃爾有個辦公室在夏洛登堡宮。當你進入宮殿時，你可以見到納芙蒂蒂珠寶。【51】他的舉止粗魯，講話帶著濃濃的柏林腔，這在西部的城鎮很少見。他也大量使用「典型德國人」這個片語，但帶著輕蔑口吻，因為正是這些「典型德國人」想把過去埋藏起來。他說，日本人推掉他們的歷史，而德國人也一樣。

在海斯死後只一個月，施潘道監獄發生什麼事？「砰，炸成碎片，另一片我們的歷史又沒了。典型的德國人！」

我問他有什麼機會可以保留住這個避難所。他說，不太多。「他們只想將歷史陳列在博物館中」。可是，我問他為什麼覺得這避難所值得保留呢？「說來悲哀，」他說：「因為所有那些都被留在一個地點上，該處曾有王室的情婦的宮殿，以及俾斯麥過去住過、一度有位浪漫詩人將它描寫成天堂的地方，而今所有留在那裡的，是黨衛隊人員的避難所。但是，它需要被保留下來。你看，德國人只有少許的認同對象。為什麼要破壞我們僅有的一點點呢？」

認同：我想起訪問過的所有城鎮，每個地方都有自己的地方博物館，每個地方為了珍愛的生命，堅持將它的民間傳說、它的地方歷史呈現在工藝品上，彷彿是想迴避因為改變所帶來的破壞。拿破崙建立博物館，為的是想榮耀他的統治與誇耀他的征服。維多利亞時代的英國大博物館，為了慶祝國家的發展與帝國的勢力範圍。德國的地方博物館為了想顯示誰是當地人，或者曾經是什麼樣的人，更精確地說，他們自認為是怎樣的人，或者曾經是怎樣的人。不過，至少從法國大革命以來，許多歐洲歷史博物館有個相當一致的做法：目的在顯示此時此地，我們的風俗、我們的品味，甚至我們的社會被統治的方式，而這些全都是過去理所當然的、不可避免的結果。這個目標可能因為被政治化，而被賦予一個革命、一個國族、一個特殊統治形式的正當性。當統治的意識型態，寄託在一個不可動搖的歷史法則的信仰上之時，這是必然會發生的狀況。

有個地點位於威瑪地區之外的綠色山丘頂上，過去歌德經常和他的朋友埃克曼坐在那裡。他們背靠著橡樹，欣賞圖林根鄉村綠絲絨般的山坳，並討論文學和人生。埃克曼記下大師的話：「在此處整個人感覺很好、很自由。」

一九三七年，當樹林被清除以便建造集中營的時候，歌德的橡樹被一個由納粹政權頒布的特別法案保護下來。該法案是廣為人知的〈自然保護法〉。因為橡樹四周圍起一道籬笆，所以得以存活到戰爭的最後一年，可是，不幸在美軍轟炸期間有一邊著了火。於是納粹決定砍倒它。一個在醫療大廈製作遺容面模的集中營囚人，利用這棵樹木雕刻了一個人的臉，如今在布痕瓦爾德國立警告與紀念館內，仍然可以看到它。

一九九一年的冬天，當我第二次訪問集中營時，我的導遊為我指出歌德的橡樹真正的位置所在。他高而瘦，加上討好的禮貌，讓我感受到他的緊張。「在這裡你可以看到，」他以一種俯衝的姿勢邊指著前集中營的環境，邊說：「典型德國人的心態。」（導遊本人是個德國人）「歌德的橡樹——文化與浪漫精神；火葬場——野蠻未開化；動物園——多愁善感。」

之前我從來沒有聽過什麼動物園。它被建造出來以取悅黨衛隊的守衛，座落在有著倒鉤的金屬線的圍牆外面，靠近大門的地方（不消說，集中營的囚人所受待遇還不如動物）。若非這樣，我的導遊對德國人「心態」的速寫，就只是老生常談而已。

然而有個老生常談，卻不常在那裡聽到，直到最近情況才有所改變，因為布痕瓦爾德是「紅色奧林帕斯」，是德意志民主共和國最神聖的神龕。許多重要的共產黨員都被關在布痕瓦爾德；戰前德國共產黨主席恩斯特．台爾曼，就在那裡被謀害。此外，一九四五年一個由共產黨囚人領導的、所謂「最後時刻的暴動」，被當做偉大的英雄事件之一流傳在共產黨員之間。現在，德國人的想法，因為發生在五十年前的布痕瓦爾德的事件而備受譴責，而這個徵兆顯示最近兩年之內東德的改變有多大。

在我第一次訪問布痕瓦爾德，也就是早一年前，每一件事依舊正常——也就是說，被認可的。像多數來自西方的訪問者一樣，那座突出在大眾墳場的宏偉紀念碑，讓我受到衝擊而且多少還感到驚嚇。沿著民族大道有十八個龐大的塔形門，頂部是巨大的高腳杯，它們代表了那些遭納粹在當地濫捕受害者的國家。有個高聳、四十五公尺的鐘塔，根據我的導覽書說，這個鐘可「響徹全部的土地」。在鐘塔的裡側有塊銅板，覆蓋住取自各個集中營的土壤。外面豎立好幾群巨大的囚人，正破壞他們的桎梏，同時舉起他們石製的拳頭。有些帶狀壁飾，上面有英雄人物懲罰著過去讓他們痛苦的人，然而比較好的是，摘自一九四五年四月在重獲自由之日布痕瓦爾德誓言裡面的話：「將納粹的罪惡連根拔除。」

我看了史達林主義的英雄恩斯特．台爾曼被殺的牢房。房內有一塊薄金屬板，上面寫著「德國人偉大的孩子，德國勞工階級的領袖，為法西斯主義所殺」，還有一個永遠的火焰、一些由兄弟會與交易聯合組織提供的花圈。

但是布痕瓦爾德的神話，如同遍布蘇維埃帝國的類似神話一樣，在它們中間有個習慣性的隱匿動作，也就是說，幾乎沒有任何的陳述提及在六萬五千個男女、孩子之中，有許多猶太人死在集中營裡。布痕瓦爾德不是死亡集中營，不像奧斯威茲或托雷布林卡是特別設計用來徹底消滅猶太人的。在布痕瓦爾德的囚犯，被命令工作至死，或者死於疾病、飢餓、拷打、處死。全部囚犯都受到非常恐怖的待遇，根據多數的報告，猶太人所受的待遇最差。然而我發現有塊小薄金屬板用來紀念「特別的集中營」，在這裡的一萬名德國猶太人，在極惡劣的狀況下逐漸憔悴，他們是在一九三八年水晶之夜後被逮捕的。至於從奧斯威茲轉送成千上萬的猶太人，而且這許多人的遺骨幾乎必須從運牛車上用拖的搬下來，像這樣的事，卻隻字未提。

在共產黨員的教條裡，對猶太人的戰爭並不真正地存在。二次世界大戰是場傳統性的戰爭，是法西斯主義者與財閥所發動的對人民的戰爭。猶太人，就像吉普賽人，在本質上與法西斯主義的受害者並無不同。如同印行於一九八八年我的這本導覽書所說：「毀滅馬克思主義、為失敗的戰爭雪恥、以殘忍的恐怖手段對待所有反抗者等，這些是德國法西斯主義從一開始就宣布的目標。而真正成為問題的是，獨佔資本的利益遭濫用於助長納粹運動。」

不管怎樣，布痕瓦爾德博物館確實展出由「奧斯威茲紀念處」所慷慨提供的女人的頭髮、孩子的鞋、一個被子彈貫穿的心臟。此外，導覽書中還包含了兩張比克瑙的「火車貨運堆置場之選擇」的照片，但是，在它們上面只有一條解說，引自恩斯特．台爾曼的聲明：「中產階級對於徹底消滅黨以及勞動階級之先鋒的目標，是很嚴肅的。」

如同所有的前集中營的現場，布痕瓦爾德吸引了觀光客（黨衛隊軍營之一改為旅館）、倖存者、嗜好可怖而古怪事物的人等這類尋常的組合。在裝飾著「給每個他自己」的箴言且聲名狼籍的鐵門外側，有個停車場，在那裡，一位美國退伍軍人和我搭訕說，他一年至少一次訪問這個集中營。他宣稱他和巴頓將軍的海軍陸戰隊，在一九四五年四月十一日解放這個集中營。「烤爐還是溫的，」他慢吞吞地說：「烤爐還是溫的。」

這樣的說法，很難符合德意志民主共和國的正宗看法。布痕瓦爾德的神話認為，囚人們在集中營內的共產黨小團體領導之下，藉著武裝反抗而解放了他們自己。的確有反抗組織在集中營內，它的成員也曾搶奪了些武器。但是，這些武器是否使用過，仍是個疑問。有些居住在西方世界的倖存證人聲稱，是美國部隊使得這個集中營自由的——沒有殺戮。由於巴頓的坦克包圍了集中營，黨衛隊成員若非逃走，便是投降。

然而它是個重要的故事，因為它扮演了創建德意志民主共和國的神話。每一個德國學生必讀的布魯諾．阿皮茨小說《裸露在狼群中》，主角用歌德的橡樹雕刻了一個面具。這是一本笨拙的社會主義寫實派小說，書中共產黨反抗委員會的成員，在密謀最後暴動的同時，冒著他們自身極大的風險，巧妙地救出一個猶太小男孩。這本書環繞著當集體利益對上個人利益之時所產生的問題而打轉。團體的命運，值得為一個男孩的利益而冒險嗎？這個問題令人煩惱，但從來沒有完全地被解決。接近尾聲時，男孩與團體雙雙獲救。最後，亦即高潮的一幕，英雄們擠出集中營的正門，「在他們獲得自由的浪潮頂上，拖曳著不可阻擋的人道之流。」

因此，以布痕瓦爾德誓言（在閱兵場上發誓的幾乎同一天）來說，開始「朝向一個和平與自由的新世界」而奮鬥。這個世界的本質，很快地就會變得純粹了。一九五八年，當德意志民主共和國第一任總理奧托．格洛特沃爾，在前布痕阿爾德集中營對著八萬名遊行群眾演講時，他宣稱誓言已經在社會主義的德國實現。為了向這個成就致敬，成千上萬的學生、工人、社會主義青年、士兵、農人、外國的摯友，每年群集在「紅色奧林帕斯」，放上花環，聆聽演講，參加火炬遊行，而且通常展示他們的決心，準備走上共產主義的千禧年之路。

可是到一九九一年，當我第二次訪問布痕瓦爾德的時候，事情開始有了轉變。當然，宏偉的紀念碑依然聳立。在電影院裡放映的紀錄片，內容包含奧托．格洛特沃爾以及瓦爾特．烏布利希與妻子台爾曼沿著國族大道行進的鏡頭。但我在博物館中也拿到一本新的而且製作異常精美的小冊子，它宣稱說，一九九〇年春天決定「根據技術上所能辦到的，開始實施某些改變，以解決在簡報中某個特定的片面說法。」

在傳達有關重寫德意志民主共和國神話的爭論上，這句話沒有什麼貢獻，因為在背負著許多象徵意義的「警告與紀念處」的歷史現場，試圖去改寫神話，是件非常困難的事。舊的神話不得不接受挑戰，可是又無法用新的來取代它。布痕瓦爾德的神龕出現了特殊的問題，因為一或二副骨骼，從它的小櫥櫃中滾了出來。

一九八三年營造商無意中發現大量的人骨，它們被丟棄在納粹集中營周邊外側的森林中，一個普通的墳墓裡。東德政府立刻下令封鎖這件事情以及墳墓。但是，一九八九年以後，發現更多的骨頭，另一方面，四十年來甚至不能提起的事情，現在卻可以公開討論：布痕瓦爾德就像在東德的其他集中營，例如薩克森豪森和拉文斯布呂克，維持完全營運的狀態直到一九五〇年為止。一等到蘇維埃軍隊抵達威瑪，布痕瓦爾德又恢復了勤務，這次是用來懲罰前納粹人士、階級敵人、反革命者，其中還包括社會民主黨人，因為他們拒絕讓共產黨取代他們的政黨。雖然沒有證據顯示，蘇維埃人士迫使他們的囚人接受以重勞動殺人的納粹制度，但是，拘留在蘇維埃布痕瓦爾德的三萬囚犯的三分之一死了，絕大多數的死因是飢餓和患病。

我在西柏林遇到倖存者之一的羅貝爾特．齊雷爾。他的故事，已經說了好幾年——對學生、記者、倖存者協會——本身就是一種史詩般的神話。齊雷爾的父親是「亞利安的」管弦樂團的指揮；母親是猶太人。當齊雷爾十一歲的時候，第一個種族法通過；過後不久他的父母離婚了。齊雷爾的母親因為與他這混血兒同住，而獲得了幾年的保護。他的姊姊就比較不幸，她被送往拉文斯布呂克去庇護她的猶太未婚夫。

到一九四三年，納粹決定沒有猶太人可以被寬宥，於是齊雷爾的母親被找出來，並且送往特萊西恩施塔特。很快地，齋雷爾就在二十歲的時候，也被逮捕，理由是藏匿猶太人——也就是，他自己的母親。他被送往布痕瓦爾德。不久，他體重只剩九十磅。很難想像今天的他會是個穿著慢跑服的矮胖男人。

在重獲自由之後，齋雷爾開著一輛美國吉普車前往捷克斯洛伐克尋找他的母親。她還活著。他們一起開車回柏林，夜宿波茨坦。當他母親休息的時候，齋雷爾開著他的吉普車往柏林，想看看他們的房子還剩下些什麼。途中，他被蘇維埃秘密警察攔下來，並責難他是美國間諜。當他宣稱自己是納粹的猶太受害者，卻被認為說謊，因為所有猶太人都死了。接下來的幾個月，齋雷爾輾轉被從一個集中營送到另一個，後來他發現自己又回到了布痕瓦爾德。他在那裡又多待了三年。他回憶說，蘇維埃衛兵的行為並不特別壞，不像納粹集中營內年輕的共產黨小組領導人那麼壞。他們多數是思鄉的年輕人，喜歡唱感傷的歌曲。至於蘇維埃集中營最壞的事情，齋雷爾說是無聊。

我問齋雷爾，人們怎麼看待他的故事，當他最後回到家的時候。他研究著桌上吃茶點用的小檯布，上面繡著廣島和平館的圖樣。他說，他告訴許多人他的故事，包括德國人和佔領軍高層人士。接著他落入沈默。我研究他的房間，它擺滿了小東西和他父親的音樂紀念品。我又問他一次人們對他的故事的反應。他說在那時沒有人表示任何興趣。每個人的心神仍然被納粹佔據著。有些西德人開始抱怨有關同盟國對待德國囚犯的方式——例如，在達郝。可是，有關在德意志民主共和國內的蘇維埃集中營的話題，根本就不存在。

在我第二次訪問集中營期間，頤慕佳爾．賽多盧博士依舊是布痕瓦爾德紀念處的副處長。她的辦公室在一間前黨衛隊的營房——一座大型建築物，內有長廊，是由布痕瓦爾德的囚人們建造的——內部。聞起來有蠟和洗潔劑的味道。在牆上靠近賽多盧博士辦公室的門邊，有幅手持鞭子的黨衛隊員的畫像，此人站在一名受酷刑人面前，用手腕提起，把他掛吊在一根竿子上。圖旁的解說寫道：「上帝，原諒他，因為他不知道他在做什麼。」

當我問她有關蘇維埃集中營，賽多盧博士說：「我對它毫無概念。」「一九八九年十二月，我第一次聽到它。你知道，介於一九四五年到一九五〇年發生在這裡的事情，是個禁忌。那是不可能被拿來討論的。」

嚴格來說，賽多盧博士不算不禮貌，卻急躁且透露出生氣的感覺。一名前黨員，她現在居住在一個遭保守的政府統一起來的新德國。情勢真的改變了：一個憂心的威瑪市民委員會，強烈地要她離開她的工作。賽多盧博士的上司早已被清除，只為了讓一個西德的歷史學者來取代他，不過，當後者與西德共產黨之間的聯繫曝光後，很快地跟著被換掉。

賽多盧博士熱切希望給我看些文件，以證明她的誠意，尤其她的獨立於共產黨宣傳之外。她意識到社會主義國家忽略大屠殺的方式，但這並不意味她接受了某些來自她對手的觀點，而這些保守人士宣稱蘇維埃比納粹還糟。為了證明自己參與正確的贊助，她拿出一封大屠殺倖存者協會的信，內容是抗議任何想把蘇維埃秘密警察（NKVD）的受害者與納粹的受害者劃上等號的企圖。這封信也提到德國政治犯的勇氣，「他們的犧牲，為德國的道德再生，打下了基礎……。」

「當然，」賽多盧博士說：「我們曾經忽略了猶太的受害者，但這是我們想去改變的。我們的猶太友人知道這些後，也全力支持我。」或許他們真是如此，而且可能賽多盧博士有理由感到被毀謗。不過，我不完全相信她的主張。她必須先了解一些戰後集中營的歷史。一九八八年有一本印行於威瑪的小冊子，它可以自由地在集中營博物館的書店內買到，書中提到在蘇維埃高層的寬大協力下，將布痕瓦爾德轉變成紀念處。據說，在一九五〇年為了促成此事，納粹官吏拘留營在四個禮拜之內便告清除完畢。」

可是究竟完成了些什麼，既然真相——或者至少某些真相——已不存在？德國保守人士很快指出蘇維埃與納粹罪行的相似之處。有人投稿到《法蘭克福匯報》說，該把極權主義理論再取出來用的時候了，換言之，對於這個主意，左翼和右翼的專制政府的認知「或許不會完全相同，但應該會以同一方式來評價它。有哪個地方比布痕瓦爾德更佳，可以讓這個理論來證明它的價值？」威瑪的基督教民主黨想要把這個集中營改變成「一個所有獨裁政權下的受害者之紀念處」——彷彿納粹帝國不過是另一個獨裁政權而已。

於是，布痕瓦爾德成了——尤其是流通於右翼圈子的見解——一個方便的焦點，由於德意志民主共和國的解體：這個見解是，共產主義國家像是一種納粹帝國的連續。在某一點上，德意志民主共和國比納粹德國還嚴重，但這是有爭論的：它持續了四十年以上，反之，希特勒只有十二年。那是個吸引人的理論，因為它使得納粹帝國變得更為區域性，並且減少了恐怖的成分。它也相當容易落入開啟了一九八六年歷史學者論戰之結論——納粹只是一種對蘇維埃暴政的防衛反應。保守派歷史學者恩斯特・諾爾特提出這個理論，他論辯說，希特勒試圖防衛歐洲避免史達林的「亞洲的野蠻主義」。在德國總理赫爾穆特・科爾邀請羅納德・雷根與他手牽手站在比特堡軍人公墓，事實上，就在幾小時以前，他們才剛剛訪問了貝爾根－貝爾森紀念館，之後一年，歷史學者之間發生了論戰。在一個能和好的偉大時刻，科爾認為，區分黨衛隊員與其他戰爭受害者的墳墓，那將是難以處理的，的確，那將完全失去重點。時間已經到了忘記區分的時候了。權且改述恩斯特・諾爾特的說法，這是個讓過去消失的時刻了。

受害者反對受害者，墳墓反對墳墓。從一九八八年以來，有關這種區別的爭吵，一直在柏林醞釀著。執掌文化事務的參議員發出許可，准予在希特勒的辦事處原址上，建造大屠殺紀念處。原始構想是想把紀念碑充做被謀殺的歐洲猶太人的紀念，可是，吉普賽事務中央委員會抗議，同時要求應該紀念所有受到種族迫害的人。可是計畫的人反對，因為這會將整個事情弄得失去意義。爭論變得更嚴厲，甚至是怪誕的。爭論起於，四分之一猶太人所受的迫害是否比八分之一吉普賽人來得嚴重。很快地，雙方談起話來，就像是喜好賣弄學問的納粹種族理論家一般。

歷史全都是有關區別。這就是為什麼一個卓越的歷史學者委員會，在一九九〇年被指定把布痕瓦爾德的爭論分門別類。所有的納粹與蘇維埃的受害者，應該一起紀念嗎？如果不，那要怎麼分開？德意志民主共和國的紀念碑必須分割？博物館要怎麼處理？等等。這是個複雜的任務，因為多數的成員來自西德，而且東德人對於西德人干涉他們的歷史神話，是不會給予好臉色的。當強調太多蘇維埃的罪行時，前共產黨員提出異議，然而其他的人卻覺得委員會還不夠深入。西德歷史學者之一的埃伯哈德·耶克告訴我說，那是「一個駭人的窘境，介於我們與德意志民主共和國的人民之間，因為他們將我們放在一九四五年勝利的同盟國的位置上。」終於，委員會建議做小小的改變。在恩斯特·台爾曼的牢房內的薄金屬板被改得較為簡單，內容是「德國共產黨的主席，囚於此，死於此。」同時計畫中有一間小博物館是有關蘇維埃的布痕瓦爾德，另有一間較大的、用來處理納粹時期的東西。

然而留下來的問題是，是否歷史博物館可以和紀念處或者警告碑結合在一起，而不至於歪曲它的目的？一個紀念物是宗教的或準宗教的紀念碑，人們可以在那裡以集體的儀式追憶過去，他們面向紀念碑禱告，點起火把，擺上花環。可是，博物館是個世俗的組織，在自由開放的社會裡，它應該努力從事獨立的學術研究。在獨裁體制中，每件事情——政治、學術、追憶——都變成公開的儀式，所以沒有矛盾；在一個自由民主的體制，則有矛盾存在。

直到一九九二年，亦即戰爭結束後四十七年，在日本只有一間戰爭博物館，而且它是一間非常奇怪的博物館。當然，在廣島有廣島和平紀念資料館，可是這只限於廣島。此外還有一個小博物館在南九州，位於前空軍基地，裡面有神風特攻隊的大事記。可是，只有在東京的靖國神社的博物館，才涉及全部戰爭的歷史。

這座神社本身就富於爭議性。它是一間用來祭祀從一八六八年明治維新以來為天皇犧牲生命的人的神社。在博物館內有張分發給人的小印刷品，他說這些愛國者為「國族」而死，然而天皇毫無疑問地等同於國族，這一點是此處的特徵；事實上，這也正是它得以存在的理由。靖國神社奉祀著數百萬的亡魂，還包括東京審判之後，以甲級戰犯吊死的那些將軍與政客們。保守派政客每年到神社憑弔追思因日本戰爭而死的人，雖然他們聲稱，靖國神社與維吉尼亞阿靈頓國家公墓或倫敦的紀念碑並無不同，可是，它就是不同。

以「王政復古」為口號，暗地裡卻把天皇當傀儡的新政府，在一八六〇年代推翻了德川幕府，但並非兵不血刃的。為了祭祀那些與皇室站在同一陣線而與將軍作戰致死的人，明治天皇建造了這座神社。因此，就某方面來說，靖國神社是個革命的，或者較好的說法，是個拿破崙主義的神社。王政復古始於武士，直到一九四五年他們是一股只對天皇負責的武裝力量，而且經常處於日本的命令中心。當你接近神社巨大的正門時，你看到的第一件事物，是大村益次郎的銅像。他是軍事戰略家以及日本皇家陸軍的創始人，一八六九年遭到政治對手的暗殺，同年靖國神社開幕。

雖然歷史記載上的每一個日本政權，都確認它受到當時的天皇不論自發與否的祝福，但是，尚武的帝國教派（有時稱為國家神道）卻是明治天皇發明的，而它的確是一種現代軍國主義的日本式變體。這個教派的首要神龕，正是靖國神社。「為天皇」而戰，「為天皇」而遵守命令，而且「為天皇」而死，將會被奉祀如神祇一般。

戰後，為了將國家從帝國教派中分離，美國佔領軍高層堅持日本放棄作為國教的神道，而神社，包括靖國，從此變成了私人的機構。喜於解除軍事壓迫的大多數日本人，歡迎這個行動，但是到了一九五一年，以往的部隊的軍官們，形成一個右翼團體並且要求釋放全部戰犯以及恢復靖國神社的地位。迄今這個要求一直列在右翼人士應為之事的清單上。國族主義的知識分子，依然寫著有關因失去「國族認同」而憤怒的書籍，同時各種壓力團體渴望能夠恢復某些戰前的價值。在一篇關於靖國神社的文章裡，[52]評論家江藤淳辯稱說，日本人不像其他的民族，而是「與死人生活在一起。」因此，他的結論是，在靖國神社的祭祀，對於日本國家的延續是非常重要的。

日本戰歿遺族協會，會員超過百萬，大多數人投票給保守派的自民黨，因此它是個重要的壓力團體。此外，希望改寫憲法以恢復天皇神聖的地位，並恢復獨立自主的權力，以利從事戰爭的右翼政客，當然堅持靖國神社是個官方祭祀的地方。所以，每一年在右翼煽動與個人信念的結合下，促使日本的政客，包括總理大臣，也去靖國神社參拜。

為了將爭論減至最低，他們會以「個人身分」參拜，即使他們的集體參拜將是晚間新聞中的一個公開事件。總之，一九八五年中曾根康弘是第一位以官方身分，在訪客簿內簽下總理大臣的頭銜。他獻給神社的，是一根來自聖樹，非常貴重的嫩枝，並且由國庫埋單。基督教徒、左翼人士、和平主義者，還有南韓與中國政府對此提出抗議。有個日本佛教團體控告總理大臣「使用我們的稅金，卻引起精神的傷害。」可是，中曾根堅持他去那裡只是為和平祈禱。靖國神社的小宣傳書中也述說同樣的事情——它是個奉獻給和平的神社。靖國意味著「帶給國家和平」。

那是個特殊的和平觀念。在神社前方的櫻花樹上懸掛白色的垂飾，上面寫著皇家陸軍兵團和著名戰艦的名字。在神社之後，有個地球狀的石碑，用來紀念相當於德國納粹黨衛隊的日本憲兵隊。附近有塊坑坑疤疤的長形水泥厚板，上面有來自萊特、索羅門群島、關島、威克蘭等戰場的不同顏色的石頭。也有一個「母親之碑」：一座白色大理石，類似一個深喉嚨其中有水湧出的模樣。碑上的銘文說：「在即將渴死之人的腦海中的母親形象。」

沿著通向主神龕的鵝卵石步道，停著幾輛藍色與卡其色的卡車，掛著民族主義的標語。一首戰時的軍隊進行曲，從裝在車頂上的擴音器，震耳欲聾地播放出來。這些卡車屬於某些極右翼組織的，這個組織希望恢復戰前的秩序，在裕仁逝世之前，他們稱戰前的年代為昭和維新（昭和是裕仁統治期的名字）。穿著制服的光頭年輕人，一起吼叫，並且向皇宮所在的方向敬禮。

在博物館前面，是一個展示著最具代表性的機關槍、一輛二次大戰的坦克、一座榴彈砲、一顆魚雷、第一輛通過緬甸鐵道的火車頭，這些物品都保養得很好。這是博物館的宣傳小冊子裡所描寫的「聖地」。並且這些展示的武器曾經被「神社中的神祇們」「以愛與關照使用過」。他們「神聖的遺物」則在博物館內展出。

在第一間展示室內，參觀者被迫面對一幅巨大的油畫，畫框是莊嚴的金黃色，畫中人物是在一九三〇年代訪問靖國神社的裕仁天皇。他身著戎裝，而穿著白袍的神官在一旁行禮。此外，也展示一把聖劍，是由神社的神官製成的。還有各色各樣的遺物，來自那些在日中與日俄戰爭中的士兵，時間就在二十世紀的前後。

其他展出的遺物，有「載人魚雷」——形狀像根鋼製的香腸，內部有足夠的空間可乘坐一個人，而此人願意犧牲生命駕著它，直接撞向敵人的船隻。在某些軍旗上有兵士用自己鮮血簽的名，但是現在褪色得只剩咖啡色污跡了。有架在神風攻擊中所使用的「櫻花」飛機的仿製品。有些兵士寫給他們的母親與妻子的信，保存在玻璃櫃裡。在滿是污跡的軍旗之間，展示一個死於菲律賓的兵士，破碎且血跡斑斑的襯衫，此外，另有一張當他死去時，身上攜帶著龜裂的母親照片。

還有更多，如同靖國神社的裕仁天皇的圖畫一樣，都是華麗的十九世紀風格的油畫——在中國萬里長城上，日本軍隊與感恩的蒙古人親如兄弟，以及載人魚雷與櫻花飛機從事他們致命的任務。有一座巨大的模型，類似縮小的庭園，以塑膠製的自殺小坦克車摔落在毛氈製的懸崖下，這用來描寫在緬甸與菲律賓無望的戰爭。比較受到注意的是，在戰後遭蘇維埃捕捉，關在西伯利亞俘虜營的日本兵的困境。在展示品的最後一個玻璃櫃裡，最重要的是，由戰前在日本受訓的緬甸軍事獨裁者奈溫將軍送給日本的緬甸國旗。如解說所言，贈送國旗的是「一位將他國家的解放歸功於日本的人」。而印尼的蘇卡諾總統則留下一隻填充的天堂鳥標本，作為他感謝的象徵。

在展示品之間，用來解釋戰爭背景的文字，純粹是戰爭的宣傳。例如，一九三一年併吞滿洲是個必要的行動，目的在保護亞洲大陸免於蘇維埃共產主義與中國的貪婪。在中國的戰爭是不可避免的，因為中國的反抗人士受到英美國家的刺激，而加入反日本行動的行列。然而與美國的戰爭，是國族生存的問題。同時日本戰俘所受的痛苦，就像在共產制度下數百萬其他的受害者一樣，這就證明了日本一直站在正義的一方。引用出售於博物館書攤上的歷史小冊子所言，簡單地說，「大東亞戰爭不是一場『侵略戰』，剛好相反：它是一場將世界從共產主義解放出來的戰爭。」

從這些說法，很容易獲得的結論是，靖國戰爭博物館榮耀著軍國主義。實際上，事情更為複雜。被一種具有宗教意味所榮耀的，不是戰爭或恨，而是自我犧牲。博物館的調性以及整個神社，的確可以總結在一片由「特攻隊（神風）慰靈顯彰會」所奉獻的巨大銅板上。它在一九八五年攻擊珍珠港的週年紀念會上揭幕。銅板上用一種時髦的字體刻著會長竹田宮恒德王的話：「約六千人死於自殺攻擊，他們悲劇的英雄氣概，舉世無雙，而且在我們敵人心中造成強烈的恐懼。由於他們無限的忠心與無私的犧牲，整個國族淌下感恩的淚。」

在主神龕旁的小房間，和我說話的一位年輕神官，清新的白袍襯托出他辦公室的潔淨。三十歲不到的年紀。他的父親在他之前也是個神道教的神官。在交換名片與寒暄之後，我問他對太平洋戰爭的看法。首先，他說，稱太平洋戰爭為二次世界大戰是項錯誤；它是大東亞戰爭。而且認為大東亞戰爭是個侵略的戰爭，則是另一個錯誤。「我們沒有選擇。那單純只是國族生存的問題。此外，目的是要解放亞洲。現在亞洲人依然感恩……。」

他一定意識到我即將失去耐心的徵兆，因為他停下來並問我有沒有特別想知道的。因此，我問他有關博物館設置的目的。在這一部分，他給了一個完美、誠實又值得鼓掌的說辭。他說，它並沒有打算被用作教育性的博物館。只要戰爭的倖存者還活著，它就不會是個合於一般習慣的博物館。它是一個替奉祀在靖國神社的人保留遺物的地方。他說，不過，假以時日，它必然會變成一個適當的戰爭博物館。

我問他要如何做才行。要如何選擇這些材料並加以解釋？歷史學者會不會被指定去做這個工作？

他必須想想這些問題，但沒有花很多時間。「這件事情是，」他說：「一旦你找來歷史學者，你就遇上麻煩，你就遭到曲解。作為一個神社，我們必須為亡靈和他們遺族的感受設想。我們必須保持他們快樂。這就是為什麼歷史學者會引起麻煩的原因。就這個所謂的侵略戰爭來說，它事實上是一個生存的戰爭。我們不希望遺族覺得他們所祭祀的亡靈，是一些為侵略而戰的人。」

如果人們暫時不要理會神道與基督教在風格上的差別，這個有「遺物」、「聖地」、還有大銅片用來歌頌高貴的犧牲等等的靖國神社，與第一次世界大戰之後許多在歐洲的紀念處，並沒有很大的差異。大體說來，歐美（不包括蘇聯）的第二次世界大戰紀念處不再歌頌死亡士兵所做出的犧牲。對於一個更高的精神水準來說，在奧斯威茲以後，對犧牲的崇拜與戰爭的浪漫面，似乎已不合乎時宜了。而且背負國王與國家的十字架的基督教騎士，再也不會復活了。但是，在日本，戰爭依然只是名符其實的戰爭（不是大屠殺），而這個象徵意義令人想起宗教的狂熱，就像靖國這樣的神社一樣，它依舊舉著十九世紀國族主義的火炬。因此，國族的形象，取決於它對於軍人的犧牲重視的程度。

九州南端靠近知覽，在為神風飛行員建造的「知覽特攻平和會館」外面，有個木製的標識，它是能代表我的想法的最佳例子：「我們」——亦即日本人——「感恩，因為透過他們崇高的自我犧牲而獲得生命……我們感恩，我們的國家在往繁榮的路上前進。同時我們感恩日本今天的和平……我們相信（神風飛行員）希望恢復和平與繁榮。」

非常有可能，他們的確希望和平。可是，當我走向博物館，穿過一個供奉觀音菩薩神龕的小花園，我無法立刻弄清楚他們如何供養它，而這個神龕也沒有提供答案。此外，在為了撫慰亡魂而由退伍軍人協會供奉的石燈中間，矗立著一架神風飛行員使用過的銀色自殺飛機，它也以「櫻花」——美麗而短命——著稱。

神龕與博物館建造的地點，位於原本執行沖繩自殺任務的神風空軍基地上。最靠近這裡的城市是鹿兒島，因為它座落於可愛的海灣旁，而且像極了珍珠港，所以日本海軍利用它來從事一九四一年的演習。剛進入博物館的時候，我拿到一份單張的印刷品，上面告訴我說，「博物館設立的目的是，為了保留那些有關二次世界大戰，被記載下來事實真相，以及貢獻地球真正的和平。」這個博物館的大部分——用政府的錢，在一九八五年建立起來的、一座沈悶的現代建築——是圍繞著櫻花的遺物而建造起來的。遺物之中，包括頭巾，它上面有一千隻女人的手刺繡過的東西，可以讓戴上它的飛行員產生力量，也有些從海床撈起來的破碎軍服與爆炸後的飛機殘骸。但最重要的遺物是，飛行員所遺留下來的信件與日記。它們許多幾乎都是令人難以承受的感動。

寫告別信給自己所愛的人是種習慣。信中包含了人們可以預期的陳腐情感：有關為天皇和他神聖的領土而死而感到光榮的愛國字句，有關克盡軍人職責的驕傲，諸如此類。不過，這是慣例，因為它們是應要求而寫的，看起來好像是寫給父母而引人哀傷的道歉信，因為子女欠父母的債已無機會償還了。許多信件中，多少都含有相似的字句，要求父母兄弟姊妹不要哭，不要悲傷，反而應該舉起一杯清酒，為他們能夠以軍人的光榮方式就死而感到喜悅。

笑是一種本質。被強調的不只是信件而已，還有展示在牆上的年輕人照片。它也是現代新聞報導的特徵之一。在必然死亡的臉上，露出稚氣的笑容，這是一種在習慣上受到高度讚揚的愛國情感。博物館裡有一張照片，呈現起飛前的一個歡樂的飛行員小團體。其中一位，一個快樂的男孩向他的寵物狗道別。照片解說寫道：「在面對必然的死亡之前，在這些人的笑臉中有著巨大的美。」

這種虛張聲勢的形式，當然不是日本人特有的。英國轟炸機的組員也笑得很多。對於光榮之死的幻想，是每個年輕人都有的一種弱點。可是，看著它在和平博物館裡，竟如此地被維持得像是一件美麗的事情，那真是令人困擾。因為愛國的口號和年輕人的笑，並不能掩飾那些被浪費掉的生命的悲劇。相對地，他們增加了一個可憎的痛苦，因為在歡樂之下是一個絕望而且幾乎不含情緒激動。

這是一個十八歲的人，看看他在寫給父母的最後一封信中是如何收筆的：「好一個懦弱的我，為了您，我不會哭出來，媽媽，憑良心說，即使我好想。媽媽！原諒我。您一定覺得很孤單。但現在我會盡我所能大聲地叫：媽媽！媽媽！媽媽！媽媽！」

或者像這一封，一個年齡不詳叫做茂的男孩寫道：「現在時候到了。遮蔽神聖的飛機的櫻花樹，現正盛開著。我應該加入它們，並且讓自己壯麗地盛開。爸爸，媽媽，每一個人，不用為我擔心。保重。我只希望你們在這世界上有個快樂的人生……」

這些信件和相片一樣，對於參觀者有著明顯的影響。男人墜入沈默之中，快速地走去檢視模型飛機。年長的女性啜泣，用折疊好的小手帕輕觸她們的眼睛。「這麼年輕，」她們說：「這麼年輕。」比櫻花只小了幾歲的兒童，排成一列經過展示品。有的笑，有的竊竊私語，有的什麼也沒說。

悲劇，不光是這些自殺飛行員年紀輕輕就死了。在各地，軍人（和平民）也發生同樣的事情。有關他們的死亡記憶，最為可怕的是，為了想正當化他們的自我犧牲所承受的過度感傷。不管當時它是多麼地形式化，但是，沒有理由推測他們不相信有關櫻花與犧牲的愛國熱情。真正的重點是：他們被迫對他們自己的死亡感到喜悅。那是對他們年輕的理想主義的一種剝削，以致於把事情弄得這樣的可怕。而且即使在今天的平和會館，依舊完全錯失了這個重點。

假惺惺的理想與嗲聲嗲氣的詩意，仍然是那個地方的部分氣氛。街道上排列著引導人前往博物館的櫻花樹；關於「在笑臉中之美」的推薦；在博物館導覽中有關這是個「淚之大廳」的內容；一個死去的飛行員被六個白袍天使從燃燒的飛機裡抬上天堂的、三公尺乘四公尺大小的恐怖油畫；而且最重要的是，對自殺任務的否認，不但是一項極端浪費生命的舉動，而且只是延長了戰爭而已。因此，數千人的死亡被染上虛設的意義：年輕人為了和平與繁榮而死，他們的犧牲是愛國主義的高貴模範。

負責本博物館的地方公務員松本先生，他站在主廳內的綠、白、紅三色自殺飛機的前方，對著大約三百個穿著海軍藍與黑色制服，坐在地板上的小學生說話。松本說起話來抑揚頓挫，還帶著鼻音，就好像舊式幻燈機表演中的那個說故事的人一樣。他問這些孩子從哪裡來。他們給了他家鄉的名字。「那麼，這位就是你的前輩。」他邊說，邊走到從他們家鄉來的飛行員的照片旁。拿起對著照相機微笑的這位死去的人的相片，他娓娓道出他們命定的故事；許多有關犧牲、英雄氣概、純潔、無私的情感、美麗的理想的高貴故事。他以也許某些人會批評他將戰爭理想化了或者促銷軍國主義，作為說明的結束。他說，再也沒有比這個更真實的。戰爭不好，非常不好。我們必定不能再走向戰爭。

後來我在辦公室問他，如果戰爭主角是如此地英雄氣概，同時他們的理想是如此地純潔，為什麼該對孩子們做出戰爭是不好的結論？「因為特攻隊的飛行員真誠地信仰和平。」

我知道爭論是沒有意義的。松本與博物館的創辦人並非嗜血的人，也不是戰爭的辯護者。但是，他們對於建立在戰爭宣傳上的理想——犧牲、誠懇、神聖的原因——信仰太深，以致於不可動搖他們的想法。

測試改變，始終是一件不精確的事情，因為它無時無刻不在改變，而且大多數是沒有人注意到的。然而只要對戰爭的記憶仍被關心著，像一九九〇年代早期，在日本就是個重大的轉變期；或者至少看起來像那個樣子。從一九八〇年代晚期，陸軍退伍老兵開始公開講述他們的記憶。一九九一年，來自南韓的慰安婦以及來自中國一些倖存的奴工，到日本要求賠償。有兩間強調日本的侵略的新博物館，分別在大阪和京都開幕。最重要的是，似乎有幾扇窗子打開，讓一陣新鮮的風吹了進來。裕仁天皇的死亡，是一個解釋，而通常另一個解釋是，一九八五年理夏德．馮．魏茲賽克在眾議院的演說。這個演說——「任何人閉上眼睛不看過去，就是對現在的盲目。任何人拒絕記住那不人道，便是向新流行病的危險屈服」——被翻譯成日文而且廣為流傳。許多日本人將它引用給我，並且當做他們應該遵循的模範。

然而還有另一個更為政治性的原因，那是因為有關日本的侵略方面，有了新的壓力。受到波斯灣戰爭的刺激，對於日本武裝力量的未來角色，展開了一場嚴肅的議論。一個新法案（維持和平行動法案）通過，讓日本可以派遣軍隊到外國，這是從一九四五年來的第一次，不過，他們只是聯合國的部分和平部隊。這種事不像它聽起來那樣地戲劇性，他們只能拿著攜帶式武器，而且不能參加任何戰鬥，但是，對於許多日本和平主義者來說，這已經是夠戲劇性了，因為他們認為這已經是另一個軍國主義復活的徵兆。此外，迫切要求在平和資料館內設置「侵略者一角」的廣島行動主義者，也這麼想。作家、政治活動者小田實也是如此。然而欣欣向榮的和平主義，仍然落後這兩棟新的戰爭博物館的腳步一大截：大阪國際平和中心及京都國際平和博物館。任何一個都不受中央政府的喜愛。大阪博物館是大阪府和大阪市出資建立的，而京都的博物館則是立命館大學的一部分。

新的博物館，是一個對任何人的神聖靈魂，都不必承擔責任的世俗組織；沒有「遺物」，沒有「聖地」，當然也沒有歌頌犧牲的歌曲。然而和平主義並非沒有它本身篤信的氣息。在京都國際平和博物館的入口大廳，有兩幅由卡通大師手塚治虫畫的巨大壁畫。兩幅畫都呈現振翅高飛的鶴群——一幅是驚駭地從黑暗和殘酷的過去飛出，另一幅則是朝向光亮的未來飛去。手冊上說，這個藝術家巧妙地「對著充滿生命的宇宙，以及對著讓所有生物活出他們完整的生命的神，唱出一首讚美詩。」

大阪國際平和中心的最後一間展覽室，位於漂亮的現代建築的第三層，展出了我們依然面對的危險：核子的、生態的、社會的。當來自世界各地的人在錄影光碟上，表達他們對和平的看法時，一種與「新時代教派」相結合、清柔動聽的音樂，充滿空氣中。一個美國婦人議論說，戰爭是男性的，唯有女性的治癒力量才能帶來和平，因為女性編織和養育。

其他方面，這兩座博物館的原始構想既簡單又明瞭：將日本戰時的形象，從受害者改變為侵略者。然而日本人所受的痛苦並沒有遭到忽視；在大阪博物館的一個區域內，非常細緻地展出在燃燒彈轟炸之下，大阪遭到怎樣的破壞，以及特別從小孩的觀點來看，承受者有什麼樣的感受。在當時有張小孩子的彩色畫作，顯示了當炸彈爆炸時，人們恐懼地逃過一座橋，同時有一個嬰兒的斷頭拖曳著血滴，飛過天空。不像廣島平和資料館，它妥善地表達出為何會發生這樣的結果，那是因為日本發動了戰爭。

充滿了「十五年戰爭」的工藝品、文件、照片的房間，布置得相當清楚明白。沒有什麼是虛飾的；南京大屠殺、化學戰鬥部隊、慰安婦全都在那裡，不過，除了最簡單的項目以外，沒有做許多說明。明顯地，這個構想的本意，就不想進入戰時宣傳的本質太深——國家神道幾乎未提到——而是想讓年輕的參觀者（有人告訴我說，大多數是中學生，因為高中生忙於考試）留下戰爭的殘酷印象。

在京都的博物館更為明亮，因為它更加注意日常生活的編組、言論自由的壓制、國家主義者的宣傳它更為政治性，而且在它對戰後時期的簡要大綱裡，敘述了一般左翼人士的結論。例如，給小學生看的圖解小冊子裡解釋說，越南戰爭是美國人的「侵略戰爭」，不過「渴望自由與獨立的越南人努力奮鬥，最後得以勝利。」

無論如何，重點不在培養反美主義，反而偏重在證明所有戰爭都是不好的。借用大阪國際平和中心的宣傳小冊子的說法：我們住在一個自由與繁榮的日本，但是戰爭的烏雲仍然罩著我們。十五年戰爭教導了我們許多事情。而最重要的是，沒有所謂好的戰爭這樣的事情。」

由大阪博物館的創建人之一的勝部元教授所操刀的單張印刷品，將這個和平主義的政治背景寫得更明確。文章的名稱是「日本的角色」。勝部討論了〈日美安保條約〉與〈維持和平行動法案〉。根據他的看法，政府故意曲解或隱藏日本戰時的歷史，以便正當化其軍事強權的復活行動。他要日本切斷「與美國目前領導全球的伙伴關係，而成為民主和平地區的成員……」而且「假如要做這個抉擇，日本必須承認在十五年戰爭中的罪行，並賠償戰爭的受害者。」

勝部教授是個正直的人，看起來始終如此。戰爭期間，他進監獄兩年，從一九四三年到戰爭結束，原因是，在私人研究團體中對戰爭的努力提出疑問。他像所有政治犯一樣地指出，他的重獲自由不是因為自己的政府，反而是受惠於美國陸軍。這個經驗造成他心理的創傷，從此他對任何時期的日本政府都只期待最差的狀況。他穿著剛步入老年的革新派休閒打扮：灰色的運動衫、蝴蝶結、長褲。他解釋大阪國際平和中心的符號，一個綠點在紫色的橢圓上。他說，綠點是指傳播和平訊息的大阪，紫色的橢圓，指的是其餘的世界。

在參觀博物館之後，其中一位館員告訴我通往屋頂花園的路徑。從那裡我們眺望被巨大花園環繞的大阪城，過去皇軍在那裡進行軍事操練和演習。回想我參觀過的日本戰爭博物館，在大阪、在京都、在九州前神風特攻隊基地、在廣島、在靖國神社，的確，從戰爭開始，日本有了改變，但基本的爭論點，仍然維持不變。有一方面的看法是，日本從它的罪行學得教訓，不會再從事另一次戰爭。另一方面則認為，日本應該再度自由地成為「正常的」軍事強國。總之，只要一方利用歷史的罪惡來支持它的和平觀點，另一方就會否認他們的做法。

狄特爾．休爾特是我在德國遇過最嚴厲的人之一。他擔任波茨坦歷史博物館館長達七年之久。波茨坦位於德意志民主共和國，是個充滿宮殿與軍營的城市。在兩德統一後，他遭到開除。他的後繼人選，一個來自西柏林、中古時代風俗制度的愛好者，被指定改造這個博物館，還把他描述成「倔強的黨人」。她告訴我說，秘密警察，亦即東德安全局，曾經有個辦公室就位於他的辦公室上方。

我們約在基諾咖啡店，一個位於毀壞的宮殿廂房、骯髒的現代場所。休爾特是個整潔的人，穿著熨燙過的牛仔褲、有花樣的毛線衣、柔軟的休閒鞋。他的白髮修剪得非常整齊。當他講話的時候，他的眼睛環視著這個房間，當他沈默時，他閉緊嘴唇。

他說，放掉那個博物館，實在不容易，因為它佔了他生命的大部分。而且事情改變的方式，令他不快。他談到波茨坦的歷史意義。他解釋說，從菲特烈大帝開始的每個政權，利用波茨坦來投射它的形象。一九二〇年代，波茨坦是右翼政治的中心。在戰爭期間，希特勒就在那裡委任頂級的將領，其中還包括一九四四年政變失敗的密謀者。他說，然而在博物館內這些沒有一樣獲得足夠的注意。他相信，一個博物館最重要的功能，就是「呈現歷史的規則」。

他的後繼者，比歐先克女士，帶我參觀部分舊博物館，包含了展示二次大戰物品的房間，看起來還沒有什麼改變。自從統一以後，便已不再對外開放。裡面已有霉味，聞起來像成熟的蘑菇味。新館長打開電燈並掀掉蓋在玻璃櫃上的白布，顯露出「新政權的象徵」，意思是共產德國誕生之前的舊政權。有些東西——第一次世界大戰的錐形尖頂頭盔、富豪的大禮帽、褐衫隊員的褐色帽——排成一直行。它像歷史的規則一樣地合理，像骨牌前進一樣地俐落。在房間裡的其他地方，我知道了為什麼法西斯主義是「威瑪共和時期存在於民主制度與帝國主義之間的矛盾」所發展出來的合理結果。

我問寫這些解說的休爾特，他是否仍然相信它們。他閉緊嘴唇，看了看我的肩膀，然後用幾乎是耳語的方式說：「那些幾乎是寫於七年前。從那時起，科學知識進步了……」

他是怎麼改變他的想法的呢？「我還是相信，在探索關係、背景上，社會主義必然是主要原則。歷史不可能只是將細節鑲嵌起來而已。如果一個博物館展出的只是物品，那就不成其為博物館了。」

接著他突然改變方向，談到在共產政權下他的困難，例如，每個展示都必須得到審查人員同意，然後才能進入好比印刷用紙張這類最簡單的事情。

他是否覺得德國現在比較自由？「不，我們從不自由，從不！」甚至比較來說？「不，你看，就像我們在拿到錢或紙張之前必須妥協，然而現在如果不符合資本主義體系，那你什麼也做不成。那必須是性感的，諸如此類。嗯，歷史博物館將會更具娛樂性，這也許是真的……。」

我不是很喜歡休爾特。他是個共產黨官員，像在他之前的許多人一樣。他說起話來，甚至有如突然發現他們的世界已毀於一九四五年、一個無關緊要的公務員似的。問起在他辦公室上方的東德安全局，他說他什麼也不知道：「從來沒有人告訴我。我毫不知情。人們怎會知道？我什麼都不知道，不知道。」

不過，他對博物館倒是有個看法。他認為，一個博物館，尤其是歷史博物館，不能只是展出無目的的物品。物品必須根據構想加以組織。沒有故事，歷史是無法理解的。這並不是說，真相不存在，而且全部的故事都只是宣傳。但為了獲得真相，必然會有衝突、爭論、詮釋、再詮釋——簡單地說，無止境的闡述。問題是如何在一個博物館將這個呈現出來。

在東柏林，示範了一個可能的方法。德意志民主共和國瓦解之前，在每個住宅計畫，每個學校，每個工廠，每個軍事基地，都有個所謂的「傳統室」。[53]這些是小規模的博物館，展示與德國工人運動相同但簡略的歷史，例如共產黨員反法西斯的對抗、紅軍解放德國易北河東岸、奠定德意志民主共和國的基礎。在這裡的歷史「傳統」，以它最純粹的形式，將正當性給了共產國家。像無所不在的列寧半身像，一九九〇年以後，大多數在這些地方的，都被拆毀了，不過，在東柏林公園的某個角落，還有一座完好如初。無論如何，它的主題不再是歷史，而只是宣傳而已。紙片被貼在展示品四周，用來解釋與批評所展示的東西，可以說是在解構舊政權所遺留下來的神話。

然而事情不全都一樣，我想起了在漢堡由阿爾弗雷德·赫地利卡雕刻的著名警告碑。赫地利卡所造的怪誕破碎的屍體與極瘦的囚人之紀念碑，是對於在它旁邊一個比較老舊的紀念碑——有如沈重掩體的醜陋石塊，豎立於一九三六年，用以表彰第二漢薩步兵七十六團——的批判。數列完全相同的浮雕士兵在石塊的四周行進。在他們的頭盔的上方，是個用哥德式字體書寫，引自海因里希·勒爾希寫於一九一四年的詩句：「德國必須生存，即使我們必須死亡。」與其將它像幾乎所有納粹紀念物一樣拆毀，赫地利卡的石頭屍體被選擇作為一種更適當的回應。在這裡，一個紀念物被拿來當做辯論。

縱然像這樣的例子很少見，但對於歷史博物館或紀念處的問題，它們沒有提供實際的解決之道。當總理科爾在一九八三年建議，聯邦共和國應該有屬於它自己的德國歷史博物館時，這當然不會是他心中的想法。有關博物館的工作，始於一九八七年，為了慶祝柏林的第七百五十年週年慶。

赫爾穆特·科爾受到他顧問的啟發，例如保守派學者米夏埃爾·施蒂默爾，而對歷史發生興趣。像其他的保守人士一樣，他擔心在聯邦共和國缺乏歷史的認同。當博物館計畫出爐後，柏林市長理夏德·馮·魏茲賽克看出，至少東德對過去有個更為前後一致的觀點——東柏林也有一座德國歷史博物館，一個位於華麗的巴洛克式軍火工廠、超大尺寸的「傳統室」。米夏埃爾·施蒂默爾寫道，「對我們所失去的歷史之探究」是「道德上正當的與政治上必要的，[54]因為未解決的是，德國共和政體的內在連續性與它的外交政策可預期的情況。」而基督教民主黨國會議員阿弗雷德·德雷格關心的是，沒有足夠的「整個德國歷史」的知識，年輕的德國人將不會全力支持「這個民主國家」。「整個歷史」是一個暗語；他打算說的——以及在某些場合實際說的——是將過多的注意力置於納粹時期的歷史之上。簡單地說，在某個年齡層以上的德國保守派人士擔心，那個分裂國家之半的德國聯邦共和國的公民，不會充分自覺自己是德國人。歷史——換句話說，「整個歷史」——可以幫助他們做到。

因此，當一九八五年科爾在國會作了另一次有關博物館計畫的演說時，他說到，明白「身為一個德國人，明白我們來自哪裡，我們現在在哪裡，以及我們要去哪裡」的必要性。而且他也談到與東德的關係，亦即德國的國內政策，它處理著「我們國家認同的核心，以及我們國家與歐洲的命運」。[55]

一個歷史學者協會和博物館專家恰如其份地被指名，接著進行討論。顯然左派的政客與知識分子對整個構想並不滿意。他們不相信在保守派政府的計畫後面的那個動機。他們深深地不信任保守派的國族認同的概念。的確，他們覺得認同真的與政府毫無關係。一九八六年社會民主黨的政客富萊穆特·杜衛對這個案件提出議論：「歷史不屬於政府，也不屬於政治。在民主時代，政府不但不能也不該以古時候封建領主的態度來建造博物館。」[56]因此，事情就這麼來來去去。直到一九九〇年，當整個爭論點變得過多之時：兩個德國再次變成了一個「德國」。

就官方的德國歷史博物館而言，距現在最接近的一件，是柏林的德意志歷史博物館。它在東柏林的舊軍火工廠內，這是過去共產主義德國歷史博物館所在的地方。試圖改進共產主義德國歷史博物館一事，在一九八九年就已經決定了，正好就在柏林圍牆突破之後。門口有個告示解釋說，「現在我們了解到這個博物館──反映了將一個逐漸變得官僚－權威主義的社會予以證成的歷史觀點──阻礙了與過去以及現在生動活潑的關係……每件事都必須被改進，而且必須呈現在新的燈光下。我們感謝每一個您所能提供的協助，讓歷史以人們真正希望的方式呈現出來。」

在這些字句裡，透露出絕望的訊息，亦即一種即使有著世界上最大決心的東德人，也無法單獨完成它的暗示。結果西德人被帶了進來，舊軍火工廠的內部被淘空，而新的博物館被設置起來。這個新的德國歷史博物館沒有永久的收藏品；反之，歷史的論題與話題，被拿來這裡做暫時性的展出。館長克里斯多福・斯托佐說：「這樣的設計，是要讓人們去思考。」

斯托佐是個來自慕尼黑，優雅的自由派人士，頭髮整齊地修剪成英國樣式，戴絲質蝴蝶結，穿軟呢西裝：一位唯美主義者，也是個有經驗的管理人，有著廣告人士的流暢話術。斯托佐就在戰爭結束時出生，不過，他並未分享帶著罪惡感的道德主義先入觀，然而這個罪惡感卻折磨著許多六八世代的知識分子。他語帶評論地開始了我們的對話，他說：「你無法在心理上哀悼某些你不知道的事情。」當然，他談到奧斯威茲以後身為德國人的那個老論點。

「所有你能做的，」他說：「是某些象徵和儀式的事情。每年能有個奧斯威茲日，那會是很好的，並且捐款給國際特赦組織。比起所有這些真摯的自省，這樣的做法會更有建設性。不過，渴望不可能的事而疏忽了去做可能的事，乃是德國典型的理想主義。」

我來拜訪斯托佐是想請教他有關他的博物館，現在他卻在談紀念物。即使他真想試著區分這兩樣東西：「我相信以象徵與藝術的手法來處理過去，但是，在德國有許多人則認為，闡述應該取代儀式。問題是，他們將討論轉變成一個假冒的宗教活動，而不是政治活動。」

在一個博物館內，美學與政治闡述之結合是可行的，即使有些人會抱怨藝術因闡述而被犧牲，或者反之亦然。在一個紀念處，慶典與分析就不能混在一起。在一個無論如何都只是個歷史博物館內，斯托佐或許得忍受因強調藝術而遭受的責難。他擔心形式。可能他所擔心的形式，只限於紀念處而已。甚至他被博物館與紀念處搞亂了——雖然可能在某些情況下，這是不可避免的。

例如在萬塞別墅的大屠殺博物館，便遭到斯托佐的批評，因為它選擇了錯誤的形式。它呈現了大屠殺下的猶太人，如他所說明的，「在一個永遠流動的受害狀態下。」他反對那些死亡集中營與猶太區的照片。對他來說，現實主義不是重點。他希望記憶的形式應予提升。他喜歡天主教墳地呈現死者的方式，好比貼在他們墓碑上的照片，讓他們活生生地活在人們的記憶中。斯托佐說：「這樣更像死而復生。這似乎也更好些，讓我像人類一樣地記住他們，而不是像記住一些遭工業的謀殺性機器加害的骸骨或屍體。」

不管怎樣，萬塞別墅的問題在於，無法確定它究竟是博物館還是紀念處。可能它兩個都是，這是整個問題的核心。你可以透過藝術，透過慶典或者透過分析與闡述，而記住大屠殺，但是你不可能在同時或在同一個地方，做出所有的東西。我向斯托佐解釋說，用儀式和藝術的方式去探討歷史，是天主教的方法，然而要求道德闡述的，則在新教徒的傳統中比較多。他同意這是可能的。後來，我想這個歸納甚至可以做進一步的擴大，因為在德國與日本，有關紀念博物館的問題，在本質上兩者並無不同。記憶可以是宗教或世俗的，兩者都有效，但兩者不該混淆。然而在防止混淆上，兩者在伯仲之間。同時，宗教的意識，在程度上，不分軒輊地依然昂首闊步於兩塊土地之上。

注釋

【1】「少數幾件事所做的比……」：Hellmut Becker, *Quantität und Qualität: Grundfragen der Bildungspolitik*（Freiburg: Rombach, 1968）, p. 74.

【2】譯註：原文作 tu quoque principle。tu quoque 在英文之中是 You, too 或者 You, also.

【3】「美國主任檢察官」：kranzbuhler, 14 Depaul L.R. 333, 1965.

【4】譯註：原文做 the betroffen generation of 1968。

【5】「紐倫堡大審……越少」：Eric Reger in *Vaterland Muttersprache*（Berlin: Wagenbach, 1979）, p. 35.

【6】「從來沒有見過的審判」：*Südeutsche Zeitung*, quoted in Klaus R. Scherpe, *Erzwungner Alltag, in Nachkriegsliteratur in Westdeutschland 1945-49*, eds. J. Hermand, H. Peitsch, K. R. Scherpe（Berlin: Argumen, 1982）.

【7】「四位階級最高的檢察官之一」：Christian Geissler in *Vaterland Muttersprache*, p. 219.

【8】譯註：格拉訥河畔歐哈杜村（法語：Oradour-sur-Glane）是法國利穆贊大區的一個村莊。一九四四年六月十日，六百四十二個居民被一支德國武裝黨衛隊屠殺。利迪策（捷克語：Lidice）是位於捷克中捷克州的一個村莊。它在第二次世界大戰中，經希特勒親自下令而被納粹軍隊完全摧毀，以報復該村村民掩護隱藏刺殺海德里希的英國別動隊成員。成年人全部被屠殺，約三百四十人遇難，小孩子被支持納粹主義的家庭收養。利迪策慘案激發了全捷克人的反德抵抗運動。按文章的意思，在南越的許多城市都發生像歐哈杜村與利迪策一樣的事情。

【9】「斯蒂芬・史班德……偶然遇到……朋友」：*European Witness*, p. 221.

【10】「對我們德國人而言」：Karl Jaspers, *Die Schuldfrage: Für Völkermord gibt es keine Verjährung*. 我的翻譯並不意味對於 E. B. Ashton 的翻譯——以 *The Question of German Guilt*（New York: Dial, 1947）之名出版——的批評。

【11】「彼得・魏斯在他……的戲劇中」：Peter Weiss, *Die Ermittlung*（Frankfurt: Suhrkamp Verlag, 1965）. *The Investigation*, trans. Jon Swan and Ulm Grosbard（New York: Atheneum, 1966）.

【12】「馬丁・瓦爾澤……寫道」：Martin Walser, *Unser Auschwitz*（Berlin: Kursbuch, 1965）.

【13】「他陳述了他的觀點」：Joachim Gauck, *Die Stasi-Akten*（Hamburg: Rowohlt, 1992）.

【14】「與日本對抗是不可避免的」：長谷川美智子，《中央公論》一九八三年四月號，被引用於《ジャパンエコー》雜誌一九八四年卷六。

【15】「標準歷史教科書」：《日本史》（東京：山川，一九八五年）。

【16】「西德教科書」：*Grundkurs Deutsche Geschichte*（Frankfurt: Cornelsen, 1988）.

【17】「七三一部隊的故事」：*A Bruise — Terror of the 731 Corps*, prod. YosinagaHaruko, Tokyo Broadcasting System.

【18】「不過，第一次」：森村誠一，《悪魔の飽食》（東京：晚聲社，一九八二年）。

【19】「審判日本領導人」：秦郁彥，《諸君！》，一九八七年八月。

【20】「一九七〇年」：木下順二，*Between God and Man: A Judgment on War Crimes*（神と人との間），翻譯者 Eric J. Gangloff（東京：東京大學出版会，一九七九年）。

【21】「最廣為人知的書」：*War Criminal: The Life and Death of Hirota Koki*（落日燃ゆ），翻譯者 John Bester（東京：講談社インターナショナル，一九七七年）。

【22】「從我們……的觀點」：吉本隆明，《文学者と戦責任について》收錄於《政治思想全集 三》（東京：大和書房，一九八六年）。

【23】「在日本和在東方」：Mignone, quoted in Arnold C. Brackman, *The Other Nüremberg: The Untold Story of the Tokyo War Crime Trials*（London: Collins, 1989）, p. 231.

【24】「不會忘記……那份震驚」：石田雄，《平和、人權、福祉の政治学》（東京：明石書店，一九九〇年）。

【25】「這些人」：Brackman, *The Other Nuremberg*, p. 441.

【26】「日本人」：一九五三年一月八日，一封從外交部送往中央法律保護處的信，II 16338/52。

【27】「審判是受到操縱的」：Yamashita's trial: Meiron and Susan Harries, *Soldiers of the Sun*（New York: Random House, 1991）, p. 464.
Becker, *Quantität and Qualität*, p. 68.

【28】「無責任的系統」：Maruyama Masao, *Thought and Behavior in Modern Japanese Politics*, ed. Ivan Morris（Oxford: Oxford University Press, 1963）.

【29】「家永三郎說一個故事」：Ienaga Saburo, *The Pacific War 1931-1945*, p. 107.

【30】譯註：原文作 Chinks，對 Chinese 的蔑稱。

【31】「他們有個信仰」：*The Other Nuremberg*, 276.

【32】「德國人倚賴的對象」：Margarethe and Alexander Mitscherlich, *The Inability to Mourn*, p. 23.

【33】「軍方被告」：Aristides Lazarus, letter to *The Far Eastern Economic Review*, July 6, 1989.

【34】「將軍同意」：*The Other Nuremberg*, p. 359.

【35】「早期……的批判」：Hirano Kyoko, *Mr. Smith Goes to Tokyo*, p. 143.

【36】「戰爭期間」：Nosaka Akiyuki（野坂昭如），"American Hijiki," trans. J. Rubin, in *Contemporary Japanese Literature*, p. 370.

【37】「互不侵犯協定」：*Geschichte: Lehrbuch für Klasse 9*（Berlin: Volk und Wissen Volkseigener Verlag, 1989）.

【38】「一本典型的……歷史教科書」：*Grundkurs Deutsch Geschichte 2: 1918 bis zur Gegenwart*（Hirschgraben: Cornelsen, 1987；作者 Rudolf Berg 與 Rolf Selbmann 任職慕尼黑威廉中學。

【39】「憲法愛國主義」：Jürgen Habermas, "Apologetische Tendenzen," reprinted in *Eine Art Schadensabwicklung*（Frankfurt: Suhrkamp, 1987）.

【40】「教育，就像是軍隊」：山住正己引用一九八一年的 *Japan Quarterly* 中山縣有朋的話。

【41】譯註：讀為 kimigayo。

【42】「我們自己的系統之根基」：*Japan Quarterly*, 1981.

【43】「這個悲劇的畫面」：*Truth in textbooks: Freedom in Education and Peace for Children*, published by the National League for Support of the School Textbooks Screening Suit.

【44】「家永解釋」：Ienaga Saburo, *The Pacific War 1931-1945*, p. 96.

【45】「我看了」：《日本史》，高中生用社會研究教科書，一九八四年由山川出版社發行。

【46】「一位著名的……學者」：入江隆則，〈アメリカがつくった戦後神話〉，中央公論，一九八二年八月。

【47】「這本教科書繼續」：《日本史》（同前）

【48】「使人們熱心地」：森川金壽，《教科書と裁判》（東京：岩波書店，一九九〇年），頁十三。

【49】「有關的人們」：Jürgen Habermas, "Kein Normalisierung" reprinted in *Eine Art Schadensabwicklung*.

【50】譯註：原文做 House prison。

【51】譯註：納芙蒂蒂意思是「美人已然來臨」，她是埃及第十八王朝末期的王后。就像其他貴族成員一樣，她不僅佩戴珠寶和假髮，穿緊身衣，而且還使用化妝品，以襯託其天生麗質。

【52】「在一篇……文章」：江藤淳，《靖国論集》（東京：日本教文社，一九八六年）。

【53】譯註：原文做 Tradition room。

【54】「對我們所失去的歷史之探究」：Michael Stürmer, *Frankfurter Allgemeine Zeitung*, April 25, 1986.

【55】「我們來自哪裡」：Helmut Kohl 一九八五年二月二十七日在 Bunderstag 的演說辭。

【56】「歷史不屬於」：Freimut Duve, quoted in *Deutsches Historisches Museum: Ideen-Kontroversen-Perspektiven*, ed. Christoph Stölzl（Frankfurt, Berlin: Propyläen Verlag, 1988）.

第四部

正常的國家

波昂，一九八八年十一月十日，水晶之夜發生後五十年。德國聯邦議院議長菲利普．耶寧格爾本人堅持舉行週年紀念，並且還要向西德國會發表演說。他不要其他任何人演講，甚至連猶太社區的領袖海因茲．佳林斯基也不准。如果他讓佳林斯基演講——如同後來他在維也納告訴我的——他也必須讓天主教的大主教演講，那麼新教徒呢？不，這將會沒完沒了，況且聯邦議會不是他們的舞台。總之，議長菲利普．耶寧格爾博士堅定不移地認為，侵略者的後裔，而不是受害者，也應該講話並記住那個日子。

於是他起立並開始演說，或者毋寧說是照念，他的語調彷彿官僚宣讀公文一般沒什麼抑揚頓挫。我引用如下：

……今天我們聚集在德國聯邦議會，以紀念一九三八年十一月十日的大屠殺，因為不是受害者，而是我們在他們的中間爆發了罪行，所以，我們必須記住，並且為他們說明原因。我們德國人必須弄清楚我們對歷史的了解與教訓，在現在以及未來，當我們制訂政策時，我們可以作為借鏡……受害者——全世界的猶太人——清楚地知道一九三八年十一月，在他們的痛苦之中，所具有的意義。我們也知道嗎？……

〔德國的〕人民大體而言是被動的；就像他們在以往的年代裡，從事反猶太活動與處置方法。沒有太多人在過份的行為中扮演活躍的角色，但也沒有人反抗。沒有任何反抗可以說得出來……

請回顧，女士和先生們，很明顯地，在一九三三年與一九三八年之間德國發生一次真正的革命——這次革命，將法治的國家轉變為犯罪的國家，轉變為一個毀滅法律道德標準與基礎的工具，然而保存與保護那些東西本是一個國家——按照定義——應該做的……

一旦全體德國和歐洲的猶太人被注意到，那麼，比起希特勒的罪行與錯誤行為，他的成功甚至更深具意義。從後來的時代以及隨後而來的理解來看，一九三三年與一九三八年之間的年代，是吸引人的，就那個年代的第一年而言，希特勒因政治勝利所帶來的風光狀態，在歷史上幾乎是無出其右的……

對那些幾乎把威瑪共和看做是屈辱的外交政策之產物的德國人，所有這些看起來就像是奇蹟。而且超過這些的是，人民被給予工作而不是失業，同時，巨大的痛苦轉變成某種像是最大的繁榮之物……

至於猶太人，嗯，他們沒有表現得太自我膨脹嗎？當時已有這樣的說法。至少他們也該學得更謙虛？難道他們不應該被看做低一級嗎？最重要的是，是否宣傳——除了不合理的誇大而讓人難以當真之外——與個人的假定與堅信，它們在基本上是一致的？而且當事情變得有點失控，像一九三八年十一月，人們總是可以這麼說——引用當時的話——「為什麼我們要在乎？如果它嚇壞你，就轉臉看別處去。那不是我們的問題。」

女士與先生們，早在希特勒之前，德國就有反猶太主義，在許多其他國家也一樣……

的確，國家社會主義者費了極大心力隱藏他們大屠殺的事實。無論如何，每個人都知道紐倫堡〔種族〕法案、所有的人都能看到五十年前的今天發生什麼事、驅逐出境的事情在眾目睽睽之下發生……

許多德國人允許他們自己被國家社會主義蒙蔽與引誘。由於許多人無動於衷，而使得犯罪成為可能。

許多人本身變成罪犯。罪行及心理上的壓抑，是一個人人必須為自己回答的問題。

我們所有人必須反對的，是對歷史真相的質疑，是拿某一類受害者來對抗另一類受害者這樣的劃分，以及對事實的否認。任何想減少我們的罪惡感的人，說那並非全是壞的——或者並非真的有如所有那些的一般壞——就是企圖保護不能成立的東西。

為了說明他的論點，耶寧格爾引用了一個有關一九四二年猶太大處決的證人報告。每個細節——在槍響之間的青煙中，流血的嬰兒、裸體的母親、被處決的年輕人等抽搐的身體——以平板的聲音，冷酷地，不帶感情地詳述著。他引用希姆勒勸勉他的黨衛隊隊員，當見到百個，或五百個，或甚至一千個的屍體聚集成堆，也不要退縮的話。耶寧格爾引用當時的流行用語：猶太人像「難以控制的有害動物」等等。他引用尼采和杜斯妥也夫斯基，但這些全都無效，傷害已經造成了，這次的演講是個禍患。

在演講開始不久，絕大多數來自綠黨的代表離席表示抗議，到了結束的時候，百分之四十的社會民主黨人士走了。至於耶寧格爾自己的基督教民主黨黨員，根據一家新聞報導，「因羞愧而退縮」。在耶寧格爾發表演講之前，因朗讀保羅．策蘭的〈死亡賦格〉，而令人印象深刻的年長猶太女演員伊達．埃雷，把她的臉深深埋在手中。耶寧格爾獨自一人離開議事廳，一陣汗水流下他蒼白的前額。甚至連他政壇最親密的友人，也沒人和他握手。耶寧格爾曾想教導人們一個歷史的教訓。然而結果卻是，說好聽的，有如一個錯失了要點的拙劣練習，說不好聽的，好像是一個為了讓德國人逃脫責任的魯莽企圖。

「丟臉！」演講一結束，有個基督教民主黨員叫了出來。「黑暗的日子」，一個自由民主黨人說。「大災難」，一個社會民主黨人說。「駭人的」，另一個說。外國新聞界一致感到盛怒：「德國國會中的反猶太主義」是某家義大利日報的頭版故事。在一家德國報紙的頭條說：「希特勒崇拜，引起德國聯邦議院的混亂。」倫敦時報稱它為「西德的國家禍患」。兩天之後耶寧格爾辭職。一年多以後，有點奇怪地，他竟然被指名為駐維也納大使。

在間隔些時間之後，按耶寧格爾所做的說明，再研讀他的演講時，真的很難了解為什麼它造成人們如此的歇斯底里。也許他在遣詞用字上沒有花上足夠的心思，可能他在引用上很笨拙，但是，只注意字眼是不夠的。想了解暴行，人們必須想像事件的背景，或者說得更恰當點，事件的舞台。

在耶寧格爾現代的、功能性的、沒有個人特質的維也納辦公室裡，他向我承認，犯了一個大錯。他不應該在伊達．埃雷朗讀保羅．策蘭的〈死亡賦格〉之後演講。「它是那樣的令人感動」，他說。是嗎？「嗯，對於一場嚴肅的歷史演說來說，它不是一個理想的暖場節目。」不，我說，我相信它不是。

破曉的黑奶
我們在夜裡喝下你
我們在正午喝下你
死亡是個來自德國的勝利者……

不被感動是不可能的。引用《法蘭克福匯報》的說法：「強有力的聲音顫抖著。你能聽到她的吸氣，紙張在她手中發出輕微的劈啪聲。在大廳裡的人沒有一個能不被她言語的力量與悲傷所感動。然後耶寧格爾步上講台，以一種類似商業的口吻說：『女士與先生們……』。」

耶寧格爾不是個有魅力的人物，不是那種輕易就能感動觀眾的人。他是位個頭矮而結實的萊因蘭人，一個白手起家的農夫家族的人，一種你能在任何德國啤酒館的桌子上找到的人。他有種刺耳的笑聲，他的西裝看起來太緊。在當時，這些沒有一樣能對他的演出有所幫助。他「看起來」是裝模作樣、不圓滑的、無情的。

不止一次，一個社會民主黨人抱怨說，他用了 Trauer 這個字嗎？這個字可以翻譯為「傷心」或「悲傷」。然而令許多人困擾的，正是耶寧格爾演講時的語調，因為它顯得不夠感同身受。道德姿態的大師、西德總理、跪在前華沙猶太人區為納粹所做的一切道歉的維利．勃蘭特稱它為：「戰後德國歷史上昏暗的一天。」耶寧格爾之所以「失敗，不因他是壞人，而是因為他的深奧不能理解。」

耶寧格爾的言論被拿來和三年前理夏德．馮．魏茲賽克在同一聯邦議會所做的著名演講互相比較。「他的」演講為悲傷所浸透。他談到有必要「徹底地、誠實地記住它，而變成我們內在生命的一部分。」耶寧格爾的演說甚至也被拿來與他的朋友赫爾穆特．科爾——一般人並不知道他的涵養與圓通——在前一天所發表的演講作比較。科爾甚至利用機會，在法蘭克福的西角猶太教會堂，做了有關大屠殺的演講，並且視它為「一個令人深感羞恥的原因」。耶寧格爾的失敗，幾乎所有人都這麼認為，是因為誤判了場合，因為它需要的是一個紀念會，而不是「嚴肅的歷史演講」。

此外，耶寧格爾不是以一個德國異教徒的身分在猶太教會堂演講；他是在聯邦議院，亦即在一個世俗的、德國政治的巨大廳堂裡，以一個異教徒的德國人向其他的德國人發表演講。在他維也納的辦公室裡，回憶起那痛苦的一天，他開始大聲說：「我們必須說出來！但不是以平常的方式。光說我們蒙羞以及不讓它再度發生，這樣是不夠的。我要對德國人樹起一面鏡子！」

我覺得耶寧格爾有點可憐。許多人從受害者的觀點發表的看法，真是夠有趣的。德國猶太社區中央委員會成員米夏爾・福爾斯特看不出耶寧格爾辭職的理由。他說，無論如何，耶寧格爾說出了事實。紐倫堡審判的檢察官羅勃・坎普納以為耶寧格爾的演講「甚至是很好的」。

那麼為什麼德國人如此地困擾？為什麼這麼多人固執地曲解耶寧格爾的問題？為什麼他們以為耶寧格爾，他——而且不只是他引證的人——認為希特勒是有魅力的政客而猶太人是「難以控制的有害動物」？或許不論是他在演講的安排上，或者在言詞上，都沒有完全解釋了大災難。這一點當然也和德國的懷疑氣氛有關。綠黨人士、自由派人士、以及左派人士懷疑保守派人士利用每個機會去漂白戰爭，而保守派人士則懷疑綠黨人士、自由派人士、左派人士在奧斯威茲問題上相互示好。懷疑的氣氛，在水晶之夜五十週年紀念的時候到達頂點。因為它發生在接近一個十年之期的尾聲，而這段期間顯示出，保守派人士企圖修正歷史以逃避罪行的負擔。這是右翼基督教民主黨阿弗雷德・德雷格請求所有德國人「從希特勒的陰影中走出來——我們必須變得正常」之後六年的事。

而它也發生在赫爾穆特・科爾訪問以色列四年之後。當科爾談及「生得太晚的幸運」——也就是說，太晚以致於不用積極地殺害猶太人——之時，他也在德國與以色列之間的「正常關係」中，用到「正常的」這個字眼。還有在恩斯特・諾爾特因提出大屠殺，乃是史達林的「亞細亞野蠻主義」之被動模仿，而開起「歷史學者爭論」之後兩年；換句話說，全然不奇特，但是在人類可怕的歷史中，卻是一個可怕的正常事件。

耶寧格爾以他顛躓、含糊的方式，直接走入了戰後德國的戰鬥區域之內。壕溝的一側，是那些希望德國正常，因為出生得晚而受尊崇且無罪惡感的一群人；另一側則是想將奧斯威茲變成他們認同的一部分的另一群人。至於耶寧格爾，被兩邊的人放槍擊倒，因為他談了太多的罪行，卻沒有顯示出足夠的罪惡感。

像赫爾穆特．科爾一樣，耶寧格爾因出生得太晚而不能成為積極的納粹，反而受到尊崇。他出生於一九三二年，就在希特勒獲得權力之前的一年。耶寧格爾回憶起他身為印刷工人、反對納粹的父親。耶寧格爾有兄長，全部在陸軍服役。有兩個不想加入陸軍：一個不久便戰死在義大利，另一個死於俄羅斯。

耶寧格爾只稍微比鈞特．葛拉斯（生於一九二七年）年輕些。他們出生於一個怪異的世代，太晚以致於不能成為納粹，卻又太早足以被當做納粹來教育：少年團、希特勒青年團等等。這使得許多那個年紀的人變為對過去保持緘默（這是他們的孩子說的）。或許比起其他世代，「晚出世」給了他們對過去最複雜的觀點：太年輕而負不起責任，更感染不上罪惡之毒。那些人，像葛拉斯，從小孩的觀點，經常如此不停地、幾乎是揮之不去地、頻繁地談論與撰寫有關戰爭的故事，就像葛拉斯的《錫鼓》一樣。他們的負擔，是為了替他們的父母做解釋。在所有事情中最困難的，就是解釋你的雙親，因為你必須試著去想像他們所看到的。如果只在心中，這意味著認同，而且認同可以輕易地被證成。這就是為什麼大多數與耶寧格爾相同年紀的人，寧願選擇什麼也不說。

對耶寧格爾演說的批評之一是——來自一個自由民主的政客——他企圖「解釋無法解釋的。」這是個普遍的責難。普利摩．李維寫道（有關大屠殺而不關耶寧格爾）：「也許人們不能，況且人們不必去了解發生了什麼事，因為去了解幾乎就等於是去證成它。讓我解釋一下：『了解』一個提議或人類的行為，意味去『容納』它，容納他的作者，把自己放進他的位置，與他認同。現在，沒有人能夠與希特勒、希姆勒、戈培爾、艾希曼，以及無數的其他人認同。這使我們驚駭，同時也給我們一種解憂的感覺，因為，也許他們的言語（不幸地，還有他們的行為）無法被我們理解，這正是他們想要的。他們的非人類的言語與行為，真的是反人類而且是史無前例的……。」[1]

如同李維的證人爭論一樣，頗令人猶豫。然而認為水晶之夜，再擴而大之，甚至大屠殺，是不可解釋的，是「反人類」的，或者是潛藏在我們內在黑暗深處的某些反基督的行為，這些說法都是在縮小責任的問題。當然，人們無法窺視希特勒心靈的內部，而且人類之野蠻的最深源頭，或許是謎樣的，但為什麼發生這樣的野蠻事件，顯然有其政治因素存在。這些因素能夠也必須被解釋，尤其在德國的議會之中。可惜耶寧格爾是個政客，不是詩人或聖人。

表現出感同身受，同時使用宗教名詞來談過去，是個較容易的選項。耶寧格爾，也許笨拙地想解釋他的雙親，或者至少與他父母年紀相彷彿的人，可是這些人還曾教他要成為一個未來的納粹。「當希特勒取得政權時，教授和作家在哪裡呢？」他在辦公室裡大叫，把穿著看起來便宜、砂色的鞋子的雙腳踱來踱去。「為什麼我始終聽見每個人都曾實際上反對希特勒？是什麼使得他們全部在一起合作？我想，我們只能透過事實來讓我們與歷史調和。解釋意味著，說出真相！」

耶寧格爾調整一下他的領帶，它看起來像個越抽越緊的活結，束縛著他厚實的脖子。前額上閃耀著小珍珠般的汗珠。他告訴我說，在演講之後，他接到大約三萬封信。他說，肯定的信件來自很老或很年輕的人。較年長的人感謝他，因為終於說出「事情真正的樣子」。年輕的人則很感恩聽到事情發生的真正原因。

揭開過去的神秘，顯示歷史有如一系列彼此多少有點關連的事件——不從屬於既定的法則——同時，解釋與一絲不苟地評價那些事件，此乃歷史學者的任務。可是，當事件仍在活生生的記憶中，當羞辱與罪行仍然是重要的問題之時，這樣做是頗為困難的，或許也不可能去執行。那些發生在德國，以及發生在自一九三三年到一九四五年為止遭德國佔領的國家的事情，並不是「正常的」歷史的一部分，而對於德國小學生來說，這段歷史被當做政治性的道德故事來講授。同樣的事情亦是真的，當一個警告碑揭幕時，或者一個事件，例如水晶之夜，被紀念的時候。從受害者的觀點來看，那是個在全然的罪惡勢力支持下，偏離時代主流的特殊時期。自從一九六〇年代後期，有些行動對待一九三三年到四五年，更像「正常的」歷史，也就是不再視為軍事故事而是歷史上的一段時期，同時在結構上、政治上與文化上，也與前後所發生的事情相互連結在一起。這樣的過程在德語中稱為Historisierung，也就是「歷史化」。將自相矛盾的事情置入「歷史化」之中，目標是希望更客觀地觀察過去，實際上，在這個過程中，卻導致越來越偏離正軌的主觀觀點。所謂正常的歷史，意味著多數人的詮釋。

例如，一個保守派的國族主義者也許會爭辯說，大屠殺是可怖的，但仍是種族滅絕的正常形式，尤其在那個時代背景下，是可以被理解的，不幸的是，種族滅絕也未免太多了。或者，他也許會說，在那種環境下，納粹帝國的德國人行為相對正常，因為希特勒畢竟恢復了德國人的士氣。而慶典大師希特勒，利用德國人對歌劇景物的傳統喜好，而對這些浪漫的人民進行催眠，這一點也是可以了解的。實際上，所有這些議論都有人提出過，可是，耶寧格爾的聽眾卻相信，他正為前述的說法背書，這是他的不幸。

另一個「歷史化」的自相矛盾，是有關認同的問題。歷史化的目的，是要與過去採取一個冷靜的距離。此外，為什麼有些保守派的歷史學者，譬如安德里亞斯．西爾格魯貝爾，想要見到納粹歷史嵌入連綿不斷的、正常的德國歷史長河之中，理由是，與那些經歷過它的人，更容易認同——換言之，與非猶太裔的德國人；也就是說，與侵略者的觀點。倘若一九三三年至四五年被視為獨特、沒有先例、罪惡的擬人化、孤立於主流之外的話，那麼認同幾乎是不可能的，除非處在瘋癲邊緣。另一方面，由於給予那個「不過十二年」過多的注意，德國人被奪走了歷史的自尊。現在，如果納粹帝國是更為「正常的」，也就是另一個歷史時期，那麼，希爾格魯貝爾藉著強調，德國軍人為了保護祖國而與亞細亞的野蠻主義作戰這樣的觀點，以增強德國的認同與自尊，就會是個更可行之道。但是，在這個有意志的認同過程中，客觀性被砍掉兩次：被說故事者自己以及故事主角的歸諉看法。

因此，認同成了「歷史化」的阻礙。介於受害者與侵略者之間的鴻溝，依舊如此寬闊，而且記憶的對比非常巨大，因此任何在尋找客觀觀點的人（尤其是德國人）會有滑落這個間隙的風險。提歐・蘇默在《時代週報》寫了一篇有關耶寧格爾演講的辱罵性的社論。[2]標題是「有關身為德國人的負擔」。蘇默寫道，耶寧格爾想說出真相。「嗯，我同意。那麼請讓我們擁有全部的真相——受害者的真相就像謀殺者的真相一樣強有力。以及帶著同情——加諸獵物命運之上的暴行應該像緣於獵人動機的任何移情作用一樣地感動，或者更為感動。」

強烈的文字、高貴的情感，但依然錯失了重點。因為耶寧格爾無法代替受害者說出真相，而且他也不透過些許羞愧的表現，以祈求寬恕。他想要談歷史，而且想從遠處來了解它，但他應該體認到，那並不是一件簡單的事情，因為即便在戰後四十三年，「歷史化」仍然是一個高風險的事業。對於一個「正常的」社會，一個不受鬼魂糾纏的社會，是不可能經由「被正常化的歷史」，或者經由揮舞的十字架與大蒜達成的。周圍還有更多的方法：當社會變得夠開放與自由地不論從受害者或罪犯的觀點——但都是評論者的——回顧過去，唯有在這個時候，鬼魂才能得以平息。

一九八八年十二月七日，長崎，攻擊珍珠港四十七週年紀念：天皇異常緩慢地走向死亡，而且每天大量失血。他已到癌症末期，但是在「自我克制」的普遍情形下，這件事從來不曾在日本新聞界提過。在昭和的死亡時日裡，整個日本的氣氛是無聲息的、沈悶的，彷彿處在暴風雨的前夕。傳統的新年慶典遭到取消，一般店鋪的櫥窗裝飾則降低色調。十二月七日在長崎市議會，有一位共產黨代表直接問本島等市長一個尖銳的問題：關於天皇的戰爭罪行，您的意見如何？

本島回答說：「戰爭結束至今已經四十三年，我想我們有足夠的機會回顧這個戰爭的本質。根據我讀的各種來自國外的不同報告，以及我自己過去是個軍人，受過軍事教育，我深信天皇應承擔戰爭的責任……。」

一九八八年十二月八日：長崎市議員與自民黨地區分部要求撤回市長的說辭。

一九八八年十二月十二日：本島市長說，事情到這個地步，他不能「違背自己的良心。」不過，他將辭去自民黨協會法律顧問一職。他的辭職沒有被接受。反之，他遭到開除，而且拒絕未來的合作。在記者會上，本島說：「我並不是說只有天皇一人單獨承擔戰爭的責任。許多人都要，包括我。但我真的覺得現在的政治狀況是不正常的。任何有關天皇的陳述，都變成情緒的爭執點。言論自由不應受制於時間或地點。在民主制度中，我們尊重甚至那些意見與我們不同的人。」

一九八八年十二月十九日：二十四個極右翼團體，開著三十輛裝著擴音器的卡車穿過長崎市，尖叫要本島去死，以「作為神聖的懲罰」。自民黨要求縣政府拒絕與市長在政治上的合作。縣知事同意了。

一九八八年十二月二十一日：新成立的長崎市民言論自由委員會，在市政府展出一萬三千六百八十四個支持市長的簽名。這些簽名在兩星期內就蒐集完成。而各種保守協會的代表，包括了神社的縣政府辦公室，則要求彈劾市長。

一九八九年一月七日：天皇逝世。

一九九〇年一月十八日：本島市長遭右翼極端主義者從後面開槍。右翼人士引用日本的新聞，宣稱本島接受了「神聖的處罰」。

市長倖存的機會微乎其微。子彈貫穿他的肺部。[3]在他咳出血後，待在車內等候援助。他沒有警察保護，因為保守派議員抱怨費用太多。

表面上，本島事件和耶寧格爾的大災難不會有太大差異。耶寧格爾被控以詭辯，本島則是非難；在一方罪惡感太少，在另一方則太多；在這裡粉飾真相，在那裡則暴露真相；掩蓋與暴露。耶寧格爾墜入了和自由人士與左派人士的糾纏，而本島則是與右翼人士。對許多支持者而言，本島是英雄；耶寧格爾則丟臉地前往維也納。然而這兩個人，他們的兩個情況，其實有少部分是相通的。而且這些東西暴露了某些德國與日本的狀態。

本島比耶寧格爾大十歲，而且心思更敏銳，不過，兩人都有著鄉下政客那種粗魯又實際的禮節。兩人都在戰後保守政治中發跡：耶寧格爾是基督教民主黨；本島在還沒發生問題之前，是自由民主黨。本島在一九七九年被選為市長，而所有幫助過他的社團組織，在後來全部驅逐他，但甚至在他幾乎遭槍殺致死以後，本島仍然隨時準備與保守人士合作。

一九九二年爆發了一場辯論，當土地開發商開挖前監獄——緊鄰位於原爆中心點附近的長崎和平公園——的地基時（比起在廣島的那一座，這是個適中的公園。前者幾乎是塊遍布歉意的土地，塞滿了來自中國各地人士捐獻的紀念碑，而現在這些人也死了）。在戰爭期間，韓國與中國的囚犯，或被日本人殺，或被炸死在那座監獄裡。有個長崎市民團體希望保留住現址，以顯示日本人不只是受害者，還有遭受轟炸背後的原因。保守派人士反對它：有人說，和平公園是個「快樂的地方」。「為什麼觀光客要來參觀一座監獄？」本島站在保守派這一方。他需要他們的援助，才能繼續待在辦公室中。他與建築業者的關係良好。監獄的剩餘部分被埋在新的停車場下面。因此，不管是什麼東西刺激他講出有關天皇的陳述，但絕不會是左翼急進主義。

就本島與耶寧格爾兩人而言，其實就他們實際所說的話本身，所受到的批評較少，而受到較多批評的，是他們的不圓融、選錯時機、對場合的差勁判斷。耶寧格爾選擇了在紀念場合上給予歷史教訓；本島幾乎扯上冒犯君主之罪，當天皇還躺在他的病床之時。自民黨紀律委員會考慮本島的案件之後說，雖然個人享有發表意見的權力，但「對於一位公職人員來說，做出那樣的公開陳述，實在是一件極為魯莽的行為。」[4]我甚至從公開支持市長的人當中，聽過對這個結果的爭論。他們其中一位還在長崎市政府替本島做事。

我遇見他，是在為天皇舉喪的那個星期，一九八九年二月的一個清新之夜。我們被一位彼此共同的朋友邀請到他家共進晚餐。這公務員是個肥胖的中年人，帶著逢迎的笑容和一種學校老師用在學習遲緩者身上的態度。他從西裝的翻領上拿掉公家的徽章，啜一口清酒，說道：「現在我能夠以私人意見說給你聽。」然後用力地搖搖頭以表達困惑：「打開天窗說亮話，我無法了解為什麼市長做了那樣的陳述。我就是不能了解。」

我和一位美國人的朋友一起。他問這位官員，市長的陳述是否真的錯了。這個男人噘著嘴，閉起眼睛，彷彿在極大痛苦或深思中，轉動粗短的脖子，邊說還邊閉著眼睛：「嗯……不，事實上沒錯……」所以他說的是真的？「嗯，是，可以說它是對的，可是我還是不明白為什麼他說出來。」我的朋友，比起剛才的禮貌態度，顯示出已失去了耐心，繼續追問他，就那件事來說，他是否認為市長應該撤謊。這個官員的眼睛，再度消失在他多肉的眼皮後面，他的表情倒不像悲痛的辭職那般的苦楚。「在日本，」他說：「我們都知道真相，但我們保持沈默。你必須了解我們的文化……」他用力扯著邊緣微濕的襯衫領子，並且嘆氣。

我們的文化……我想起一個住在日本的澳大利亞人的反應，當他聽到本島的陳述時。「那太清楚了，」在電話上他告訴我說：「本島不了解日本文化。」我沒有和他爭辯。他所說的剛好符合露絲・潘乃德罪與恥的文化模式[5]：為罪惡感所苦的德國人，感覺有必要承認他們的罪，以便去除掉他們的罪惡，並獲得原諒；日本人則想保持沈默，最重要的是，希望別人也保持沈默，因為重點不在於上帝眼中的罪惡，而在於公然的羞恥、困窘、「面子問題」。總結來說，耶寧格爾承認得不夠徹底，而本島說得太多。這正是他們兩種不同形式的不圓融的本質。他們沒有遵照比賽規則；他們破壞了他們的文化的規律。

對於潘乃德的文化模式而言，這個案件提供了一個重要的細節：本島是個基督教徒。這一點確實被一些他的對手拿來對付他。套用批評他的人之一的說法，本島「行為不像日本人」。

這位市長接到一封來自神道教神官的信。[6]在信中神官指出，要求天皇承擔比他已經承擔的還多的道德責任，是「非日本的」。每年的日本投降紀念日，天皇沒有明白顯示他深刻的悲傷嗎？此外，神官寫道，以那樣的方式談到天皇是不對的，甚至當時全國都深深地擔心著他的健康。接著他進入了重點：在基督教徒與傾向西方的人士之間，包括所謂的知識分子，都有個共通的錯誤，他們未能掌握住，基本上，西方社會與日本社會奠基於不同的宗教概念上……他們忘了這個前提，卻想把一個西方的結構放在日本的基礎上，我想這種錯誤得以解釋為什麼要求天皇承擔所有的責任。」

本島等出生於九州之外的一個小島上，這裡是天主教傳教士在日本留下他們痕跡的唯一之地。十七世紀早期，長崎的絕大部分地區，都因西班牙與葡萄牙的教士而改變信仰。後來基督教徒在緊張不安的將軍的命令下，遭到拷打和屠殺。相當類似一九三〇年代的共產黨人，基督教徒被強迫踩著聖母瑪麗亞的圖片而叛教。不過，在日本南部的基督教徒存活下來了，即使迫害依然持續著。本島祖父的骨頭斷了，因為他被逼下跪，而且大腿上還被放上數塊厚石板，同時警官對他叫囂：「基督或天皇，哪一個比較重要，基督或天皇？」

在一九三〇年代當他還是小學生時，本島被迫向神社鞠躬。天皇的生日那天，他的老師會處罰他，因為他沒有表現足夠的敬意。他們也會用幾乎毀了他祖父的相同問題來折磨他：「基督或天皇，哪一個比較重要，基督或天皇？」

在日本，長崎是個特殊的城市。人們以它的歷史為榮，因為它是連接外面世界的狹小窗口。它有一個巨大的中國城。有些當地的菜餚名稱，顯示了它們根源於中國。在十七與十八世紀日本鎖國期間，荷蘭商人獲准居住在長崎灣的一個小島上，只有官員和娼妓會去訪問他們。（在長崎有些人依然至少擁有一種祖先的長鼻子模樣。）「蘭學」乃是以無畏又好學的努力態度，從在長崎的字典和醫學書籍中採集出來的學問，它給了日本人歐洲科學的第一道微光。長崎有許多「外國學習」學校，一座女修道院，一間漂亮的大禮拜堂。第二枚丟在日本的原子彈（由羅馬天主教飛行員投彈）在大禮拜堂的正上方爆炸，同時掃平了女修道院。有關長崎原爆最有名的一本書《長崎和平鐘聲》，是一位基督教徒的醫生永井隆的作品。他認為沒有任何事情是意外的。炸彈在大禮拜堂上方爆炸，是神的計畫，而七萬三千八百八十四人的死亡乃是殉道，這個人數不會少於幾個世紀以前，在山裡受酷刑的永井的祖先。

對本島市長而言，正義是基督教的概念。他相信——像澳大利亞人與神道教的神官——在生命上，此事給了他一個不同於大多數其他日本人的收穫。當我遇到他的時候，差不多在他被槍擊的前一年，他解釋了這個看法。他說，日本人為他們在戰爭期間所做的野蠻行為負起責任，是非常重要的。責任是個道德的問題，而道德是宗教的內容之一。日本人的難題是「他們崇拜自然，但是他們沒有宗教或哲學的道德基礎。」

當我思索這個說法的時候，我一瞥本島市長。他穿得像個運動教練，一身徑賽的服裝，一種日本休閒服的流行樣式，可是對於一個接受訪問的市長，這就不尋常了。他回看我一眼，直視我的眼睛，並非不友善，在鏡片後面卻閃爍著一股強韌。他緊實的厚唇給了他不對稱的嘴一種頑固的感覺。沒有任何一絲許多日本官員所特有、緊張的羞怯或防衛性的傲慢。這裡有的是篤信者。他「知道」他是對的。

「在歐洲，」他繼續說：「人們的感受奠基於幾個世紀的哲學與宗教之上，而日本只有崇拜自然。這是他們所內在化的。在一個由自然統治的世界裡，不會發生個人的責任問題。」

我問道，要怎麼解決這個狀況？所有日本人都應該皈依基督教？「我是個基督教徒，因此，是的，這是我相信的。」

他聽起來像是天主教作家，倍受葛拉漢．格林推崇的遠藤周作，他小說裡的角色。遠藤，就像市長一樣，都相信他們那萬物有靈論的國人同胞們，缺乏道德的根基，缺乏善惡的意識，而且他也認為他們將永遠不會學得它——也就是說，他們永遠不會是基督教徒。所有遠藤的作品都標記著他的絕望；著名的小說《沈默》（一九六六年）就是一本有關放棄了嘗試改變日本人信仰的耶穌會傳教士叛教的故事。在遠藤的故事中，西方和東方永遠不會相遇。雖然他可能是日本唯一，從基督教的觀點寫過有關戰爭罪行的個人責任問題的小說家，然而並非他故事中所有的日本人角色都沒有良心。他們就只是缺乏語言來描述它；他們無法給它一個名字。在《海與毒藥》中，戶田博士協助一項在美國戰俘身上所做的謀殺實驗。[7]他感到非常困擾，回到手術室，亦即罪行發生的地點，但不覺得「特別的痛苦」。「我想，我沒有良心。不只是我吧。有關在這裡所做的，他們完全沒有感覺到什麼。」

也許神道教的神官是對的。也許它用了一個基督教徒去打破日本的禁忌（本島在廣島的同事，荒木市長，非基督教徒，雖然喜好表達高尚的情感，但一九八八年時，卻拒絕支持長崎市長）。無論如何，多數右翼國家主義者和神道教的神官，喜歡假裝天皇崇拜不是一種宗教，而是個日本「習俗」，可是，它當然是個宗教。這似乎是拿某種信仰攻擊另一種信仰，一個二擇一的天皇——佛陀、馬克思、基督——去挑戰日本天皇崇拜的政治形式。這或許是為什麼基督教徒與馬克思主義者，經常出現在尖銳批評天皇系統與其政治需要的陣營中，就像某些佛教徒在幾個世紀以前所做的一樣。但事實上不僅是如此而已。

到了昭和天皇臨死之時，絕大多數的日本人是逐漸消失的信徒，偏偏它正是國家主義者想要復活的那個宗教。天皇致命的疾病，是他們的良機。他們認為莊嚴的儀式是日本的「常態」——「正常的」與「自然的」[8]這是他們的慣用語。大約在天皇去世之前，文化評論家江藤淳，在一本頗具影響力的月刊上發表文章議論說，美國人將一張天皇的假照片，排入戰後日本人的心版中。[9]他寫說，日本人被鎖在「戰後的民主制度與一個純粹象徵性的天皇系統之遊樂園裡」。他繼續寫道，但當天皇病情非常嚴重時，甚至即使經過多年西方式洗腦的自由派新聞界，也無法隱藏身為日本人的個人悲傷，從這件事顯示了：「我們皇室家庭神聖莊嚴的本質」被保留下來，並且將傳之永遠。右翼的自民黨政客石原慎太郎在同一刊物寫道，介於天皇與日本人之間的連結，超越了國家的領袖與它的國民之間的連結：「它顯示了日本與日本人的獨特性……。」

前駐華盛頓大使之子、有名的政治評論員「東尼」加瀨英明，為日本版《花花公子》雜誌寫了一篇卓越的文章。他描寫了叫做「大嘗祭」的神道儀式，[10]藉助於它，新天皇在父親死後，會有天照大神來訪，進入她的子宮，然後再出生時已是神聖的統治者了。「日本的國家性格，」他說：「在有歷史記載以前就已經形成……當國家誕生，天皇業已是最高的祭司與國家領袖。皇室家族無法與日本的民族神話分離。這些神話與日本的誕生，是完全相同的。天皇是神聖的，因為他的血液與創造我們國家的神祇連結在一起。」

這些是浪漫人士希望日本人相信的東西。像各地的許多知識分子，的確也像許多德國保守派人士一樣，他們擔心著物質主義與繁榮所引起的精神真空。按照日本修正主義者的見解，欲將日本恢復成正常的國家，必先恢復種族與帝國的神話（兩者是相同的）。本島的陳述，對他們理想中和諧又自然的天堂而言，是個挑戰，因為後者是一種根本上反自由、反民主的理想，以及集權主義政治最完美的宣傳。

日本的修正主義，在許多觀點上彼此牴觸，這可能有部分出是年齡的問題。最活躍的修正主義者，都是五十開外的男人，曾在戰爭期間接受教育，而且受到美軍佔領的驚嚇。如同耶寧格爾的事件，本島所獲得的支持，多數以信件的形式出現，而且通常來自非常年老的人，他們誕生於沙文主義者的歇斯底里高峰期之前，另外則是非常年輕的人，他們從未受到它的影響。對於極為可怕的精神真空，感覺最敏銳的，有可能是那些被歷史剝奪了曾經伴隨他們成長的宗教之人。由於耶寧格爾與本島說了非常不相同的事情，使得相互比較變得很複雜，而且可能甚至被認為是無用的。總之，耶寧格爾被人將他與修正主義者、意圖粉飾者、新民族主義者聯結在一起，不過，我倒想保留相互比較這件事。因為採用世俗的條件來處理歷史，耶寧格爾和本島兩人惹惱了尋求填補精神真空的兩個全然不同的團體：在波昂，是左派與綠黨的告解和平主義者；在長崎，是企圖恢復天皇崇拜的人。

這就是為什麼我認為本島的基督教背景沒有它看起來那麼重要，而且他的挑戰比反對信仰還來得多。他個人的動機無疑來自宗教，對他來說，正義也許是一個徹底的基督教概念，但是他的陳述是世俗的，而且他的影響也是一樣。他的支持者有些是馬克思主義者，有些是基督教徒，不過，從他們的信件看來，所有人抓住的主要論點，都是政治的而非宗教的。

在本島發言後兩星期，他接到超過一萬封信表態支持他。幾個月以後更超過三萬封——來自家庭主婦、年老的領年金者、陸軍退伍軍人、高中學生、辦公室職員、和平活動者、電影導演、大學教授等。雖然自由派的知識分子，除了極少數例外，都公開地保持不尋常的沈默——沒有日本的左拉寫《我控訴》——但是在自由派《朝日新聞》的讀者投書欄內的討論，卻很活躍。我應該引用其中一封典型而非例外的信件，它是由一位七十三歲退休的技師寫的：

「天皇系統導致了軍事統治而且引起日本歷史上最嚴重的悲劇。保守的當權者再次轉向傳統的君主政體，以攻擊民主的權力……我們對於歷史的責任是，對從明治時代到走向戰爭的這段期間，那個形成大眾意識的結構，加以科學地分析……唯有如此，我們領袖的戰爭責任問題才能完全解決，而解決之道不是經由勝利者的「正義」，而是透過日本人本身而完成。」[11]

這不是上帝、馬克思、或神聖祖先的聲音。它是理性的聲音。

當然，就一個有效地廢除黨治或者廢除個人對任何事物之責任而只遵守命令的政治制度來說，談論政治責任的問題是不可靠的。如同我們在前面看過的，甚至連日本領導人的責任，也因天皇模糊不清的角色而變得很複雜——部分是立憲君主，部分是神聖的祭司／王。而且在當時他領導他的國家進入一個自殺性的戰爭，當然那是太遲了。卡爾・雅斯培在他有關戰爭罪行的文章裡說，人民應該集體地為他們所受的統治負起責任。如果他們的國家被一個犯罪的政權所支配，人民也不能逃脫責任。他可能想起，一九三〇年代在德國的城鎮廣場上，擠滿了發狂的群眾，呼喊他們的領袖的景況。然而雅斯培的理論是有問題的。是什麼形成犯罪的政權？罪犯根據誰的法律？而且人們在他們沒有選擇的狀況下，能夠被要求負起責任來嗎？

事實上，德國人與日本人相比，有較多的選擇。希特勒與他的褐衫隊並未單獨拉下威瑪共和。許多人在一九三二年投票給納粹黨。戰爭結束後，由於希特勒安然地走了，所以每一件事的責任，都能算在他頭上。而且譴責他越多，德國人越能夠感受到解脫。就是「他」；他們被他吸引，可以想像的，只是在某些狀況下而已。對於這樣的認知，耶寧格爾從來沒有認真地挑戰過。那就是為什麼他的演講像唸法庭辯解書的原因了。

另一方面，本島對於天皇的意見，有著正面的影響。在日本，沒有納粹黨讓他們投票，而且天皇從來不參加選舉。天皇並沒有消失，他也不會被妖魔化——除了在非常少數的圈圈裡。趁一九四五年戰敗後，把戎裝換穿為生意人的西裝，還有經由逃避東京審判的譴責，他完全照字義地變成他的國家的象徵。他的無罪等於日本人民的無罪；有如他們的天皇一樣，他們被軍事領袖們「欺騙」了。從來沒有人告訴他們到底發生什麼事情，從來他們所要的就是和平，但他們被欺騙而走上戰爭之路。

實際上，天皇知道許多事情的進展，即使他的政治影響力可能有所限制。而且自從世紀之轉折以來，在不同年代裡，比起戰後許多願意承認的人，有極大比例的日本人過去曾熱切地願意被戰爭中的宣傳欺騙。不過，一個被欺騙、無辜、喜愛和平的天皇形象，必須保住，因為它是戰後日本統一的要素之一——日本與和平主義；一旦陸軍統帥與海軍將領們遭到整肅，日本人與他們有如阿米巴原蟲一般永遠不移的國家象徵——天皇——都可以一起順利地變成無罪。

有些人批評這個虛偽的行為。電影導演伊丹万作在一九四六年寫了一篇有關戰爭罪行問題的文章。[12]他嘲笑一個觀念，亦即每個人都被騙或者那些被騙的人必然是無辜的。他論辯道，被騙的人和騙人的人必須共同承擔譴責，還有「戰爭的責任——在不同的程度上——也落於兩邊。」又說，那些被騙的人並非無罪，只因他們讓自己被騙；不，基於他們的缺乏批判、他們的奴隸性、他們的無能力思考，所有的人都必須被譴責。就像許多左翼的知識分子一樣，「日本人無法使自己從封建制度與國家孤立中解脫，而且沒有外國力量的協助，就不能獲得基本人權」這種說法，令伊丹非常厭惡。

「現在我們在政治上解放了，」伊丹寫道：「但只要日本人盲目地堅持把責任推諉給軍人、給警察、給官僚的話，他們將永遠不會懇切地責備自己的讓軍人、警察、官僚騎到他們頭上的罪行，同時也不會帶給日本人任何希望。」

因此，伊丹得出與卡爾．雅斯培相同的結論。人們必須為他們所處的社會負起責任。要一個奴隸為他自己的狀況，更糟糕的是，為他的主人的行動負責，這結論雖然是一個粗糙的判斷，但重要的觀念是，如果不能保持制度開放，自由的社會是不可能生存下去的。這就是為什麼本島的陳述是如此重要又如此挑撥。因為藉著把戰爭責任加在天皇身上，他也沒有赦免日本人。相反的，經由暴露這位不需負責的、最高祭司的虛構之事，他挑戰了他自己的追隨者之自我形象、服從的受害者之形象、在某些無法了解的巨大遊戲中被利用的人之形象。

雅斯培，像本島一樣，是個獻身的基督教徒。與本島相同，他的正義感源自於他的信仰。但是，伊丹——如同其他分享他觀點的人——並不是基督教徒。基督教——有如介於恥文化與罪文化的區別——從來就不是個重點。藉著打破日本的禁忌，本島協助建立一個更為開放，更政治正常的社會，但也幾乎失去了自己的生命。至於耶寧格爾，我選擇相信他想做同樣的事，但失敗了，並且失去工作。或許他不能勝任這個工作，或者甚至可能西德還不夠正常到足以聽進他的訊息。

兩個正常城鎮

帕紹

如同許多沿著廣闊德國河川的城鎮一樣，帕紹只能算漂亮而不是美麗的。那是因為太感傷而無法成其為美麗。它像一個好看的小珠寶盒，座落於多瑙河、易爾茲河、茵河的交會口上。風景非常綠，非常圖片化，還有漂亮的房子半隱半現藏在樹木茂盛的山坡上，就好像直接來自德國的童話故事一般。齊格弗里德的寡婦克里姆希爾德經過帕紹：是為了讓十二世紀時的沃夫高主教，可以在那裡叫人把尼布龍根傳奇抄寫下來。鎮中的建築，有巴洛克式大禮拜堂、鋪鵝卵石的狹窄馬路、建得很低的拱門、滿是灰泥造的聖徒像與油灰的角落，它們的油漆塗得很清新，保養得很好，但是，它卻給人一種模糊的印象，彷彿是將姿勢擺得很好看的死屍，很有技巧地裝扮得像個活人一樣。

如同所有廣受歡迎的觀光景點，帕紹的美，走向迎合大眾的低級品味。帕紹的低級品味，是一種誇張的德國平民作風：紀念品店販賣著飽經風霜戴著尖帽子的農人的木雕、刻著哥德語獻詞的骨柄獵刀、超大尺寸的啤酒杯、刻花玻璃的聖徒像。有著像尼布龍根和克里姆希爾德這種名字的觀光船沿河滑行，甲板上漂浮著真假音交互演唱的音樂聲。我在外面的咖啡館喝著有濃厚奶油的咖啡，讀著當地報紙，整份都在報導射擊俱樂部（男人穿綠色制服，戴著羽毛裝飾的帽子）的集會。德國與奧地利觀光客從旁走過，手中拿著蛋捲冰淇淋與塑膠杯裝的啤酒。男人穿短褲、及踝的短襪、涼鞋，女人穿花洋裝。

沿著河堤牆上的塗鴉，對著「尼布龍根城」的感傷，顯示出較陰暗但具侵略性的一面。有些文字徹底的怪異：「燃燒愛或恨」；「恐懼在死後來臨」；「舍恩胡貝爾，你必須死！」（有關右翼的共和黨的領導人）。最怪異的是：「我們不等待聖誕老人。」

我回到我住的旅館，從這裡可以眺望美麗的茵河。只要往上溯幾哩就是布勞瑙——希特勒出生的地方，而孩提時代，他在帕紹度過幾年。我打開電視開關，剛好趕上一齣一九四〇年的德國電影的結尾。那是時間設定在一八七〇年代的一部浪漫電影，內容有關普魯士軍官與他們穿著裙子裝有箍架的女人。我轉到另一個當地的頻道。它正在播放一部紀錄片叫做《我家》。一個座落巴伐利亞翠綠的山谷中，紅色屋頂的房子簇擁在奶油色的教堂四周，天鵝悠遊在湖中，同時薄霧從小山上飄下來的、寧靜的鄉村形象，背景音樂則是貝多芬的奏鳴曲。解說員有意呈現一種聽起來帶著詩意的語調：「在雲霧後面的土地，如此地寬闊、如此地陌生，然而又如此地熟悉，彷彿我童年的土地……。」

我來帕紹，是因為幾個月前我在倫敦看了一場電影，譯名相當笨拙：「我不是壞女孩」。它是根據一位參加國內散文比賽的高中女生的真實故事改編的。比賽題目是「納粹帝國時期，在你故鄉的日常生活」。這個女孩，從來沒有不良行為，是老師所喜愛的學生，而且與保守的天主教的父母相處得很好。她開始到處詢問，她和教會高級教士、報紙編輯、她的祖母、檔案管理員等人談過話。可是，當她無意中開始在證據裡發現，通常那些她認為是反納粹，甚至是「反抗鬥士」的人，事實上，卻是同情納粹的人或甚至是納粹官員之時，她遇上了大麻煩。有人告訴她放棄她的計畫。為什麼不寫些更重要的主題，像歐洲一類的？有關過去，她能了解些什麼呢？幾年之後，當她決定將她的發現寫成書的時候，她遭遇的麻煩更大了。圖書館與檔案室，關閉它們的門，不讓她進來。從電話裡，傾洩而出對她本人與家族的死亡威脅。她的貓被殺，還被釘在門上。炸彈從窗子飛進來。整個城鎮的顯貴都反對她。她值得尊敬的雙親——母親，一位宗教的老師，父親，一位私立中小學校長——感到困窘。不過，因為受到祖母與一位前共產黨員的鼓勵，她堅持了下去。完成了她的書，變成了國內知名人物，而且讓她的城鎮，或者至少是城鎮的多數卓越市民蒙羞。

那是一部引人注目的電影。這個故事有關被壓制的歷史，但基本的題目是，世代的衝突。即使女主角直到一九六〇年才出生，但這部電影所表現的，是更早的世代的熱心，亦即導演米夏爾．韋爾霍文的一九六八世代。有趣的是，在德國人之中，究竟每隔多久需要解釋一次納粹帝國的歷史，而共同的原因出自年輕人與他們的祖父母之間——那些寫支持信給長崎市長與菲利普．耶寧格爾的人。這位「我不是壞女孩」，太年輕了，不可能是希特勒時代的孩子，但是她的祖母是前納粹理性主張的典型例子。健忘症，通常是做父母常犯的毛病。在另一齣有關記憶的德國電影，艾德葛．萊茲的《故鄉》之中，也提到這一點。在戲裡，生於十九世紀的祖父母代表了尚未被現代物質主義與集權主義的宣傳所敗壞的舊價值：規矩有禮、誠實、自立、家庭價值。

在某一點上，萊茲的《故鄉》與韋爾霍文的《我不是壞女孩》都來自同一源頭，一九七〇年代與一九八〇年代許多德國藝術家和學者都轉向它：地方史。在沒有靈魂的現代事物不斷威脅下，對失去的天堂、孩提時代的鄉村、「雲霧後面的土地」等的懷舊，被賦予一種新的扭曲。歷史像木偶戲一般，隨著重要人物的意志而移動此種概念，被日常生活的歷史所取代，而過去就像是百萬個普通的男人與女人所活出來的故事。不是巨大的城市，而是小城市和小鄉村變成了舞台，而這些小故事就在它上面演出。此一類型的歷史出現，部分原因是出於反動，而對象則是那些試圖以結構與系統來解釋歷史，卻往往只淪為枯燥無味的理論。無疑地，埃曼紐．勒華拉度里所描寫的法國農人的生活，也對此產生了影響。但是，在德國的地方史中，有種懷舊的基調，有如十九世紀的浪漫音樂一般濃濃的味道。這可以賦予納粹帝國的歷史一個奇特的觀點。

萊茲的《故鄉》是這份奇特的有趣例子。對於舊式的價值——純粹的手工製品、溫暖的家庭生活等等——充滿懷念，同時對一九三〇年代的「正常的」日常生活，也有一份懷念。在萊因蘭，創造了一處叫做夏巴赫，想像中可愛的鄉村，正慶祝簡單的鄉村娛樂以及當代的大眾文化：像札拉．朗德爾電影中的夜晚，諸如此類。富有的地主之子成為黨衛隊隊員，有強迫勞動的感覺，此外，其中一個比較模糊，但始終規矩有禮的角色，加入了納粹黨，後來成為一個地方小城市的市長。因此，納粹的興起，並沒有遭到忽視，而且它從未真正毒化地方生活溫暖的常態。納粹主義特有的現代事物——德國的高速公路與其相似之物——對於舊價值觀所造成的威脅，被呈現得比，譬如說，完全沒有被呈現出來的水晶之夜，來得大。夏巴赫是個鄉村，或許在那裡沒有發生任何後遺症，而且人們也甚少提起許許多多發生在其他地方的事情。

這部電影在認同方面，是個真正的練習，因為我們透過活在那個時代的人之眼，見到了過去。這齣電影「是」一個記憶，而且對於夏巴赫善良的人來說，在戰爭帶走他們的孩子或帶這些孩子去死之前的一九三〇年代，大致上是個擁有快樂記憶的時光。《故鄉》彷彿是拍攝來當做一種反動似的，而對象則是所有那些否認了德國地方性認同的戰後歲月。六八世代的知識分子，經常嘲笑「緬懷故鄉」的低俗品味。他們是歐洲人。現在輪到他們去回顧並挖掘出事情的本質。為了尋回故鄉，或者，為了解說萊茲對於大屠殺的評論，為了取回那個曾經被美國人偷走的「我們的故事」，《故鄉》是個值得讚揚的——和美麗且設計巧妙的——努力。

至於更年輕的「我不是壞女孩」，那是另一種方式。她的主題也是「故鄉」的歷史，而且她始終在家。她從來不曾拒絕她的地方性認同；然而就是她的對手，嘗試藉著讓她感覺她不屬於該地，而把「故鄉」從她身上奪走，並引用在給她的仇恨信件中較普遍的用語之一——她是「猶太妓女」。不過，從被蓄意遺忘的陰暗沼澤中，設法尋回過去，像她這樣的做法，比起萊茲重新創造他的鄉村牧歌，顯得較不仁慈。

《我不是壞女孩》更像一本攝影書，是由距離萊茲的夏巴赫不太遠的小鎮，一位地方攝影師拍攝的。奧圖．韋伯於一九三二年在克萊沃成為攝影師，他為這個城市拍照，直到他的工作室在一九四四年遭炸毀為止。攝影集發行於一九八七年，名為「一個絕對正常的一千年」（納粹帝國應該延續那麼長）。[13]開始時相當正常，照片是降雪後鋪著鵝卵石的老街。當他們用鏟子幫忙清除積雪時，他們在小鎮廣場相互打招呼。有一列天主教堂的男童合唱團隊伍，打從旁邊經過。在這些早期的照片中，自治市公民看起來是滿足、無害、值得尊敬、有點不活潑的。然後，漸漸地，事情改變了；一個漸次發展的褐色班點，染污了照片。首先，有一個權貴站在廣場中，穿著新制服，顯得猶豫卻又驕傲的樣子。接著兩個、三個、四個，終於整個廣場充滿了褐色與黑色的制服、卐字形的布條、齊步前進的皮靴、火炬下成千上萬隻閃爍的眼睛。

這也是種地方史，因為這些人並不是大人物；他們是私立中小學的校長、教堂司事、鎮公所官員、新聞記者、牙醫、工廠領班、印刷工人、屠夫、烘焙師傅。這是不准讓「我不是壞女孩」看的「故鄉」歷史中的一頁。

「我不是壞女孩」本身——真實的人，也就是說，不是女演員——一開始就坐在起居室，那是種奇怪的感覺。她的名字是安雅．洛斯莫斯。有一頭捲曲的金髮與湛藍的眼睛。穿著小心翼翼，卻帶點邋遢的流行風格。不再是個女學生，而是有兩個小孩的離婚女性。從她開始寫她的第一篇散文以來，已經出版好幾本有關帕紹褐色的歷史。她的起居室的一面牆，裝飾著她自己畫的圖片，譬如猶太教祭司和蓄鬍的猶太人，還有想像中的沙漠故土上泥土色的鄉村。也有個死人面部模型掛在牆上。那是德國諷刺家庫爾特．圖霍夫斯基的臉，一九三五年，在他從納粹德國逃到瑞典之後，他對生命感到絕望。那是圖霍夫斯基的寡婦所送的禮物。

她談到這部電影時說：「絕大多數都是真的。」除了有些細節，像炸彈擲進她家窗戶一事，並未發生過。不過她讓我看了一些仇恨信件。「猶太妓女」毫無疑問是最富攻擊性的片語。最嚴重的是，有人聲言用毒氣殺死她和她的兩個小孩。她有好幾個晚上無法成眠，在恐懼中聽著人們敲她的窗子和急速拍打著門。她被某甲的兄弟控以毀謗罪，而某甲過去的經歷實際上比她所說的還嚴重。然而真正構成問題的男人，是當地天主教堂的棟樑人物，名叫埃米爾．雅尼克，在戰爭期間他以「褐色埃米爾」聞名，因為他是納粹同情者。洛斯莫斯在一個公開會議中被質問說，她是否認為他真的是納粹分子。她說，即使他不是個真正的納粹，他也當然不是一個反抗鬥士。雅尼克的兄弟控訴她，所以她必須提出文件來支持自己的案件。資料顯示雅尼克不只是反猶太者，而且還告訴所有的天主教徒投票給希特勒。對她的訴訟，最後終於撤回了。但是，在審判期間，又開啟另一個嘗試，想利用保安服務來對付她，因為她「對國家造成威脅」。

當然，幾乎所有寄給她的仇恨信件，都是匿名信。但最有趣的一封信，不但簽了名，而且還不是辱罵性質的。它來自一位前陸軍軍官，戰爭期間，他除了在東部前線之外，也在西歐服役過。他申請加入所謂「我們的菁英」的武裝黨衛隊，但是遭到拒絕。在所有他的戰爭歲月裡，他「從來沒有偶遇過集中營或者外表有任何異常的人」。他在戰後遭美國人逮捕，而被「對待得像個犯人」，即使他「既沒有犯罪也沒看到任何罪行」，他只是「盡他的責任」而已。

這封信之所以有趣，是因為在文字的使用上，看起來與耶寧格爾很相似，事實上，他相信耶寧格爾所引用的論述。這個老兵描繪出威瑪共和毀滅的一般畫面：失業、國家蒙羞、「猶太人資本主義摧毀小型企業」。因此，很明顯的，當納粹黨取得政權時，「大多數德國很快樂，至少某些事情被完成了……」

發牢騷的人、博學多聞的人、妨礙者，當然都不合需要，而且「被從社會中取出來」。他們去了所謂防範性拘留營，也就是後來的集中營……為了將德國從凡爾塞條約的利爪中解救出來，有件事必須釐清：你和我們在一起或者與我們敵對……

我必須說，當我年輕的時候，事情正朝著正確的方向前進。我們相互教育、保衛我們自己而與每一件不自然的事情對抗、我們不被暴露於任何負面的影響之下……

在德國，猶太人沒有正確地讓自己為人所愛，而且顯然是不合需要。但是，沒有正常的人會寬恕這個被煽動起來的恨意以及所謂的水晶之夜。總之，以前我們容忍猶太人……

我們這些從那一個時代活過來的人，必須問自己，為什麼我們得繼續玷辱我們自己的名字。無疑地，把事情塗抹得比它們原來還黑，並非我們的興趣。我發覺異乎尋常的是，格林斯基先生（德國猶太人社區的領袖）與（西蒙）文森索先生喜好之物所點燃的火，更是強烈。我本人沒有意識到做了任何錯事，而且我也不能忍受我的孩子及孫子應該被迫覺得自己有罪。

接著安雅．洛斯莫斯詆毀她的「故鄉」，並延伸到她的國家。事實上，無論如何，她發覺有些人的行為舉止，比人們給予他們的信任，還令人稱羨。例如，戰時的市長被誹謗成狂暴的納粹，並把所有壞事都歸罪於他。實際上，他試圖阻止驅逐猶太人出境一事，並且准許猶太人逃亡。洛斯莫斯發現，還有其他的人甘冒風險去幫助受迫害的人。鎮公所職員發行護照，她的祖母帶食物給關在地方集中營的囚犯，而家庭主婦提供藏身處，可是，他們這些無聲的英雄行為，從來不被承認，因為沒有人對他們表現出太大的興趣。同時她發現這些人本身就不願意把事情說出來。

我問她為什麼她這麼認為。她說，他們的幫助出於純然的人道理由。不論怎麼說，它們都與政治無關。不過，還有另一個理由：「多數人不願意被批評為違反法律。在這裡的人，對於反抗一事，覺得非常矛盾。他們對於像愛國與法律這樣的事，感到困惑。這就是為什麼反抗，甚至是反抗納粹，從來不曾真正地被寬恕過。帕紹百分之九十六人口是天主教徒。有些人基於宗教的理由而反抗，有一位神父因保護猶太人而在教堂裡遭到謀殺，另一位神父拒絕宣誓效忠希特勒，後來也被殺了。可是，從未有人帶著任何敬意，來談論這些人。因為他們曾破壞規則，他們不守規矩。市民的不守規矩，被認為是一件壞事。我自己的祖母依然覺得罪惡感，因為她違反法律去幫助他人。這就是為什麼我在這裡被恨之入骨。即使我說的是最真實的事實，我仍然在反對當權者。」

我懷疑她本身的宗教感受。在她的行動中，宗教扮演任何角色嗎？她笑笑說：「當我二十五歲時，我離開教會。這件事對我父母的打擊非常大，因為她們為教會而活。甚至到現在，他們還是不了解；他們拒絕見到我的無宗教信仰。」不過，我依舊感到懷疑。我的雙眼一直為牆上的正宗猶太人畫像所吸引。安雅・洛斯莫斯太年輕，以致於不能分享她父母那個世代神經質的親猶太主義。再者，也可能不是這麼回事。也許此事與年齡無關。我想起我在柏林見到的年輕人，年輕的德國人在毀壞的猶太教堂殘骸附近，一家新開張的猶太咖啡館裡啜茶，年輕的非猶太教徒頸子上戴著「大衛之星」。

她彷彿能夠讀我的心思似的，安雅・洛斯莫斯說：「我的確涉入猶太的宗教。我想耶穌是這麼典型的猶太人。總之，你是知道的，在基督教裡許多事情是非宗教的：耶誕節、復活節——這些是舊日爾曼習俗。同時，在星期天我們在教堂慶祝猶太典禮。後來我讀佛洛伊德。他寫出了我對自己的感覺，也就是說人們基於深刻的心理需求，而發明他們的宗教夢想。」

對這位勇敢的女士而言，如果將她的努力降格為一種宗教的衝動，將是不公平的。我沒有理由去懷疑她對追求真相的奉獻。而且她在政治上是精明的。雖然她經常表現出享受她的名聲，或者，其實是惡名昭彰的樣子，但這個事實並不會干擾我。無疑地，正因為她的虛榮，反而幫助她從事各種不同的嘗試，甚至踏入危險的狀況。但無論如何，在她身上有個熱忱的因素，如果不是受到宗教的啟發，那當然就是出於道德了。當她越談越多有關她家鄉令人驚愕的故事時，在她的眼睛裡有著閃光。在帕紹，載明印製於一四七六年的最早印刷品，是一些猶太教堂毀壞的圖片。現在有間煤氣廠矗立在前猶太社區會堂的舊址上。有個鄰居過去是奧斯威茲的守衛。他把財寶藏在那個地方，回來後又尋回他的財寶，而且還射殺了協助他的朋友，當他發現朋友是個猶太人的時候。這個故事後來拍成電影《亞伯拉罕的金子》。我沒有理由懷疑洛斯莫斯，因為她對於真相是嚴謹的，但超過一個限度後，神話的揭露，卻產生出它自己的傳說。

例如卐字麵包的故事。每年，極右派DVU（德意志人民聯盟）人士，他們後面還尾隨著極短頭髮的人、各色各樣與周遭環境格格不入的人、充滿怨恨的老同志，全都聚集在帕紹的尼布龍根會堂。他們喧嚷，他們唱歌，他們喝啤酒，無庸置疑地，再聆聽一次老故事。同時也有可能交換一些納粹的紀念品。但彷彿這還不夠兇惡，有關一條以卐字形烘焙出來、販售於市集廣場、香脆又溫暖的麵包的故事，更輾轉流傳著。記者們選中了它，利用它來添加一點活潑的氣氛到帕紹——希特勒曾住過，而艾希曼結婚於此的一個難以改變的城鎮——的形象上。安雅．洛斯莫斯不必為傳播這個轉變為不實的故事而負責。但它是個典型的、成長於陰暗角落的神話類型。

洛斯莫斯告訴我其他一些事情，無論如何，那的確是真的。在帕紹鎮外有個小型的集中營，所謂毛特豪森附屬集中營。當安雅．洛斯莫斯長大並進入中學預科學校就讀時（希姆勒的父親曾在這個學校教授拉丁文），在帕紹仍然有許多事情未曾被談起過，而集中營正是其中之一。在帕紹曾有過一般的討論，是有關如何適當記憶戰爭的方法。一九四六年，人們決定將城鎮中心重新命名，以紀念國家社會主義的受害者，還有在相同目的下，計畫建造一個紀念物。結果沒有一樣實現。相反的，幾年之後，一個紀念石豎立在英斯達特墓園。士兵被埋在那裡，此外還有更多納粹主義的直接受害者也埋在同一墓園。市長說，這樣夠好了。若非社會民主黨的地方支部在一九八三年決定贊助一個紀念石的話，集中營的遺址，將會整個從大眾的記憶中溜走。

這個地方實在不容易找。有一個湖被一個巨大的堤防分隔。我朝向它走去，經過一個標示，上面寫道：「到頭來，只有權力管用。」這裡只有柔和的鳥叫和牛鳴，都來自牠們長形的木造棚舍（前營房？）。一個帶著藍色尖頂帽的老人在堤防附近工作。我問他這個堤防是不是「那個時候」的囚人建的。他說：「是」，接著繼續工作。他是否剛好知道紀念石的地點？「不」，他說，連頭也沒抬起來。當差不多要放棄的時候，我辨認出它藏在樹叢中，但已幾乎看不見了。一個簡單的灰色石頭標誌，豎立在地上。上面寫道：「為紀念在烏卑希斯穆勒的毛特豪森附屬集中營的受害者，一九四二～一九四五。」在這一段文字下方有五個十字架以及石頭豎立的日期，一九八三年。這些文字被設計得類似於北歐古文字的符號，也就是納粹人士所喜愛的古老的、想像的、神秘的條頓書寫體。

在風格的選擇上，雖然是不敏感的，卻出自人們的欣然同意無疑。在德國同時存在著各色各樣的古字。越不穩固的、較新的政權或組織，越會杜撰傳統。絕大多數的十九世紀德國，被標上了假冒的中古時代的精神，當然，納粹也東施效顰。而且這些還被堅持用在重建戰後的德國城鎮的外貌上。總之，只有十二年光景的東西，要拿什麼和神聖羅馬帝國、條頓武士、或者巴洛克與洛可可的榮光做比較呢？

帕紹的市鎮大廳，雖然大部分標示的日期都從十九世紀開始，事實上包含了晚期哥德式痕跡。費迪南德．瓦格納（一八四七～一九二七）在內部所做的壁畫，取材自尼布龍根傳說。外部面朝多瑙河的牆壁，具有晚期哥德式風格。我約了安雅．洛斯莫斯的對手之一在那裡見面。他的名字是韋塔菲德．都旻尼克。他經營一家位於市鎮大廳旁的觀光事務所。

都旻尼克年約四十五左右。他蓄著鬍子，薄薄的金髮瀏海蓋不住粉紅色的前額。他穿著角質鈕釦、巴伐利亞式西裝。他的表情並非不友善，但卻是種痛苦的，彷彿受消化不良的折磨。當激動時，他的臉會變紅。

當我坐在他的辦公桌前方，都旻尼克指向牆上一個裝了框的座右銘。上面還有一個德國樞機主教的簽名。「那是我的人生座右銘」，都旻尼克說。它寫道：「幸福，屬於那些勇於作夢而且準備好付出代價促其實現的人。」我點頭，然後問起安雅．洛斯莫斯。突然間，他顯現出痛苦的表情，接著開始解釋。他說，這裡有兩個爭論點，一是帕紹的好名字，一是洛斯莫斯女士的個性。帕紹座落於巴伐利亞的特殊地區，在這裡的人有點自傲而保守。隨著這位洛斯莫斯女士稱帕紹為納粹城鎮，而污辱了左右兩派的人，同時還上演了一齣「女人的獨腳戲」。這對帕紹非常不好。因此，引起這樣大的問題，人們真的不必感到驚訝。

「是的，」我說：「看得出來。」可是，洛斯莫斯的主張是真的嗎？都旻尼克動了動他的鬍子，打開辦公桌上一個褐色公文夾。他拿出一份倫敦發行的《星期泰晤士報》有關洛斯莫斯與帕紹的文章。當他用食指輕敲這篇文章，他的臉轉紅。「全是謊言，」他說：「全部瞎說！」能夠更具體些嗎？「有關卐字麵包的故事。從來就沒有卐字麵包這回事。」可是，那是洛斯莫斯所說的嗎？都旻尼克雖然不確實知道，但他堅信她脫離不了關係。

我想暫時避開卐字麵包的話題，我問都旻尼克，是否他認為洛斯莫斯在書中所說，有關戰爭期間發生在帕紹的，的確是真的。他的激動平息下來，而痛苦的表情又回來了。他說，那個難以回答。原因是，他本人並非生於帕紹，但他的家族則是。於是，他指著牆上兩張表面光滑的照片。它們是用於觀光事務所的巴伐利亞風景照片。「看著它們，」他說：「真相不只是細節，還包括顏色和氣氛的問題。」接著，再轉回報紙上的文章，他說：「這是有意杜撰的東西，可怕的謊言染污了我們城鎮的形象。她酷愛她的國際名聲，一個好女孩反抗一個惡城市。」

我大膽說，也許問題起因於態度，因為歷史被壓制太久。都旻尼克說，不，這完全不對。「我總是知道許多有關過去的事。我遇過阿爾伯特．施佩爾，我認識戈林的女兒。為什麼，我甚至遇過希特勒的秘書。不，我始終對歷史事件有著興趣。我讀過施佩爾的回憶錄與安妮．法蘭克的書。我自己的祖母遭納粹毆打，我母親目睹死亡行軍。你也必須了解，那對我們更困難。我生於一九四六年。我們的老師沒有告訴我們太多。但是對於洛斯莫斯女士的世代而言，則完全不同。沒有事情被壓抑。」

我告訴都旻尼克，我去了集中營的現場，同時問他一九八三年才正式紀念那個地方，是否有點太晚。他用手做了一個愉快的姿勢，邀請我到隔壁去喝一杯當地的啤酒。在途中，他說那些集中營不好，非常的不好，但對它們也有許多無意義的說法。人們總是說達浩是個死亡集中營。「完全錯誤！那只是個奴工營。」

我們喝我們的啤酒。泡沫沾在他的鬍子上，使得他看起來超過他實際的年齡。我再問他有關地方集中營與隱藏起來的小紀念物。都旻尼克顯出困擾的徵兆。「很難，」他承認：「非常困難。我知道你的意思，但我給你我的個人意見。當你有條殘廢的手臂，你不會真的想到處展示給人看的。當年，正逢我們歷史的最低點。但是在數千年的歷史中，它只佔了十二年。而且人們傾向於隱藏它，就像一個有著殘廢臂膀的人，不喜歡穿短袖襯衫一樣。」

我看著都旻尼克粉紅色的臉與沾著泡沫的白鬍子。他不是個壞人，而只是一個少見的、缺乏想像力的人。他來自與激進的反法西斯知識分子相同的六八世代。可是，當其他人在示威或者揭發法西斯主義者的連續性，或者批判他們的父母的時候，韋塔菲德．都旻尼克就像其他的許許多多人，是個守規矩的孩子，是個地方天主教青年組織的成員、是個出自習慣的保守人士。他沒有批評他的雙親。他講話就像他們。

我們友善的聊天。他問我在進行些什麼。我告訴他有關我的書。「啊！」他說，他曾到過日本一次，到東京。但他發覺在那裡沒有辦法和那裡的人說上話。他們不了解德國人面對自己的歷史的方式。「他們認為我們的誠實面對過去是種懦弱，因為在以前的敵人面前失去了面子。不，我完全不了解他們。對於他們天皇仍手握權力的看法，不，他們對歷史有個完全不同的概念，在處理歷史方面，他們有一種完全不同的方式。」

花岡

一九四五年的夏天，距離戰爭結束已經不遠了，谷地田恒夫當時只有五歲。但是至今，他仍然能夠記得「花岡事件」。那時他當然不知道它將會被如此稱呼，而且他也不真正知道在六月三十日當晚發生什麼事情。不過，他記得看見一大群人圍著跪在鄉村社區會館之前、畏縮的中國奴工。「去死吧，清客！去死吧，清客！」據說，這些清客殺了一個日本人，而且把他分屍。在他被母親急速帶走之前，谷地田記得他瞥見竹棍打在裸露的中國人身上。這種場面不適合年輕的孩子看。

實際發生的情形是這樣的：六月三十日晚上，在日本東北部的一個小鎮上，超過八百名中國奴工逃入山裡。當地的民兵，多數是以竹矛和棍棒武裝起來的農人和小店主人，協助警察把他們抓下山來。他們將這個行動稱為「獵兔」。中國人被押回鄉村社區會館前的小廣場，被迫跪在地上，雙手反綁在後，腰部以上全裸，整整三天三夜未進食物或飲水。那正是一年中最熱的日子。後來谷地田聽說有些中國人曾經嘗試喝自己的尿。約五十個人在會館內遭到拷打致死。有些人的拇指被綁住從天花板上懸吊下來，同時還遭到毒打。其他有些人則被強迫灌水，然後有人再踩他們的肚子。老師教導學生向清客吐口水。人們交棍子給他們去打清客。在另一個鄉村，距離谷地田看到囚徒不遠的地方，十來歲的當地青年組織成員，用棍子將幾個中國人一直打到死為止。

這些奴工在一九四四年，從中國被帶到秋田縣的花岡。這種事並不希罕。日本公司付錢給日本皇家陸軍，要他們將戰俘與綁架來的平民做為公司的奴工。戰爭期間約有四萬人來到日本，約有七千人死亡。比起在納粹德國工作的七百八十萬外國人的傷亡人數，它或許是個小數目，可是，對待中國人的殘暴，實在壞透了。大約有兩百萬韓國人住在日本，既然韓國是日本帝國正式的一部分，而所有韓國人也被視為日本的國民，儘管他們有著地位上的不同，但待遇卻不一定更好。差不多一半的居民都是徵召的工人，在戰爭期間從事強迫的勞動，而且經常受到虐待。在數字資料上，花岡事件只是個小事情，或許只是許多類似「事件」之一，但它是唯一一個透明的機會，人們可以經由它而了解事情的細節。

在花岡的中國人，被迫替鹿島組——承包同和礦業公司工作的大規模營造公司——工作。他們在銅礦坑裡工作。仲冬時，受命在河中建造堤防，以重新疏導河水流向。當秋田被埋在厚厚的白雪中，他們仍穿著薄薄的破衣裳，同時只靠著腐敗的蘋果皮和每天一碗稀飯維生。在某一次巡視花岡的時候，一個來自健康部門的官員斷定他們所受的待遇太仁慈了。他說：「他們應該像擰濕毛巾一樣，直到一滴不剩為止。」在花岡的九百八十六個中國人，其中絕大多數是農民與戰俘，只有五百六十八人存活下來。

在六月三十日暴動背後，曾有個不確知的計畫——前往離此不遠的一個美軍和澳大利亞軍的小俘虜營；兩處人員再一起找出通往海岸的道路，在這裡他們將奪取漁船，然後前往北海道，這樣一來，他們認為就自由了；如果計畫失敗，他們將跳海淹死自己。實際上，他們只到達離奴工營不遠的小山附近。戰後多年以後，在營地的原址附近豎立了一座紀念碑，將這次暴動描述成為「保護人類的尊嚴」的一擊。

一九四五年九月，日本投降「之後」，在秋田市的某個法庭中，審判中國倖存者，並宣判他們有罪，因為他們在戰爭期間的暴動破壞了國際安全。他們被判無期徒刑。

花岡事件本不會成為一個事件——也就是說，它將滑進相同的陰暗中，而這個陰暗隱匿了大多數日本在戰時的奴工歷史——如果美國佔領軍高層，沒有逮捕到一個正在挖掘大眾墳墓，企圖隱藏虐待中國人之證據的鹿島組雇員的話。這是在日本舉行的戰爭罪行審判中，唯一一次針對私人的公司。這些中國囚犯，從秋田的監獄被釋放出來，並出現在法庭上作為證人，以控訴他們的前雇主。一九四八年，在橫濱的同盟國法庭，宣布八個鹿島組當地職員的罪行，有些並處以吊刑。他們之中沒有一個像岸信介一樣非常重要的人物。到了一九五六年，全部獲得釋放。眾所皆知，稍早之前，正式負起戰爭期間奴工責任的岸信介，日後卻成了日本的首相。另一方面，鹿島組也就是今日的鹿島建設，乃是世界最大的工程公司之一，並且從中國獲取巨大的利益。

有極少數的事件倖存者留在日本。當一九七二年周恩來與日本政府簽署一項協定，免除日本在戰爭中所發生的一切事情的責任，以及任何賠償中國受害者的義務之時，其中有一位自殺。直到數年前，中國政府才能有效地防止中國倖存者對此事進行無謂的騷動。由於中國需要便宜的日本貸款，不僅終止了前受害者接受的日本賠償，而且在毛澤東式的中國仇外邏輯下，戰爭期間曾待在日本的中國人，無論如何都遭到懷疑。在文化大革命期間，以前的奴工被控以曾經是日本間諜的罪名。我們唯一能想像的是，他們遭受紅衛兵什麼樣的對待。

但至少資料都在那裡，即使大部分都還在美國的檔案室內。多數這些資料在一九八〇年代因〈資訊公開法〉而獲得公開。同時，極少數殘留的中國倖存者，行動變得更自由，也可以旅行到日本，並且發表他們的不滿，如果不是針對日本政府，那麼至少是針對鹿島建設。到了一九九〇年代，倖存者一組四人到花岡訪問。這是戰後的第一次。他們幾乎辨認不出任何一件事物，因為所有地標都已消失。能夠與他們繼續在一起的，只剩記憶了。他們在現在屬於大館市行政區的花岡，遇到了少許日本人，包括兩位力排眾議，拒絕讓這段記憶消失的男人，其中一位是谷地田恒夫。

谷地田的工作是勞動組合聯合會事務局長，他請了假，帶我到當地繞繞。他講話帶濃厚的東北腔，說話時省略字音，據說，這種方式反映了寒冷的氣候。他穿得很休閒，一種日本男人以能夠獨立於團體生活之外而感到自豪的方式：顏色豐富的開領襯衫、長褲、運動夾克。在去一家韓國餐館之前，我們到外面了喝酒，因為他要我去見身為餐館老闆的一對韓國夫婦，並且聽聽有關反韓國的歧視故事。他們是當地極少數的韓國人。他們是他的朋友。在整個晚上，谷地田幾次指出日本人對待韓國人和中國人如次等人。他記得在學校有個韓國女孩，他和他的日本同學從來不把她當人看。要知道，這是發生在戰後的事情。

中國奴工營過去所在的地區，依然屬於同和礦業公司。在前往石碑的泥土路上，有個標示前奴工營的牌子，上面寫道：「危險！禁止穿越。」我們不管那個警告牌子，同時也看到一輛同和公司的汽車在遠方跟蹤我們。谷地田笑著說，經常都是這樣的。此地的景觀有種足以致死的美。在紅色的土壤上，覆蓋著有如綠黴菌般的綠顏色、類似燧石的石板。另有個大湖，供同和公司丟棄有毒的物料。湖面上有一層橘色的薄膜，但是，當你丟一顆石頭到水中，厚厚的黏液中會冒出黑色的泡泡。前中國奴工營，就在這個湖的底部。

谷地田在靠近舊奴工營的一個小山上某處，為我指出主要的地標。花岡座落在一個廣闊的盆地內，四周還繞著頂部終年積雪的山脈，遠遠望去彷彿巧克力蛋糕上滴下奶油一般。不只在平原上的城鎮和鄉村改變了，整個景觀已經不再像一九四五年的模樣。湖泊是新的。河川走向不同。為了開路或新的建築物，丘陵遭剷平，但同時，卻形成石板與軟泥堆積成的新山丘。一個先前的湖，現在變成長著樹叢的潮濕野地。鄉村會堂已不見蹤影。舊社區大廳在一九六〇年代被夷為平地，取而代之的，是個呆板沈悶的水泥建築，而位於廣場的另一側，就是中國囚犯遭禁錮的地方。有個大型的超級市場，原本是以往鄉村商店聚集的地方，而目前大館市散布的地方，是以前的稻田。

並非所有的東西都不見了。谷地田指向一簇像毀壞的軍營之地，這裡是安置美軍戰俘的地方。我問他，美國戰俘是否也在礦場裡工作。「不，」他說：「我們日本人總是將白人照顧得很好。」他的嘴巴緊閉卻帶著嚴厲的淺笑。我回他一笑。我想起所有我聽過的故事，有關緬甸鐵路以及在荷蘭東印度的「日本鬼子戰俘營」。但，比較來說，谷地田當然是對的。

他也指出中國人逃往小山的道路。沿著道路兩旁遺留下密集的木屋。谷地田說，較年長的人依舊記得逃亡的那個晚上，打著赤腳發出的不清晰的聲音，從房屋前面經過。他模仿那個聲音：啪搭，啪搭。在一九四五年，中國工人已不再有鞋子穿了。

我們造訪墓園，那裡有兩個石製紀念物在外面。一個紀念戰死之日本軍人的「忠誠精神」，另一個則紀念「中國英雄的殉難」。在經過某個有份量的討論之後，大館市、同和礦業、鹿島建設共同於一九六三年將它樹立起來。一九八五年，身為社會主義者的大館市市長，決定宣布六月三十日為「和平日」，並且每年在紀念處舉行典禮。可是，紀念碑看起來是被疏忽了。有一把用塑膠帶綁著的死花放在地上，另有一個打開的塑膠盒，裡面裝著腐敗多時的飯團，則放在紀念碑的基礎上。

靠近河邊的地方，是中國人及韓國人工作的地方，也是他們經常遭毒打、挨餓、精疲力竭、死亡之地，此外，還有一個尺寸小了很多的紀念石。上面的字跡難以判讀。石頭裂得像碎玻璃。而散亂一地的是，給予亡魂享用的馬口鐵罐與剩餘的零食。石上的題辭說：「對於中國死者的佛教紀念物。」這個紀念石的故事，像它所紀念的故事一樣的卑鄙。當鹿島建設的員工在挖起中國人的遺骨而被發現後，鹿島被要求建造一個佛教式的地窖，以便儲存這些遺骨，但是，他們拒絕這個要求而將遺骨葬在佛寺後面的小山上。一九四九年，在靠近前中國奴工營附近發現了更多的骨頭。最新發現的遺骨與其他的骨頭葬在一起，而草草樹立了石製的紀念物。鹿島建設曾提議樹立一個較大的新紀念物，但是，一個為中國倖存者爭取權力的小團體拒絕這個提議，除非鹿島付出適當的賠償金並建立一座博物館。「他們擅長建造紀念石，」谷地田說：「但是遇到歷史研究與金錢的賠償，我們就完全幫不上忙。」

大館市距離東京約七小時半的火車車程，從柏林到帕紹也差不多是這樣的時間。東北地方，特別是秋田，比起日本中部與南部，依然是令人驚訝的老舊，甚至是貧窮的。城鎮的中心，暗而沒有魅力：沒有修飾的水泥建築物，骯髒的商店街，架上塑膠屋頂以防止冬天大雪封鎖的店鋪。在城鎮外緣的木造房屋四周，散布許多廢物，竟也沒人在意，而所謂房子，只不過比茅舍好些而已。大館唯一的色彩，除了那些全日本都一樣無所不在的廣告以外，就是在晚上讓日本男人買醉的小酒館。

東北地方雖然是日本的米倉，但始終貧窮。戰前，特別在景氣蕭條的時期，農人窮到必須賣掉他們的女兒。日本，甚至東南亞的妓院，經常備有來自東北的女孩。另一方面，長男因為必須繼承農場，他的弟弟則往往加入軍隊，雖然軍旅的生活是不人道的，但至少他們還可以填飽肚子。東北地區嚴峻的生活，造成了對政客與生意人的怨恨，但這不是完全沒有理由的，因為他們被認為是貪婪與墮落。共產主義小說家小林多喜二，就出生在靠近花岡的地方，而成長於甚至更北方的北海道。他因為傳播危險的思想，在一九三三年被警察拷打致死。我認為谷地田的左派主義與他的韓國朋友的認同北韓（即使他們出生在南韓），正是這種傳統的一部分。不過，他們不是純理論的馬克思主義者。他們反對貪污、歧視、貪婪，這些他們視同「資本主義」。基於同樣的理由，急進派的右翼「農業主義」，在戰前則非常流行。

寒冷的北方孕育出一種堅忍的自我形象：忠心、誠實、勤奮等等。在大館車站前，有個日本人最鍾愛的偶像之一的雕像——忠犬八公。據說，牠每天晚上忠實地出現在車站迎接主人，但有一天，主人在抵達車站之前，竟然死了，可是，八公卻拒絕從他經常等待的地點移動。這隻狗就一直這樣地等在那裡，直到死去為止。八公的石雕頸子上仍然裝飾著鮮花——比任何紀念中國奴工的紀念物，有更新鮮的花而且有更繁多的貢品。

在東北地方的鄉村及城鎮的慶典上，奏的是民謠。日本版的家鄉故事，最喜歡從這個地區取材。當導演尋根之時，通常都會將東北當做外景拍攝地點。秋田與青森，仍然有著原始神話的氣氛。東北地區，以都市知識分子的流行表現法來說，它帶有土腥味。出生在那裡的人渴望逃脫，而且經常這樣做了，但是對於東京的作家、藝術家、詩人，卻可以透過相同的故里，看到溫暖朦朧的鄉愁，一個失去多時、泥濘的日本故鄉。

阿信，是日本電視連續劇有史以來最受歡迎的女主角，出生於東北的一個鄉村。這個劇名叫做「阿信」，由半國營的電視網NHK在一九八三年和一九八四年播出，也正好是《故鄉》在德國播出的時候。兩百九十七集十五分鐘的節目，每天早上（收視率百分之六十三）播出，下午再重播一次（收視率百分之二十）。在風格上，《阿信》與《故鄉》相差很多。德國的影片是個人的藝術作品；《阿信》是精心製作的通俗劇。雖然像《故鄉》一樣，《阿信》是對傳統鄉村價值的讚揚，同時也是為失去它們而悲痛，但這位日本女主角很早就離開她的鄉村，原因是，當時她的家無法餵飽她。對很多人來說，故鄉的失落是顯而易見的，尤其是在日本（以及德國，還有許許多多其他地方）工業化的這段期間裡。但是，家的概念，並不一定非區域性不可。在《阿信》之中，整個國家變成了一種「故鄉」。特別是戰爭的年代，就像在萊茲的《故鄉》一樣，從家的觀點來看國家。德國電影和日本電視通俗劇兩者，對好萊塢版本的歷史而言，都是一種具有地方特色的答辯。如「我們」，全國家族，所記住的才是歷史。在其中，存在許多他們的控訴。

有如在《故鄉》片中家族歷史的根基落在母親身上一樣，阿信的功能，就彷彿是個貯存所，裡面放滿想像中的傳統價值。她代表了保守的日本理想：長期受苦、勤勞工作、誠實、歡欣、禮貌，她的態度是溫和的，而她的習慣是規矩的。她講話溫柔並且值得尊敬，但也強韌；每個人都依賴她。假如艾德葛·萊茲是左派懷舊浪潮的一部分，阿信也許可以稱為被正式授權的過去之記憶。阿信是個和平的女人，她反對戰爭，但是她對戰爭無能為力。她的責任，就如同旁白者三番兩次告訴我們的，是「照顧好她的家族」。這個連續劇大聲疾呼它的和平主義，同時也讚揚真誠，然而多數日本人就是秉持著它去支持戰爭的。

在故事中的所有日本兵，都是英俊、真誠、勇敢、頂天立地的男子漢，甚至阿信丈夫的二哥，一個好戰的愛國者，還鼓勵阿信將兒子送進陸軍軍官學校。阿信的丈夫龍三，也被捲入軍國主義的宣傳中。他的投機並沒有掩飾；他的生意繁榮，因為他是陸軍物資的供應商。他對妻兒變得越來越權威主義，而且他的看法是沙文主義的。在某一點上，官方的日本肥皂劇中，在角色上比起萊茲的困難些。夏巴赫的好人既不狂熱也非沙文主義；唯有不肖的黨衛隊員，才呈現出那種樣子。不過，阿信的丈夫也不是一個無情的角色，他是個忠實相信國家的好男人。（很明顯地，想呈現一位好而忠誠的納粹，做起來更加的困難。）當阿信抗議說，供應陸軍物資意味著協助戰爭，而龍三告訴她說，當日本走上戰爭，每一個日本人都必須盡他的責任。

南京的淪陷是個可以慶祝的藉口。在一個美麗又巧妙設計下的鏡頭，用慢動作拍攝，我們見到整個城鎮變成提燈大遊行。緩緩的笑臉看起來很怪異，幾乎是恐怖的。阿信，即使她和平主義的觀點，也感到喜悅。女旁白員告訴我們說，阿信「感到巨大的力量正在形塑日本的未來。她不知道這個力量的本質。南京被征服了，整個家族到外面參加遊行。阿信，也是其中的一個快樂的日本人。」

在非常接近的一集中，我們得知阿信對於發生在大陸的戰爭之殘酷，毫無任何概念（對於這件事情，電視觀眾也不知道：敵人從來沒有呈現出來，把發生在敵人身上的，都交到日本兵的手上）。讓阿信擔心和沮喪的是，她的兩個兒子變得像他們的父親一樣狂熱，而且表現出願為國家犧牲的渴望（不是為他們的天皇，註：天皇被小心翼翼地從日本放送會社版的過去中消除）。我們見到阿信身為母親所受的折磨，但也有意地藉著她兒子的熱情、他們的真誠、他們純真的感受，讓我們留下深刻的印象。他們英俊、坦白的臉，因家庭餐桌上的愛國言論而放出光芒，這樣的表現手法借自好萊塢電影詹姆士·史都華的《華府風雲》。不像在夏巴赫，這裡沒有腐爛的蘋果，也沒有與壞的黨衛隊員相當的人。

這或許是德國的故鄉與日本的故里，最大不同之處：在日本的鄉村沒有納粹，只有士兵。沒有驅逐出境，或者位在附近的集中營。沒有水晶之夜；鄰居不會在晚間失蹤。人們也許不喜歡戰爭，或者它帶來了經濟困頓，或者是鄉下迂腐學究及軍方的恃強凌弱者的吹噓，但是，幾乎每個人都扮演他或她的一個小角色。至於戰爭，嗯，那是某個發生在離家很遠很遠的其他地方的事情。只有一個例外。對於那些極為不幸生長在沖繩的人，在一九四五年的戰爭中，帶著懲罰回國。沖繩人所受待遇，像是地位較差的日本人，而且不受日本皇軍的信任，此外，還有許多平民死於和美國海軍陸戰隊交火中。約有十六萬平民——約超過三分之一的當地人口——死在兩軍交戰中，另有數百人死於集體自殺。這樣的經驗留給沖繩的痛苦之感，遠遠超過日本其他地方，縱使東京、廣島、長崎都曾遭受過空襲。

但是廣島與長崎也是奴工營的所在地，就像花岡的那個一樣。這樣的奴工營遍布日本各地，日本平民必然也知道這些。每一天，花岡的好人見到中國奴工極其消瘦的身影，沿路被管理人鞭打著走去上工。當奴工脫逃時，也是同樣的這些好人，協助警察進行「獵兔」。我們在大館市喝酒探險的期間，在某個地方谷地田告訴我有關他父親的事。因為他父親非常痛恨戰爭，故意喝下整瓶的醬油，讓自己無法通過醫療檢查，而不用服役。他試圖留在家而不從事與戰爭有關的工作，但是當遇到獵兔時，他和民兵隊一起追上山去。他盡他的責任，就像每個人一樣。就這是為什麼在戰後人們不喜歡談論到底發生了什麼事。在一九七九年以前，地方的歷史教科書上，甚至不提這個事件。

被教導向清客吐口水的學生之一是野添憲治。他從未忘記這個經驗：「當我問人們有關這個事件，記憶掠過我的腦海，而我發現很難說它。我開始顫抖。我變得意識到自己是侵略者之一。」然而野添從不停止問問題。三十年來他精確地拼湊那個晚上發生的事。結果，他的家人遭到威脅，他的孩子在晚上不能離開房子，他的窗戶被打碎，而且他接到匿名者的死亡威脅電話，往往都在午夜過後才打來。一九七五年當他出版第一本有關他的發現的書之後，情況變得更為糟糕。[14]沒有人否認這些事實，但他被譴責為村人的背叛者，並且玷辱故鄉的名譽。

我到離大館不遠的一個小鎮上，訪問野添的家。那是個普通的東北小鎮：空蕩蕩的街道、瓦楞鐵皮屋頂、破損的屋子。通往野添家的入口，在一家乾貨店後面的窄巷內。裡面潮濕，聞起來像舊木頭與阻塞的陰溝所發出來的味道。他的書房在二樓。我們坐在書本、文件、期刊之間的榻榻米上面。野添穿著舊和服。他大而圓的頭，長著一叢沒有梳整的灰髮。他有教授的氣質，但實際上從未完成高中學業。他靠著奇怪的工作維生。一生都很貧窮，他現在勉強靠著有關花岡事件的書（到目前為止已經寫了四本）維持生活。它們是他的終身志業。那就是他想寫的所有東西。

與野添談話時，我想起將我介紹給他的那個人。他是五十多歲的中國人，住在大阪的單房公寓，叫做豬八戒（日本官僚強要他將名字加以日本化時，所採用的名字）。他在垃圾棄置場駕駛卡車，而將他的收入都花費在蒐集戰爭期間中國奴工歷史的資料上。如同野添，他沒有來自任何組織的支援。有人告訴我說，沒有任何日本學院派的歷史學者以這個作為研究主題，因此，像野添一般，豬必須親自到中國去找文件和訪問倖存者。

一開始，野添遇到極大的困難。沒有花岡事件的相關文件可資利用，所以他能做的，就是追蹤目擊者。他說，最初的四或五次，人們就在他面前讓他吃閉門羹。有些人叫警察跟蹤他。然後，有些人先窺看四周，確定沒有被鄰居看見後，勉強地邀他進去喝杯茶。剛開始他們只願意談些不切題的東西，但是，漸漸地在四、五次拜訪之後，真相就會冒出來，提到些名字，說些故事。進展非常緩慢，前後花了二十年才蒐集到足夠資料，完成他第一本書。

「我沒有真正被揍過，」他說：「不過同和礦業公司雇用流氓，確認我沒有潛行到舊奴工營的四周。同時流氓後面有警察替他們撐腰。」

當然他沒有得到公司的協助，而且工會也不想牽涉在內。我問他是否曾經與其他調查戰時歷史的人聯絡。我知道有這一類人的網路組織存在，因為它的成員在介紹人物方面，幫過我不少忙。中學老師森正隆認識豬八戒，豬八戒再將我介紹給代表中國倖存者的律師，而這個律師認識一個在長崎的人……等等。「沒有，」野添說：「差不多直到三年前，我都是孤軍奮戰。」

這句話可能有一點點誇張。總之，官方主動紀念花岡事件，開始於一九八〇年代中期，而且谷地田也在進行這個案件，雖然時間不像野添這麼長。在與這個網路組織的各個成員談話時，人們很快地會了解到彼此的關係不會始終維持得很順暢；偶發的意見暴露了嫉妒與多刺的辯駁。因此，理所當然，這個網路組織經常被歸類於邊緣團體，因為它固執地追尋不受歡迎的主張。無論如何，在一九八〇年代後期，當中國人，還有尤其在戰後被遣送回南韓的韓國人，有更大的自由到日本旅行時，情況稍有緩和。秋田廣播公司製作了一部有關花岡事件的電視紀錄片，此片獲得獎賞，並且在國內各地播放。

野添是個真正勇敢的人，因為他知道為了理想，他的終身志業將會導致社會的排斥，而且這也是極少數日本人所能夠接受的命運。再一次，我想知道是什麼力量驅使著像谷地田，或野添，或家永，或者洛斯莫斯這樣的人？又是什麼東西激勵他們繼續做寂寞的探險？我問野添，而他曖昧地回答說，他希望將這些事實傳給下一代。要他再多說些，就很難了。但他寫過有關學校的日子：有關學校老師命令他的學生向中國人吐口水。這個老師是時代的典型惡霸，他強迫男孩用木條互打，以強化他們的精神力。但是，敗戰之後，這個對於和盎格魯－亞美利加惡魔奮戰到底一事，充滿好戰口吻且又厲行嚴峻紀律的人，卻依然故我，絲毫沒有跡象顯示他所做或所說是錯的。其他支持戰爭的老師們也一樣，仍然受到鄉紳的贊助。「這就是，」野添寫道：「為什麼我對於那種自稱老師的人，發展出一種出自內在的不信任。」[15]

我想，就是因為這種基本的不信任，這種拒絕迎合權威的說法，這種在問問題和聽取事實方面倔強的堅持，將野添、洛斯莫斯以及其他像他們一樣的人綁在一起。在日本沒有太多這樣的人，或者如果在其他地方有類似的事情，我猜想他們也不太受他們的鄰居歡迎。比起在日本的野添和谷地田，何以在德國的洛斯莫斯受到的孤立比較少，那只是因為聯邦共和國的過去和現在都是一個較為開放的社會而已。在德國，始終都有律師、報紙、學術界擁護她的理想，然而在日本的個人學者就找不到什麼組織性的援助了。

總之，只要多數人關心，那麼在兩國間的差異，也許就會比人們的想像來得窄些。當直接面對令人不愉快的事實的時候，日本人的反應和德國人相當類似，多數人轉身走開或者捶胸頓足。我看了一份一九九〇年在大館市舉辦的花岡事件小型展覽的問卷調查。參觀者被要求寫下他們的年齡，如何知道這個事件，還有他們的感想。這些反應與德國的紀念處訪客簿上潦草的留言相似——與「國家的」恥辱相同的表達。一個三十幾歲的人寫道：「日本是世界上最野蠻的人！」「身為日本人讓我感到極深的悲哀。」他從父母聽來這個事件。另一位參觀者，年約六十餘，她從事件發生的時候就知道它了，寫道：「身為一個出生於花岡以及日本的人，我感到羞恥。比起這個事件，或許是件小事，但我想讓人們知道的是，我自己的父親利用中國工人為他製造東西，而同時又隱藏在他的上司後面，假裝是他們下的命令。」由此看來，公開告解——或者像中國共產所說的「自我批判」——並不只限於基督教文化。

谷地田像基督徒一樣地成長，但是這樣的說法令他「困窘」。他認為他自己是個世俗的人和一個社會主義者。在東北的城鎮，基督教徒並不稀奇。如同發生在其他的地方一樣，神職人員吸引窮人。谷地田的妻子和孩子們既不是基督教徒，對於他為中國人所做的事，也不感興趣。他的妻子嘮叨他經常去大陸旅行。她希望他在假日帶她去歐洲。他的女兒還小的時候，幫他為工會分發傳單，但長大一些以後，立刻從她父親的活動中游離出來。他的兒子從來沒表現過任何的興趣。當谷地田告訴我這些時，露出苦笑。

出身基督教背景的社會主義者，不管他們自認為有多世俗，往往帶著宗教的傾向，可是，在谷地田身上，我沒發現這點。他沒有什麼熱衷的——或者，實際上野添也一樣。但是，為什麼谷地田變得如此涉入花岡事件？為什麼歷史使他緊抓不放呢？例如像野添的情況，當我問他的時候，他回答得很曖昧，可是，在後來的對話中，我以為他已經忘了我的問題時，反而又回到我原先的問題上面。谷地田二十幾歲的時候，在京都待了幾年，而且在郵局工作。當有人告訴他不可用某個特殊的杯子喝水時，他感到非常震驚，因為那個是部落民專用的杯子。部落民是過去遭放逐之人的後代，他們從事污穢的工作，譬如屠宰業和染革業。在中部或南部地區，對於這些人的社會性歧視特別強。在北部，可能開發的較遲，這樣的問題幾乎不存在。雖然谷地田沒有留在京都，但是，這個經驗在他身上留下痕跡：「我決定我將始終與這些被歧視的人站在同一線上。這就是為什麼我有興趣找出在花岡所發生的事情。不光是為倖存者獲得金錢上的賠償。還有比這個還重要的。我要日本人承認這件事實，而且恢復受他們所害之人的尊嚴。」

谷地田載我到舊社區大廳的所在地，中國人被綁在廣場上，被打、被吐口水，有些人在那裡被拷打致死。廣場上有些漂亮的樹木。土表顏色深且堅硬。「那棵松樹，」谷地田指著看起來最老的樹說：「一定目擊了整個謀殺過程。」面對新社區中心的，是三座顯著的雕像：一個銅質的男人的半身像，而在它旁邊是個大石頭，磨光的石面上刻著一首歌。鄰近半身像的是一個裸女領著一群鴨子到銅製的平台邊緣的雕像。還有擠在樹後面的是，假如不仔細找便幾乎看不見的一塊小板子，上面刻著花岡事件的歷史。

谷地田說，帶隻鴨子的裸女標示了過去社區大廳之所在。除此之外，沒有其他的文字資料指出這一點。雕像上完全沒有銘文。我透過大館市所提供名為「和平城市大館」的宣傳小冊子發現，這些雕像稱為「和平雕像：中國與日本之間的友誼信物」。同樣的小冊子（日英對照）解釋說：「基於『和平』是良好生活的基本原則之理念，大館在一九八三年十二月十二日成為秋田縣第一個宣布本身為『反核和平城市』的地方，而且為了每一位居民，不斷朝向和平城市的目標前進。」並非每個人都想要和平雕像，而且反核政策未也必完全符合每個人的喜好，但這些是社會主義城市行政部門的產物。

男人的半身像之所以吸引我的注意，倒不是它在任何一方面有什麼特殊之處；這種搶眼的、地方人物的半身像，遍布日本各地。不管怎樣，這一個特別誇張。在廣場另一邊，帶著對自己的許多成就深感滿意的表情而笑的是畠澤恭一。他的各種功能與頭銜，都被刻在半身像下方。他曾經是重要的縣級官僚、建立相撲運動的棟樑人物、各種奧林匹克委員會的委員、日本某些最高榮譽的獲頒者。雕刻在光滑石面上的歌，是作來讚揚他的富裕生活的。在畠澤的人生故事中，只有一小小間隙與他的紀念碑有關：從一九四一年到一九四五年的這幾年竟然消失了。然而他在當時並沒有閒著，因為他是花岡礦山的勞工負責人。

「日本人對過去的關心就這麼多，」谷地田說。「我自己無法將這些顯示給我們的中國訪客看。太可恥了！」他實在不必覺得那樣，雖然我可以了解他的困窘。不過，就我而言，畠澤恭一半身像所表達的，比大眾對痛苦之過去的冷漠多了許多。當我再看一次這位成功的地方人物沾沾自喜的微笑模樣之時，我了解是什麼驅使野添和谷地田去過著他們那樣的生活。

清除廢墟

如果《錫鼓》是世界最有名的、第二次世界大戰虛構的編年史，那麼主角奧斯卡．馬策拉特，一個到了三歲就停止成長的男孩，便是戰爭最著名的文學見證人。擁有錫鼓和足以震碎玻璃的聲音的奧斯卡．馬策拉特，是一個最理想的回憶錄作者。他有著早熟的孩子魔術般的奇事。無論對成人來說有多丟臉的事，沒有一樣逃得過他的法眼。而他錫鼓的節拍，見證了他所親見的恐怖事情。同時，奧斯卡能夠將成年人的恐懼與渴望賦予形體，尤其他們最渴望的一個陰暗、溫暖、像子宮的世界一般的避難所，而它位於坐在卡舒布的馬鈴薯田邊緣，奧斯卡的祖母安娜．布隆斯基廣闊的裙子下面。在「廣闊的裙子」下，小孩處於一個沒有任何事情值得去記憶的世界，而成年人則可以忘卻任何曾經發生過的事情。

鈞特．葛拉斯的權威小說，雖然是用小孩的觀點看過去，最為著名的，但絕不是唯一的一個。由於成長於納粹帝國的德國成年人，極少數願意詳述他們的經驗，所以許多有關那個時期的小說，都是由當時還是小孩的男女寫的。正如同在日本，有些軍事報告幾乎都是退伍軍人寫的，不過，在納粹獨裁統治下的日常生活，其中最大的部分，我們必須轉而求助於小孩子那有時不可思議、有時扭曲的觀點。

日本戰時的日常生活，很少被描述到。即便如此，在戰爭最後階段，也就是說當戰爭抵達日本本土時的某些最好的小說，都是有關小孩的，或者是從小孩的觀點寫成的。井伏鱒二有關廣島的傑作《黑雨》，就是關於一位無辜的年輕女孩。還有大江健三郎早期的小說《毀芽棄子》也是關於一群遭疏散到遙遠鄉村的小孩。這個故事像《蒼蠅王》的反面：這些孩子是在一個殘忍野蠻的成人世界當中溫和與無辜的受害者。無辜對邪惡，確實是大多數書籍描寫戰火中的孩子時所觸及的，這一點不論在日本或德國都很普遍。

這類的小說，對不變的世界，對本質上是邪惡的成人世界，提出了一種感傷而且常常是種道德主義的觀點。雖然它們大多屬於政治的，但他們所說的故事卻被排除了政治。因為成人的世界是邪惡的，它不能真正地被改變，除了也許在某些遙遠的烏托邦。這不是小孩真的能夠理解的，而是成人對孩提之純真的渴望，對祖母的庇護大裙的渴望。

當戰敗後，奧斯卡決定成長。他將錫鼓埋進沙裡，然後成長，可是他無法自然地成長；因此，他長成一個駝背的怪物。即使他活到三十歲，他從來不曾脫離他被施以魔法的孩提世界，在那裡惡魔繼續糾纏著他：「黑色巫婆總在我後面某個地方。現在也在我前面，對著我，黑色……。」【16】

在日本東北地方的一個小鎮上，有個石碑，兩公尺高，一公尺寬，是由退伍軍人協會於一九六一年豎立起來的，那正值日本經濟奇蹟開始的時候。無論如何，他們不只是普通的退伍軍人，因為在美軍佔領期間，他們都是被當做戰犯整肅的一群人。紀念碑上有一行銘文：「給愚人之碑」。不清楚這到底是給誰的。給軍官自己？或者給那些來自勝利的同盟國，隨意且有時不公平地整肅和起訴他們的法官？或者給人類，基於他本身自我毀滅的狂熱？或許這三個都是；每個人都愚蠢，當然，除了無辜的小孩以外。

在珍珠港事件五十週年時，檀香山市長要求布希總統邀請日本官員參加典禮，唯一的條件是要他們為戰爭道歉。接著他說，「一個新時代」才能開始。日本政府拒絕了。相反的，內閣官房副長官石原信雄說，「整個世界都要為戰爭負責」。美國也應該道歉，他說。「因為戰爭無法避免，所有涉入的人都應該沈思……在獲得正確的判斷之前，那將需要數十年或數百年時間，才知道誰應該為戰爭負責。」

日本人沒有通過這次的測試。他們沒受到邀請。他們仍然是危險之人。這是珍珠港倖存者協會會長一貫的想法。當有人提起邀請日本老兵的計畫時，他說：「您會期待猶太人邀請納粹人士參加聚會，而他們卻在會中談論有關大屠殺嗎？」

拿珍珠港事件與大屠殺做比較，當然是荒謬的，而且年老的日本皇家海軍倖存者，絕不會是納粹。不過，在美國人心中的問題，是可以理解的：如果一個國家的官方發言人，至今仍然拒絕承認他們國家必須為發動戰爭而負責，這樣的國家可以信任嗎？在這些日本的規避行動中，帶著孩子的賭氣成分，跺著腳，喊著沒有做錯事，因為每個人都做了。既然人們已經習慣於日本人在文化、道德、政治和歷史方面，把自己描繪成與他人不同的，那麼，這個有如其他人一般的聲明，就顯得特別奇怪了。

將這種孩子氣視為一種文化的特性，是吸引人的，或許並不奇特，不過在日本卻是很明顯的。有關戰後日本文化的幼稚病，有些事情極度地「發炎」：無所不在的、女人發出啾啾的講話聲，假裝自己還是女孩子；座落主要街道上的迪士尼風味的建築物，在那裡每件事都被縮小到一種近乎討好程度的精巧可愛；發出驚呼聲的「電視演藝人員」繞著圈圈，繼續做出像個幼稚園小丑的動作；穿藍色西裝的上班族大軍，搭乘地下鐵電車去上班，讀著小男孩的連環漫畫書，嚮往著酒後對老校歌與抱著可愛的媽媽桑的感傷之愛。

重述麥克阿瑟將軍的警句，有時日本看起來不太像是一個十二歲的國家，它的人民渴望十二歲，或甚至年紀更小，也渴望待在凡事安全而且責任與服從都還未被要求的黃金時代裡。在擺滿成列成排的「柏青哥」機器的店裡，眼神呆滯的日本人坐在小鋼珠機前面，一邊看著銀色小球像小瀑布一樣地流下來，一邊聽著背後不斷播放的戰艦進行曲，不再注意過去和未來。

然而，我不相信日本人與生俱來就是孩子氣的人，更不相信日本人在內在上是危險的人。沒有危險的人；只有危險的狀況，而這個結果，不是出自自然或歷史法則，或者國家性格，而是出自政治的安排。當然，這個安排受到文化與歷史環境的影響，但是，它們從來就不是由他們自己做的決定。如果有人把政治注射進入戰後的日本那個被施以魔法的迪士尼世界，事情會進入更尖銳的焦點。麥克阿瑟將軍是對的：在一九四五年，日本人「是」政治的小孩。但直到那時為止，他們被強迫進入一種完全服從的狀態，對象是由權威的官僚與軍事強人所統治的國家，以及宗教儀式的最高祭司、武裝力量的正式首領和帝國的最高君主。

從那以後，情況雖改變了，但是還不夠。由於遭斷定為危險之人，日本人被迫，不少是因為麥克阿瑟本人，從邪惡的世界撤退而躲入美國的保護之下。事實上，日本受到對凡爾賽條約寬大的解釋所支配：沒有金錢壓榨下的喪失主權。日本人被鼓勵去變得富有，同時從他們危險的手中取走戰爭的問題。這個國家幾乎仍是由那批統治日本帝國的官僚治理，而且選舉體系早已設計好，用來幫助同一個墮落、保守的政黨，讓它可以保有政治勢力長達約四十年之久。這樣的安排符合美國，以及日本的官僚、自民黨、大型的工業團體的需要，因為它保證日本可維持富有以及對抗共產主義的穩定之同盟關係。但是，它也窒息了公開議論，並停止日本人在政治方面的成長。只要第二次世界的歷史受到關心，議題就被限制在一九四〇年代的後期，亦即約在冷戰開始的時期：官僚和保守派政客，藉著正當化或至少忽略過去，以便繼續立法讓自己能夠緊緊抓住權力，即使小而主要的左派反對黨將矛頭指向軍國主義的幽靈與人類的弱點。

有許多人相信，日本人是無可救藥的，因為他們注定是危險、不可測度、永遠遭孤立的人。有些日本人也這樣認為。戰爭一結束，坂口安吾寫道，日本人「面對他們的歷史，就像小孩遵循他們的命運一樣。」【17】他們會像人類一樣地健全發展，只要他們願意退化到人類基本慾望的水準上，可是，首要的工作是，必須去除虛假的謙遜、習慣、傳統、典型。他說，他們確實退化一小段時間，但是，人們不夠堅強到足以承受這樣的自由太久。很快地，他們又建立新的體系，一套新的習慣、傳統、理想，以便把自己防護起來。這個新體系不可避免的會被建立在舊的廢墟上：「人不可能活下去而不……發明一種武士規範或天皇崇拜。」

如果安吾是對的，如果日本人真的不可救藥，那麼日本運用軍事力量的能力，就應該永遠由和平主義的憲法以及外部的力量來控制，這一點倒是可以同意。或者，假如他們是有藥醫的，那麼情況應該持續到日本人表現出態度的改變為止——更誠實地面對過去、更大方地向他們以往的敵手道歉，諸如此類。也許我們應該逆向地理解日本的問題，如果沒有政治責任——明白地置於戰爭與和平的問題之上——日本將無法發展出面對過去的成熟態度。政治必須先改變；心理的改變將隨之而來。憲法的改變，只是一部分；至少政府的改變，也是一樣的重要。因為只有新的政府，才能打破戰後秩序，因為這個秩序的根部依然受戰時的制度所污染。維利．勃蘭特跪在華沙猶太人區的事情，發生在德意志聯邦共和國建立起一個真正發揮作用的民主制度之後，而非之前。但是受到保護而遠離邪惡世界的日本，卻成長為一個奧斯卡．馬策拉特：投機的、發育不全的、被鬼怪糾纏的人，像奧斯卡的鼓一樣，想藉著把許多不願面對的事情埋進沙子裡，而忽略它們的存在。

當日本新聞記者採訪第一位經由民主制度選舉出來的南韓總統金泳三之時問道，日本政府對於日本皇軍的前韓裔慰安婦應該做怎樣的賠償，他回答說：「我們要的不是你們的錢。我們要的是弄清楚真相。唯有這樣，真正的問題才能解決。」

不到一年之後的一九九三年夏天，亦即柏林圍牆倒塌的四年後，事情終於發生了：自民黨的獨佔狀態被一群離開自民黨、社會黨、屬於佛教徒的公明黨的年輕人打破了。新首相是細川護熙，他是前首相近衛文麿的外孫。近衛在一九三七年的南京大屠殺時，擔任首相，並於一九四〇年簽訂軸心國協定。近衛在被宣判為甲級戰犯後，於一九四五年自殺。身為日本新首相的細川，他的最早的法案之一是，公開宣布日本在一九三〇年代與一九四〇年代的軍事行動，相當於「一場侵略及錯誤的戰爭」。這只是個開始，但是，這是個好徵兆。帶著一線新希望，回想起我對盛行了四十年的正統觀念的最後一瞥，它是我在迪士尼的各個地方捕捉到的。

東京迪士尼座落在東京與成田機場之間，一個荒涼的郊區、人煙稀少之地。除了對東京來說是個特殊的娛樂設施以外，它幾乎是加州迪士尼的翻版。它名為「與世界相遇」，由日本戰後最成功的公司之一松下電器所贊助。「與世界相遇」在一個擁有旋轉電影院的巨大圓頂建築之內，它聞起來有股似有若無的塑膠味。而正在展示的，是日本與外面世界的關係的簡史。由一隻發著啾啾的女人聲、友善的鷺鷥，向兩個小孩子講述著故事，事實上他們倆是機器人。無論如何，那多少是經過選擇的歷史：中國文明的影響雖然被承認，但目的只是用來凸顯日本將它轉變成某些他們自己的特殊東西而已。至於韓國，這個在地理上非常接近的國家，竟然被忽略了。

不過，我在等待的，也就是那最有趣的部分，是在一八九五年到一九四五年之間，當時日本的「與世界相遇」，因一連串的戰爭而留下了痕跡。它緊接著出現在有如惡鬼似的海軍准將培里的「黑船」時期之後。事實上，黑船在一八五三年就已出現在日本海邊。當船隻消失，一尊加農砲投射到銀幕上，隨即傳來「磅」一聲，整個電影院變暗。「喔，」小孩機器人說：「好暗喔！」啾啾聲的鷺鷥說，是啊，「現在讓我們轉向未來。」這句話導入大結局：一連串快速溜過銀幕的照片，配上禮貌的日語，說明著各色各樣的高科技設備外銷給值得感謝的外國人——馬來西亞、印度、中國……美國。此時一首背景音樂，不斷覆唱：「我們以愛和世界相遇，啊，我們以愛和世界相遇，啊，我們以愛和世界相遇，啊，……。」

當音樂還在演奏時，電燈亮了起來。我打量四周，看到整個電影院只剩下我和我的女兒。

最美麗的歷史隱喻之一，是瓦爾特・班雅明對於保羅・克利一幅名為《新天使》的畫作所做的描寫。新天使是歷史的天使；他有人類的臉，卻有鳥類的翅膀和腳：「他的臉朝向過去。在我們覺知一連串事件的地方，他只看到一個大災難，這個災難不斷把廢墟堆疊在廢墟之上，而且推向他的腳前面。天使喜歡留住、喚醒死者、讓粉碎的再恢復原狀。可是，天堂吹來一陣風暴；它被攔截在他的翅膀內，這力量太大了，以致於天使無法再闔起他的翅膀。這風暴壓倒性地把他推入未來，他的背被轉過來，同時在他前面成堆的碎片向天空生長。這個風暴就是我們所說的進展。」[18]

進展的概念以及英國的轟炸，將德雷斯登轉變成廢墟與畸形的可怕城市。走過德雷斯登中心區域駭人的街道上，可以看見舊城市的殘蹟碎片，彷彿是美麗的古董的破片，這些東西，與我過去就奧斯威茲與廣島的立場所提出的論證，相連結在一起，進而清晰地在我心中產生出一種無理性的罪惡感。這個原因與個別的死亡損失（在德雷斯登約三萬人）有點小小的關係，因為大量的殺戮總是令人震驚的，不論實際的數目有多少。（有如克里斯多夫・伊塞伍德對那個指出被謀殺的猶太人比同性戀者還多的男人說：「你的職業，是做房地產？」）而且特殊的遺憾，並不顯得特別高尚。關於德雷斯登大轟炸，為什麼造成這樣大的震撼，是因為在一夜之間，便摧毀了幾世紀來累積下來的美。德雷斯登有如布拉格或威尼斯，是世界建築奇觀之一。它的毀滅是個任性的行動，彷彿把斧頭砍在齊本德爾式的椅子上，[19]或用刀子割劃米開朗基羅的作品，或者放火燒毀一棟無價的圖書館一樣。既然沒有急迫性的戰略因素而去毀滅它，所有的一切，就顯得更為任性。然而以人的立場來說，這並不意味，轟炸醜陋的貧民區比摧毀德雷斯登的巴洛克核心，就比較不令人憎恨。只是在德雷斯登，過去是一個核心的地方，現在卻是一個空虛的新洞，會讓人不斷地想起失去的東西是什麼。

在戰後，老城市的許多部分，原本是能夠被保留下來的，有如在紐倫堡及慕尼黑一般，留下了某些宮殿與教堂，讓恢復工作足以執行。可是，東德第一位共產黨領導人瓦爾特・烏布利希下了決定，過去必須完全毀滅。「德雷斯登，比任何時候更美」是他的口號，同時這個城市二度成為任性的受害者：藝術史學者被迫草擬德雷斯登遺留物的最終毀壞計畫，同時黨的受雇者取得委託，設計出駭人的城市，以作為社會主義的示範。在十八世紀的茨溫格王宮另一側的蘇菲恩教堂，是德雷斯登最細緻的哥德式教堂。它被拆毀後，另在遺址上建造起一座矮胖的水泥大倉庫，目的只是為了容納工人福利社。這是烏布利希對進展的概念。

然而並非所有的破磚碎瓦都被清除了。正如同其他的一兩個廢墟一樣，茨溫格王宮在一九六〇年代恢復了舊觀，但是，十八世紀的聖母教堂的遺跡，則保持原樣，因為烏布利希也好，任何人也好，沒有人能夠同意在它上面蓋些什麼。因此成堆的石頭，變成了一個警告的地方、一個紀念處（引述自官方的匾板）「獻給數萬的死者，並獻給為人類和平與幸福，以及對抗帝國主義野蠻行為而生存的人一個啟示。」

我問綜合性博物館的新館長馬悌亞斯・格里貝爾，到底帝國主義的野蠻行為是什麼意思。格里貝爾回答說：「它們意味每個帝國主義戰爭：以色列在西奈，美國在越南，除了社會主義的戰爭以外的每一件事。」

格里貝爾，他的光頭和茂密的鬍鬚，使得他像是一隻德國大老鷹，同時他也是那一小撮藉助安排演講與非正式的展示，以保持德雷斯登的歷史意識不亡的人士之一。起初共產黨政府反對這種事情，因為德雷斯登「封建的」過去，是屬於歷史垃圾箱裡的東西。只有在一九八〇年代，當共產主義教條完全失去它對大眾的吸引力之時，這個政權試圖藉著宣稱歷史的正當性，來支持它的信用：從鄉下人的反抗者托馬斯·閔采爾到普魯士的菲特烈。甚至十九世紀的浪漫主義者卡爾·麥——他的美國西部的德國英雄老沙特漢德的小說，是讓希特勒和愛因斯坦同樣愛不釋手的書——也被宣稱是我們其中之一。他那一棟名為「沙特漢德別墅」的房子，開放參觀，只要下易北河，就在德雷斯登的西北。

上溯易北河幾英里，在城市的另一側是披爾納，是個破碎而古雅悅人的小鎮，有著精緻的十九世紀別墅，還有一些不尋常的哥德式後期建築。我到那裡去尋找一個任何德雷斯登地區的導覽書從來不曾被提過的、歷史性的地方。在那裡有間醫院，曾經讓精神病人使用過。我知道它仍在那兒，因為我看過它的照片。而且格里貝爾確認它的存在。這個精神病院不是不重要，因為就在那裡，醫生第一次在他們的病人身上試驗毒瓦斯，也就是著名的「齊克隆B」。超過一萬人死在索能斯坦安樂死機構。

確定這個地點的位置，我有困難。有位老太太很高興地送我到一個小山上，接著我就迷路了。「你說那過去是什麼？」前安樂死機構。「什麼時候的事？」希特勒時期。「抱歉，我不會知道那些。」

不過，最後我終於找到了。在索能斯坦堡壘附近，一座舒適的公園內，由幾座世紀交接風格的建築物組成。我進入一間黃色牆壁的別墅，內部有個標示寫道：「病人和老人用的三溫暖設施。」一個年輕的女人問我有什麼事。我告訴她。她退縮著說：「不，不是這裡。我們這裡只以特別的處方處理病人。你找的是在那裡的另一棟建築物，以前是渦輪機工廠。」

這個「在那裡的另一棟建築」有個生鏽的鐵絲圍牆環繞著它。它看起來不吉祥到足以是個安樂死的機構。有個紀念阿爾伯特．巴提爾的牌子上寫道：「吾黨同志，一九四二年遭納粹謀殺。」

然而這也不是。我進入一個房間，看到幾個年輕人正在吃午餐。他們原來是照顧遲緩兒童的教會副執事。「前安樂死機構？不，不。謝謝上帝它不在這個房間。不，它在這個建築的隔壁。」

我凝視隔壁棟建築的地下室，那是個相當優雅的法式別墅。看不到任何的牌子。雜草叢生，幾乎達到拴起來的房門的高度。我聽著在沙沙作響的樹叢裡的鳥叫聲，同時想起我在教會副執事的房屋大廳內，看到擺著成堆的泰迪熊。

格里貝爾先生說，建築物是標記在石頭上的時間。這些石頭提醒德雷斯登的市民，那些他們想要忘記的時代。納粹帝國不過是個鬼魅般的夢魘，但是從烏布里希到昂納克的獨裁統治，卻仍然可以在每一個偷工減料的住宅計畫與水泥造的工人福利社上看到。你不能責備人們對德雷斯登舊時的王宮和教堂的尖塔深深地懷念。正如格里貝爾說：「我們住在城市的殘渣裡，而這個城市卻是我們誠摯地想復原的地方。」

我到聖母教堂的廢墟做了最後一次參觀，想將紀念牌的內容記錄下來，但我發現它不見了。取而代之的是，籬笆圍繞著碎磚破瓦。一個穿著藍色制服的人，正對著一些工人下指示。我爬過籬笆，想看清楚一點。穿制服的人，一個矮胖小人物，打量我並且匆匆跨一大步，通紅的臉帶著怒氣，用濃厚的薩克森腔調吼叫說，沒事不能在那兒：那是絕對禁止的！我想，多麼典型的德國人，一剎那每個孩提時代的成見，如洪水般地回到腦海中。但我遵守了他的命令，退出籬笆，離開那個依然盛怒而且嘴巴碎碎唸的人。我再看一次這些工人，他們正把石頭堆在石頭上。在一兩年內，聖母教堂將會在那兒，完完全全恢復往昔的榮光，彷彿什麼也沒發生過似的。

戰爭之後，奧斯卡·馬策拉特與他的朋友克力普開始成立一個爵士樂隊。他們的西德巡迴演唱，把他們帶到杜賽道夫，或者，嚴格地說，在杜賽道夫與凱撒斯維特之間的萊因河範圍內，他們在那裡的河岸上表演爵士音樂。時間是一九四九年，亦即貨幣改制，德意志馬克誕生的一年後。他們也被要求在一個昂貴的、「高級」夜總會「洋蔥地窖」中演出。它被裝飾成一個仿冒的舊式德國風格，外加牛眼窗玻璃，而且外面有個琺瑯的招牌，從一個經過精細加工的絞架，懸掛下來。當客滿的時候，主要的娛樂開始了。來賓被發給一塊小砧板、一把削皮刀以及一粒洋蔥。這個洋蔥做了什麼？「它做了這個世界與這個世界的悲哀所不能做的事：它帶出人們大量的眼淚。它讓他們哭。終於他們能夠再哭一次。適切地哭，不必壓抑，像瘋了一樣地哭。」[20]

當然，「洋蔥地窖」是個昂貴與暫時治療「無法哀傷」——道德和精神的麻木，征服了戰爭結束後的德國人——的地方。我遇過的許多好深思的德國人，被這個警句：無法哀傷，所激怒。哀傷什麼？他們問。哀傷誰？你為你失去的愛人哀傷。但是，我自由主義的德國朋友說，你怎會為被你謀殺的受害者哀傷？反省，是的；道歉，應該；賠償，當然；可是哀傷，當然不。因此，在自由主義、深思的小圈圈（這個小圈圈期望歡迎愛管閒事的外國人加入他們中間）之中，過去曾經——現在依然——有許多反省與道歉。但是，哀傷死去的德國人——士兵以及那些被同盟國轟炸，或者被充滿仇恨的波蘭人、捷克人，或者被他們驅離家園的斯洛伐克的鄰居等所殺害的平民——這樣的哀傷是件羞恥的事情，因為從大部分的左派人士到右翼的民族主義者與緬懷過去的倖存者，都愛慕他們失去的祖國。

在西半邊的德國，鄉村的廣場與教堂庭園有許多紀念第一次世界大戰死者的東西，但只有極少的紀念物是有關二次大戰死者的，不過，在這種地方外國人是不受歡迎的。實際上，看起來在東方有著更多的二次大戰紀念物，或許是因為在民主共和國，罪行從來就不成為議題。

赫爾穆特．科爾試圖改變這種平衡狀態，而笨拙地、不圓滑地把羅納德．雷根邀請到比特堡的墓園裡。他得到適當的譴責，但是，在我旅行整個德國後，覺得太多的道歉，會變成一種自我貶抑的形式。總之，哀傷自有它的目的。對於悲痛及喪失的儀式性的表達，強化了連續性與共同性的感覺。然而，明顯地，這些事情是深思的、自由主義的德國人非常在意的東西：民族的共同性被扭曲成謀殺的種族主義，同時，在一個歷史被塗上鮮血的國家裡，文化的連續性變成了一個敏感的問題。

一九九一年和一九九二年，當我待在柏林的期間，我覺察出在德國的親猶太主義之中，有些有趣的世代轉變。罪惡感，至少解釋了一部分原因，為何我們在那些經歷過戰爭的德國人的牆上，看到以色列月曆。可是，在東柏林，年輕的德國非猶太教徒，在從舊猶太教堂的正面附近新冒出來的「猶太」咖啡館裡做什麼？為何某些年輕德國人變得這麼多，譬如採用他們祖父或曾叔祖的猶太姓氏？幾乎每個中歐的猶太作家，都大量獲得文學獎，這種方式不是有些奇怪嗎？罪惡感的殘餘與承續，也許與此有點關係，但是，我相信還有其他的東西在作用著：對德國所失去的文化的一種緬懷，一種對被擦拭掉的過去之認同：簡單地說，一種哀傷的表示。

馬蓮娜．迪特里希不是猶太人，但她屬於荒廢的猶太柏林世界。在柏林舉行一般程度的埋葬之後，哀悼者成列地通過她的墳墓。這些人的年齡幾乎都在四十歲以下。此事剛好與心胸狹窄的市府高層拒絕給她一個官方的葬禮，形成強烈的對比。當德國的城市遭受轟炸時，迪特里希穿了美軍制服，這是某些德國人永遠不能原諒她的地方，但是她所代表的另一個德國，卻是這些哀悼者希望與她認同的。

被假定的缺乏認同、缺乏共同的感覺，乃是為何在聯邦共和國裡，有許多人找尋靈魂的原因——問題是，看起來再也沒有靈魂可找了。這就是為什麼有些浪漫主義者，不分左派或右派，把眼光轉向彷彿是德國認同之貯藏所的德國東半邊。可是，對我來說，正式地對歷史神話的製造與民族浪漫主義產生懷疑，使得聯邦共和國在理智上精神大振。我喜歡「憲法的愛國主義」這個概念，也許它還不夠，或許還需要更多的東西，才能將這個一度具危險性的國家做出改變。然而我發覺很難與劇作家亞瑟·米勒分擔他在兩德統一期間所表現的擔憂[21]：他認為德國人「不覺得聯邦共和國是個非常卓越的國家」，同時「甚至似乎也沒有讓那一些將復活自戰爭廢墟中的德國市民意識視為一種勝利的人，心中充滿崇高的情緒。」當然，在過去的數百年間，德國人的確有足夠的崇高情緒，但米勒擔心的是，德國人在危機之中，可能不會保護他們的民主制度，因為「在它的出生過程中，沒有流過一滴血就來到世界上了」，而且它是外國人發明的。

將來總會有德國人（與他們的相似的人則在其他地方）希望——權且借用遭遺忘已久的納粹理論家的話來說——「從德國神話的廢墟中選擇石塊，加以清潔磨光之後，再把它當做新德國神龕的礎石，從斷垣殘壁之中，建立一個新的德國世界觀。」[22]不過，我相信的德國神龕已經足夠了，就讓廢墟保持原樣吧。

鈞特·葛拉斯不是唯一擔心兩德統一的人。對於這件事，大多數自由派人士正好與此擔心相反，他們所不安的是，西德人缺乏一個中心思想。許多人提出警告，統一將使德國國族主義復活；煞車已放開，危險的德國人將開始改變他們的主體。不過，不管怎樣，並沒有立即的證據足以證明這一點。統一的那一晚，我在法蘭克福，而除了偶爾的鞭炮在寒冷的空中爆炸以外，我沒見到國族主義者喜悅的徵兆。在一個流行的夜總會裡，喜劇演員說著有關神聖的德意志馬克與「香蕉民主主義」的、無力的笑話。多數的人待在家裡，坐在電視前面，就如同平常的夜晚一樣。前一年，當德國足球隊獲得世界冠軍時，我見過大眾更多的熱情。

接著而來的新納粹，剃光頭的年輕人叫喊著「勝利！」並揮舞著舊戰旗。他們是難纏的、殘酷的、危險的。一九九二年，有四千五百八十七件攻擊外國人的事件，十七人死亡。前一年，有七千七百八十次種族歧視的攻擊，發生在布列塔尼，但是，閃電戰、口號、「勝利」等，在德國促成了不可避免的歷史比較。在歐洲新聞界有種幸災樂禍的暗示，報導著種族歧視的德國青年的罪行。再一次出現「我們」與「他們」的對立。

我花一整天在黑勒，那是一個衰敗的東德小鎮，為的是等著看新納粹的遊行。當時是十一月九日，亦即水晶之夜的紀念日，以及柏林圍牆傾覆的日子。黑勒小鎮的人被嚇壞了。警察隔絕了所有的主要道路。有個老人在大廣場上向市長大叫說，這就像再回到希特勒的時代。一家咖啡館的老闆在讓我進去後，就把門鎖了起來，並且很得意地亮出他的槍。終於，新納粹出現了，年輕男子的頭剃光了兩側和後面，而年輕的女子穿白襪並將金髮紮成辮子，那個樣子就像是希特勒的情婦。有個帶著維也納腔的矮胖人物和英國歷史學者大衛．鄂明向他們演講。戰前設計的老電車，在生鏽的鐵軌上發出刺耳的聲音。穿著內衣的胖男人倚著窗戶，而德國國歌之中已廢除的對句（「從馬斯到莫梅爾，從埃區到貝爾特，德意志，德意志高於一切……」）響徹雲霄。這是令人不愉快且極為荒誕可笑的——暴力的孩子們穿上他們祖父的服裝，歷史像大吉尼奧爾一樣地重複著它自己。[23]

然而那並不全都是戲劇。極端主義者的行為——在一年以後，他們繼續燒毀分布在東西德的難民招待所，而且還殺人，但警察無法可想地站在一旁——證明了德國人仍然能夠做出野蠻行為。看見叫囂的年輕人把靴子朝無助的外國人臉上甩，而旁人卻在一旁歡呼叫好，這真是可憎的景象。但在歐洲其他部分，類似或更糟的事件——不說其他的大陸——證明了國籍、種族、文化並不適合用來解釋野蠻的行為。當領導者獲得無限權力，而追隨者也被准許去霸凌其他比他們柔弱的人之時，那麼到處都是危險的人。不論個人或民眾，無限制的權力，將導致野蠻行為。奧斯威茲與南京，即使在規模和風格上都不同，始終都是此事的證據。然而今天在德意志聯邦共和國或者日本的情況，並不像那樣，雖然人性的本質未變，但政治改變了。在這兩個國家，可以用選票擊敗流氓惡棍。那些選擇忽略前述的事實，反而指望國家犯殺人罪的人，根本不曾從過去學到任何東西。

一九三三年最成功的德國電影是《史達林格勒戰役》，由約瑟夫．維爾斯麥爾導演。片長兩個半小時，重現了在德國這一方的恐怖。至少有十五萬人死於真實的戰役中，它是希特勒對抗蘇維埃人民，但也對抗德國人本身之時，所犯下的罪行。這部電影主要是有關德國人所受的苦，而不是加之於猶太人和斯拉夫人的暴行。電影呈現了德國士兵死於飢餓、爆炸，或蘇維埃的砲火。而解讀為什麼大多數年輕德國人渴望觀賞《史達林格勒戰役》，它的方法有好幾種。對歷史的好奇，可能是個原因，而一個新德國的論斷，或許是另一個：我們已有足夠的奧斯威茲，現在讓我們哀悼我們自己。這一點也是可能的。不過，一個能夠反省而不帶罪惡感的新德國世代，也是有可能的。這些人也許是少數。不過，我想它是個較大的少數，倘若比起那些完全不能反省的光頭惡棍的話。

一九九二年，慕尼黑的電影博物館展出一部電影，看完後很難不感到噁心。它是懷特．阿蘭的《猶太人蘇斯》，是一部出品於一九四〇年，在戈培爾贊助下拍攝的反猶太宣傳電影。費迪南德．馬理安飾演邪惡的猶太人，透過他惡劣的計畫，幾乎成功地摧毀十八世紀符騰堡社區。劇終時，這個猶太人像老鼠一樣被驅逐出城。在慕尼黑展示這部電影之後，接下來的是公開討論。在某個事件上，有兩個右翼急進派分子參與討論。他們企圖否認大屠殺，但那是沒有幫助的。領導討論的一位德國文學教授說：「無論如何，我們展出這樣的電影，那就是民主政治的一部分了。」

我於同一年在為柏林電影學院學生上映的地方，看了《猶太人蘇斯》。在放映之後，接著也有一個討論會。學生幾乎都來自西德，但有些來自東德，年齡在二十出頭。他們穿著牛仔褲、附帶風帽的厚夾克、工作襯衫這樣的國際性制服。教授四十幾歲，他是個六八世代人，名叫卡斯登．維特。他先希望學生把注意力集中在電影的美學上，而不用太注意故事本身，然後開始討論。他說，描述這個宣傳，根本是瑣碎的：「我們都知道『什麼』，所以讓我們談談『何故』。」我想起至少十五年以前我在東京的電影學校的同學。他們有多少人知道日本在亞洲發動的戰爭的「什麼」？或者更切中要點：他們有多少位教授想過，經由放映舊的宣傳影片，來展現「何故」給他們看？

有關音樂的使用，維特做了一些簡評：在放映片頭字幕期間，巴哈的合唱音樂如何逐漸地沉入唱著希伯來祈禱文的領唱人的歌聲中。其中一位年約二十的學生舉起他的手並且說，他注意到一個相似的小詭計在視覺的呈現上：符騰堡的紋章如何溶入一個希伯來的記號中。另一個學生觀察到，電影最後的鏡頭是，在一個怪異的、猶太人的公開處決之時，天降著大雪。他試圖宣傳這個有用意的訊息：「大雪洗滌了德國，淨化了這片土地。冬天接著會轉變為春天，一個再生的季節。」某個人評論說，符騰堡法庭的財富，始終被呈現著：在大房間裡的精緻的圖畫、巨大的王宮等等，同時猶太人的財富被隱藏在神秘的碗櫥內、在受限制的腐臭的空間裡。「這是想呈現，德國的財富是悠久榮耀的傳統以及歷史與文化的結果，而猶太人的財富就只是錢而已。」

卡斯登．維特蒼白的皮膚，紅色的嘴唇與剪得很短的金髮，使得他看起來有幾分神秘，頗像在納粹藝術中北歐人的理想人物，很明顯他受到學生的喜愛。他們有意地分析這部電影，而且沒有忽略任何小詭計。越怪誕的人種歧視的宣傳，越惹起爆笑，但他們的專注是熱烈的。我聽到了他們尖銳、反省、批判而非道德主義、自信而非挑釁的評論，最重要的是，沒有受到罪惡意識的妨礙。我記得在波斯灣戰爭期間，當我在日本訪問小說家與和平主義者小田実的時候，他所告訴我的事情。他說，他被教導從受害者的觀點來看事情，同時他也被作為侵略者來養育。坐在位於柏林市內，距離過去播放戈培爾的收音機演講的那棟大樓，五分鐘路程之外的狹小放映室內，我帶著一份安心感，並體認到，我們以往都從完全相同的觀點，觀賞這部可憎的電影。

注釋

【1】「也許人們不能」：Primo Levi 在 *If This a Man and The Truce*（London: Penguin, 1979）之編後記的話。

【2】「辱罵性的社論」：Theo Sommer, *Die Zeit*, November 18, 1998.

【3】「子彈貫穿他的肺部」：本島遭槍殺事件，在 Noma Field 的 *In the Realm of a dying Emperor: A Portrait of Japan at Century's End*（New York: Pantheon, 1991）一書的第二七〇頁之中有所描述。

【4】「一件極為魯莽的行為」：LDP Disciplinary Committee, *Asahi Evening News*, December 16, 1988.

【5】「罪與恥」：Ruth Benedict, *The Chrysanthemum and the Sword*, p. 156.

【6】「這位市長接到一封……信」：神官：《長崎市長への 7300 通の手紙：天皇の戦争責任》（東京：径書房，1989）。

【7】「戸田博士」：Endo Shusaku, *The Sea and Poison*, trans. Michael Gallangher（Rutland, Vt.: Tuttle, 1973）, p. 157.

【8】譯註：正常的，原文做 normal，作者引自日文的「当り前なこと」；自然的，原文做 natural，引自日文的「自然」。整個的意思，就是理所當然、本該如此、自然而然。

【9】「大約在」：江藤淳與石原慎太郎，《文藝春秋》，一九八九年三月號。

【10】「他描寫了……神道儀式」：加瀨英明，《プレイボーイ》，一九八九年一月號。

【11】「天皇系統」：《朝日新聞》，一九八九年二月二十八日。

【12】「伊丹万作……寫了一篇……文章」：被引用在大島渚的《体験的戦後映像論》（東京：朝日出版社，一九七五年），頁二七五。

【13】「一個絕對正常的一千年」：*Tausend ganz normale Jahre: Ein Photoalbum des gewöhnlichen Faschismus von Otto Weber*（Nördlingen: Die Andere Bibliothek, 1987）.

【14】「一本有關他的發現」：野添憲治，《花岡事件の人たち》（東京：思想の科学社，一九七五年）。野添另外寫了兩本有關花岡事件的書，書名是《聞き書き 花岡事件》（一九八三年）以及《証言：花岡事件》，而後在一九九〇年出版《聞き書き 花岡事件》的修訂版。

【15】「發展出一種出自內在的不信任」：野添憲治，《私達の昭和史》（東京：思想の科学社，一九八九年），頁六六。

【16】「在我後面某個地方」：Günter Grass, *The Tin Drum*, trans. Ralph Manheim（New York: Penguin, 1961）, p. 580.

【17】「面對他們的歷史」：坂口安吾，《墮落論》（東京：角川書店，一九四六年），頁九十、九十八。

【18】「他的臉朝向過去」：Walter Benjamin, *Illuminations*, ed. Hannah Arent, trans. H. Zohn（New York: Schocken, 1969）, p. 70.

【19】譯註：齊本德爾（Thomas Chippendale），是著名的英國家俱工匠。大約兩百五十年前，英國和歐洲大陸傢俱流行使用桃花心木。齊本德爾式傢俱的代表風格是彎曲式傢俱腿，球狀腳和華麗的椅背，融合了哥德式、中國和洛可可的細部。齊本德爾設計的傢俱在當時的貴族階級中非常流行。

【20】「它做了這個世界」：Günter Grass, *The Tin Drum*, p. 517.

【21】「亞瑟・米勒……的擔憂」: Arthur Miller, *The Guardian*, May 29, 1990.

【22】「從……廢墟中選擇石塊」：Kurt Niedlich, *Das Mythenbuch: Die Germanische Mythen-und Märchenwelt als Quelle deutscherWeltanschuung*（Leipzig, 1936）, quoted in Klaus Antoni, *Der himmlische Her-rscher und sein Staat*（Munich: Iudicium Verlag, 1991）, p. 111.

【23】譯註：大吉尼奧爾（Grand Guignol），傳說大吉尼奧爾是一家位在法國的舞台劇戲院，劇院中所演出的戲碼都是一些非常驚悚的血腥劇作。

致謝

在思考、研究、完成這本書的過程中，有非常多的人曾經幫助過我、啟發我、鼓勵我，以致於無法找到足夠空間將他們的名字一一印刷出來。不過，某些人以及機構，極為重要，因此，他們的名字必須提出來，並給予特別的感謝。

首先，如果沒有機會待在柏林學術研究院九個月的時間，我將無法完成這本書有關德國的部分。被我欠了一大筆人情債的，計有院長 Wolf Lepenies 博士、Jürgen Kocka 博士，以及 Frau Bottomley 和她傑出的圖書館幹部，以及 Yehuda Elkana 教授。

在德國，為我指出正確方向，並且讓我繼續往前邁進的有，Ludger Kühnhardt 博士、Frank Schirrmacher 博士、Karsten Witte 博士、Bernhard Gattner 博士、Amos Elon，以及 Darryl Pinckney，我對他們感激不盡。

在日本，我多次接受來自外國記者中心的 Kitamura Fumio、Yano Junichi、Koizumi Kazuko 額外親切與效率的幫助。其他的指導者與顧問有，Hayashi Kanako 與日本電影資料館委員會成員、Niimi Takeshi、Mori Masataka、Chu Pa-chieh、Oyama Hiroshi、Oyama Yuko、Nishisato Fuyuko、Minami Toru。不過，在一個人可以衡量這樣的事情的範圍之內，最重要的是，Richard Nations 公司與 Koh Siew-eng 的好客、鼓舞和友誼。

最後，我深深感謝 Fritz Stern、William Wetherall，他們的智慧與博學使我的原稿有了大幅改進。若有任何錯誤逃出了 Stern 教授、William Wetherall 以及我的最佳編輯 Farrar Straus and Giroux 公司的 Jonathan Glassi、Jonathan Cape 公司的 Neil Belton，以及 Atlas 公司的 E. Brugman 等人的法眼，理當由我負完全的責任。

譯名對照表

一劃

W・E・徐四金 W. E. Süskind

三劃

大衛・本・古里昂 David Ben-Gurion
大衛・鄂明 David Irving

四劃

尤阿亨・高克 Joachim Gauck
尤阿亨・費斯特 Joachim Fest
尤爾根・哈伯瑪斯 Jürgen Habermas
巴克・丹尼 Buck Danny
戈林 Göring
戈培爾 Goebbel
比克瑙 Birkenau
比莉・哈樂黛 Billie Holiday
比歐先克 Bierschenk

五劃

加特・弗羅比 Gert Fröbe
卡斯登・維特 Karsten Witte
卡爾・施密特 Carl Schmitt
卡爾・麥 Karl May
卡爾・雅斯培 Karl Jaspers
卡爾滕布魯納 kaltenbrunner
古斯塔夫・尤斯特 Gustav Just
史瓦茲科夫 Schwarzkopf
史賓格勒 Spengler
尼采 Neitzsche
布痕瓦爾德 Buchenwald
布魯諾・阿皮茨 Bruno Apitz
布麗姬塔 Brigitta
平克・佛洛依德 Pink Floyd
弗里切 Fritzsche
弗里德利希・辛克爾 Friedrich Schinkel
弗里德里希・楊 Friedrich Jahn
弗朗索瓦・孟松 François de menthon
札拉・朗德爾 Zarah Leander
瓦爾特・拉特瑙 Walther Rathenau
瓦爾特・烏布利希 Walter Ulbricht
瓦爾特・班雅明 Walter Benjamin
瓦爾特・謝爾 Walter Scheel
申克・馮・史陶芬堡 Schenk von Stauffenberg

六劃

伊達・埃雷 Ida Ehre
安多莉雅 Andrea
安妮・法蘭克 Anne Frank
安娜・布隆斯基 Anna Bronski
安姬莉卡 Angelika
安雅・洛斯莫斯 Anja Rosmus
安德里阿斯・西爾格魯貝爾 Andreas Hillgruber
安德烈・瓦伊達 Andrzej Wajda
安賽爾姆・基弗 Anselm Kiefer
托馬斯・閔采爾 Thomas Münzer
托瑪斯・曼 Thomas Mann
朱可夫 Zhukov
米夏埃爾・施蒂默爾 Michael Stürmer
米夏爾・韋爾霍文 Michael Verhoeven
米夏爾・福爾斯特 Michael Fürst
老沙特漢德 Old Shaterhand

艾希曼 Eichmann
艾瑞克・雷格爾 Erik Reger
艾德葛・萊茲 Edgar Reitz
西蒙・文森索 Simon Wiesenthal
西蒙・維森塔爾 Simon Wiesenthal

七劃

佛列德里克・密格濃 Frederick Mignone
何梅尼 Ayatollah
克力普 Klepp
克里姆希爾德 Kriemhilde
克里斯多夫・伊塞伍德 Christopher Isherwood
克里斯多福・斯托佐 Christoph Stölzl
克里斯提安・麥爾 Christian Meier
克里斯提安・蓋斯勒 Christian Geissler
克里斯塔・沃爾夫 Christa Wolf
克里斯蒂安・梅埃爾 Christian Meier
克勞德・蘭茲曼 Claude Lanzman
克萊斯特 Kleist
努斯鮑姆 Nussbaum
希姆勒 Himmler
希金斯 Higgins
「抗德游擊隊」 Maquis
李本特洛普 Ribbentrop
杜斯妥也夫斯基 Dostoevski
沙赫特 Schacht
沃夫・畢爾曼 Wolf Biermann
沃夫・畢爾曼 Wolf Biermann
沃弗・底特希・許努爾 Wolf Dietrich Schnurre
沃克・施隆多夫 Volker Schlöndorff
沃爾夫岡・科本 Wolfgang Koeppen
沃爾夫岡・斯陶特 Wolfgang Staudte
狄特爾・休爾特 Dieter Schulte
狄奧多・阿多諾 Theodor Adorno
貝恩德・威茲卡 Bernd Wetzka
貝納多・貝托魯奇 Bernardo Bertolucci
那坦・拉波波特 Natan Rapoport
里爾克 Rilke

八劃

亞伯拉罕・魏斯 Avraham Weiss
亞瑟・米勒 Arthur Miller
亞歷・堅尼斯 Alec Guinness
亞歷山大・克魯格 Alexander Kluge
亞蘭・布斯 Alan Booth
彼得・狄美 Peter Demetz
彼得・魏斯 Peter Weiss
彼德・史奈德 Peter Schneider
所羅門・沛瑞爾 Saloman Perel
昂納克 Honecker
波奇納 Brückner
法蘭西斯・P・史考特 Francis P. Scott
法蘭克・鐵文納 Frank Tavenner
法蘭茨・約瑟夫・史特勞斯 Franz Josef Strauss
門格勒 Mengele
阿布雷希王子 Prinz Albrecht
阿弗雷德・德雷格 Alfred Dregger
阿多諾 Adorno
阿佛列德・史特萊姆 Alfred Streim
阿佛列德・克虜伯 Alfred Krupp
阿里斯提得斯・喬治・拉撒路 Aristides George Lazarus
阿格涅絲卡・霍蘭 Agnieszka Holland
阿爾巴切特・高斯 Albrecht Goes
阿爾布瑞希特・佛斯特・馮・烏拉赫 Albrecht Fürst von Urach
阿爾弗瑞德・肯德埃爾 Alfred Kernd'l
阿爾弗雷德・赫地利卡 Alfred Hrdlicka
阿爾伯特・巴提爾 Albert Barthel
阿爾伯特・施佩爾 Albert Speer
阿默斯・奧茲 Amos Oz

駱蘭德・維根斯坦 Roland Wiegenstein

十八劃

薩達姆・海珊 Saddam Hussein

十九劃

懷特・阿蘭 Viet Harlan
羅夫・施奈德 Rolf Schneider
羅夫・霍希胡特 Rolf Hochhuth
羅貝爾特・齋雷爾 Robert Zeiler
羅勃・H・傑克森 Robert H. Jackson
羅勃・M・坎普納 Robert M. Kempner
羅納德・雷根 Ronald Reagan

二十劃

蘇珊娜 Susanne

歷史迴廊 015

罪惡的代價：德國與日本的戰爭記憶

作者　伊恩．布魯瑪（Ian Buruma）
譯者　林錚顗
發行人　楊榮川
總編輯　龐君豪
企劃主編　歐陽瑩
責任編輯　吳尚潔
特約編輯　李國維
封面設計　郭佳慈
排版　嚴致華

出版　博雅書屋有限公司
地址　106台北市和平東路二段339號4F
電話　（02）2705-5066
傳真　（02）2709-4875
劃撥帳號　01068953
戶名　五南圖書出版股份有限公司
網址　http://www.wunan.com.tw/
電子郵件　mailto:wunan@wunan.com.tw
法律顧問　元貞聯合法律事務所 張澤平律師
出版日期　2010年04月初版一刷
定價　新台幣320元

國家圖書館出版品預行編目資料

罪惡的代價：德國與日本的戰爭記憶 / 伊恩．布魯瑪 (Ian Buruma) 著；林錚顗譯 . -- 初版 . -- 臺北市：博雅書屋，2010.04
面；公分 . -- (歷史迴廊；15)
譯自：The Wages of guilt : memories of war in Germany and Japan
ISBN 978-986-6614-61-3(平裝)

1. 第二次世界大戰 2. 戰爭心理學 3. 民族心理學 4. 德國 5. 日本

712.849　　99001882